I0889955

L'ÂNE D'OR

Collection dirigée

par

Alain Segonds

MODE

ET

PHILOSOPHIE

Anne Kraatz

MODE ET PHILOSOPHIE OU LE NÉOPLATONISME EN SILHOUETTE

1470-1500

PARIS

LES BELLES LETTRES

2005

www.lesbelleslettres.com

Pour consulter notre catalogue
et être informé de nos nouveautés
par courrier électronique

Tous droits de traduction, de reproduction et d'adaptation réservés pour tous les pays.

© 2005, Société d'édition Les Belles Lettres,
95, bd Raspail 75006 Paris
www.lesbelleslettres.com

ISBN : 2-251-42024-X

À Francesco Giordano et Denise Ratzki

REMERCIEMENTS

Je voudrais remercier les personnes suivantes qui m'ont apporté leurs encouragements et leur aide à la rédaction de cet ouvrage. Elles savent, toutes et chacune, ce que je leur dois : monsieur Alain Erlande-Brandenburg, conservateur général du patrimoine, directeur d'études à l'EPHE et à l'École des chartes ; Professor-Doktor Barbara Mundt, Berlin ; Professor Alice Stroup, Annendale-on-Hudson, New York ; madame Monique Levi-Strauss, Paris ; professeur et madame André et Simone Chassigneux, Paris ; monsieur Claude Delarue, Paris.

INTRODUCTION

LE CORPS SOCIAL ET LA MODE

Le corps social est habillé, nu il n'existerait pas, ou plutôt il serait réduit à son individualité morphologique d'homme ou de femme, ni plus ni moins, mais ce serait peu au regard de son potentiel vêtu. La société se montre donc dans ses habits ou elle ne se montre pas. Or les manifestations du monde sensible sont indispensables à notre compréhension du monde intelligible, les unes nous renvoyant à l'autre dans un mouvement de va-et-vient constant qui fait de la pensée philosophique une méthode de vie, et de la pratique de la vie un ensemble cohérent de conception du monde et de soi. Pourquoi alors n'y aurait-il pas un lien direct de cause à effet entre pensée philosophique et pratique d'habillement ? Ou, pour le dire autrement, peut-on répondre au pourquoi de la mode ? Le mot mode est ici pris dans le sens du résultat vestimentaire d'un ensemble de facteurs existant dans une société à un moment donné et universellement perçu comme critère de fonctionnement essentiel.

Depuis quelques années, il y a manifestement de la part des acteurs de la mode – créateurs, rédacteurs de magazines, industriels, et bien sûr porteurs de vêtement, c'est-à-dire nous tous –, une demande de sens. C'est un truisme que de décrire la mode comme un reflet et un moteur de la société ; cela ne suffit guère à l'expliquer dans ses mécanismes pensés. D'autant que la mode n'est encore que trop rarement analysée d'une façon autre que moralisatrice – frivolité, gratuité, excentricité – ou, pire encore, comme un phénomène exclusivement féminin. Or la mode nous concerne tous, hommes et femmes, ne serait-ce que parce que notre corps est le véhicule privilégié des messages que nous envoyons à l'autre. Ces messages ne peuvent passer que par le corps habillé, le corps nu étant limité dans ses signifiants à l'appartenance à un sexe ou à l'autre, et l'opportunité de le voir offerte à la seule intimité.

Par ailleurs, aucun travail de réflexion sur la société ne peut faire abstraction de la transcendance commune sur laquelle celle-ci fonctionne. Que cette transcendance se réclame, dans nos sociétés occidentales, de la double tradition antique et chrétienne est assez indéniable pour qu'il soit impossible de l'éliminer d'une recherche sur la place du vêtement, dans la mesure où celui-ci joue le rôle de révélateur de la société qui le porte. Explicitée par certains, organiquement ressentie et vécue par d'autres, rejetée par une frange plus ou moins importante de la population, la transcendance informe le corps social et influence les actes collectifs en apparence les plus anodins. C'est dans cette optique que nous avons tenté d'expliquer les raisons de l'un des actes quotidiens les plus universels, celui de s'habiller.

Donc système de mode = système de pensée ? Roland Barthes a, le premier, fait le lien entre la mode vestimentaire et un mode d'expression écrit, donc pensé, dans son *Système de la mode*, paru en 1962. Cette approche de déconstruction sémantique du langage de la mode vestimentaire avait été aussi précieuse que sa renommée, et plus encore ses nombreux avatars l'ont confirmé depuis. Cette contribution majeure n'avait cependant pas fait avancer la mode elle-même sur le chemin de l'analyse phénoménologique, la seule qui puisse sans doute convenir au rôle de la mode portée, phénomène par excellence, en ce qu'elle est constituée d'une couche de données sensibles mais déjà intégrée à une configuration, mais déjà mise en forme[1]. La méthode à suivre pour

1. Selon l'expression de Maurice Merleau-Ponty dans *Phénoménologie de la perception,* Paris, 1945, p. 186.

la recherche du rapport entre une pensée et une mode est donc celle d'une phénoménologie classique : tenir compte à la fois des idées et des faits pour réaliser la synthèse entre la philosophie et la sociologie, au lieu de les opposer[2].

Partons donc du principe que, si mode il y a, et chacun constate que c'est effectivement le cas aujourd'hui comme ce l'était hier, c'est qu'il y a raison à cela. On peut analyser le où et le comment de la mode, le quand, le combien, le qui et le quoi : c'est faire de la sociologie, de l'histoire, de la géographie ou de l'économie, et c'est faire œuvre utile. Cela ne résout pas la question du pourquoi de la mode. Pour essayer de répondre à cette interrogation, il faut entreprendre une étude du vêtement porté, étendard du vivant de nos jours, par opposition au vêtement, objet vide de corps, linceul sans cadavre d'une société disparue. Il faut également se débarrasser de la notion d'éphémère qui envahit la réflexion sur la mode actuelle. L'éphémère ne peut se penser ; il est mort avant que d'être né et, s'il laisse quelques traces, celles-ci sont autant d'étoiles filantes dont l'éclat éblouit un instant avant de disparaître dans le trou noir des galaxies perdues. Si la mode était éphémère, elle ne serait pas. Si les nouveautés lancés par les créateurs à chaque nouvelle saison prennent, c'est-à-dire si elles sont largement adoptées, elles perdent instantanément leur caractère éphémère ; si elles ne le sont pas, ou si elles ne le sont que par un très petit nombre de privilégiés ou d'excentriques, elles ne peuvent signifier que dans ce cadre-là. Répétons-le, il faut que la mode soit reconnue pour être mode : elle ne peut l'être si elle ne paraît qu'un instant sur la scène publique. Parce que la mode vestimentaire que nous portons aujourd'hui fait l'objet de ces nombreux commentaires sur son inconstance supposée, nous avons choisi d'étudier la mode d'un passé entièrement révolu mais dont les faits comme les idées ont laissé des traces qui n'ont pas disparu. De cette façon nous ne courions pas le risque de

2. Merleau-Ponty, « Le philosophe et la sociologie », dans *Signes*, Paris, 1960, p. 157-183.

nous tromper, au moins sur la constance d'une mode adoptée dans un espace-temps assez long pour être signifiant.

Proposer de nouvelles pistes de recherche dans le domaine du vécu de l'habillement implique d'abord de déterminer si un courant de pensée, système abstrait par définition, peut être rendu manifeste par une forme concrète, ici le vêtement, dès lors que ce courant touche à l'un ou à l'autre des problèmes fondamentaux d'une société. Il faut ensuite essayer d'établir si la mode vestimentaire, système concret par définition, répond bien à des critères abstraits, ici mathématiques et philosophiques, pour déterminer la silhouette qui correspond le mieux au courant de pensée auquel souscrit à un moment donné la société qui adopte ce costume. La difficulté qui se présente immédiatement est celle du choix de l'espace-temps pour effectuer cette analyse : une véritable diachronie serait trop ardue étant donné l'ampleur du domaine étudié. Une synchronie pure risquerait de limiter la portée de l'analyse et de tomber dans l'historicisme. Pour atteindre les objectifs d'une telle entreprise, ou du moins s'en approcher au plus près, il faut donc choisir une période assez éloignée de la nôtre pour se prêter à une analyse objective, pour autant que celle-ci soit jamais tout à fait possible. Il faut également que l'époque ait été marquée plus que d'autres par un système de pensée aisément identifiable et, conjointement, que les représentations de la mode portée à ce moment-là soient nombreuses et facilement accessibles à nos yeux. Il faut encore que ce vêtement, comme cette pensée, se présentent de façon radicalement différente du vêtement porté et de la pensée dominante de la période qui avaient précédé leur apparition au grand jour, de façon à pouvoir montrer l'effet et suggérer, sinon démontrer, la cause de ces changements.

Ce moment historique était tout trouvé, c'était celui des années 1470-1500 en Europe, celui dont le courant de pensée majeur était le néoplatonisme selon Marsile Ficin. Non seulement cette pensée était-elle alors sinon nouvelle, du moins entièrement renouvelée, mais le vêtement dont étaient habillés ses adeptes comme le commun des mortels était-il, à l'évidence des nombreuses représentations qui nous en sont parvenues, à l'opposé stylistique de la mode du gothique international des années 1420-1470. Les conditions posées étaient donc remplies pour tenter d'apporter une réponse à la question initiale, la synchronie de cette période, si définie et assez courte, venant s'entrecouper avec la diachronie de l'époque précédente, beaucoup plus longue et parfaitement contrastée. Il fallait commencer, pour cela, par réunir un corpus d'éléments abstraits – textes et écrits ayant trait au système de pensée choisi – et concrets – représentations de l'époque concernée – qui constitueraient une fondation solide d'idées et de faits entrecroisés sur laquelle appuyer l'hypothèse de départ et la construire jusqu'à sa conclusion éventuelle, sans tomber dans un déterminisme simplificateur ou réducteur, les causes n'étant jamais aussi lisibles que les effets.

Puisque, pour les anciens, la philosophie n'était pas seulement une interrogation intellectuelle et métaphysique, mais aussi, et peut-être surtout, un style de vie, y compris dans les gestes les plus quotidiens comme ceux de se laver et de se vêtir[3], l'on pouvait se demander pourquoi la mode vestimen-

3. Comme le souligne Pierre Hadot dans son *Qu'est-ce que la philosophie antique ?*, Paris, 1995 : « Si la philosophie est l'activité par laquelle le philosophe s'exerce à la sagesse, cet exercice consistera nécessairement non pas seulement à parler et à discourir d'une certaine manière, mais à être, agir et voir le monde d'une certaine manière » (p. 334) ; voir également la deuxième partie de cet ouvrage, « La philosophie comme mode de vie », p. 91-350. Quant à se laver, les ablutions quotidiennes font partie des devoirs de tout honnête homme, comme le répètent quasiment tous les philosophiques antiques, Platon au premier chef. Pour ce qui est de l'habit du philosophe, Michel Foucault avait coutume de dire, notamment au cours de ses leçons publiques au Collège de France, que « le philosophe doit être vu », ce qui implique qu'il doit être habillé d'une façon qui l'identifie formellement au regard des autres. L'une des idées maîtresses et bien connue de l'œuvre de Foucault, dans le domaine de l'amour et de la sexualité (voir en particulier son *Histoire de la sexualité, II, L'usage des plaisirs*, Paris, 1984), est que, pour les philosophes grecs, le rapport à la vérité ouvre sur « une esthétique de l'existence » qui conditionne les comportements amoureux et par là même la recherche de la connaissance. Or on constate facilement que les comportements vestimentaires sont intimement liés aux comportements amoureux.

taire, partie inhérente de tout style de vie puisqu'il faut bien s'habiller et que l'habit est porteur de sens, était le seul domaine qui n'ait pas encore été étudié dans son rapport avec le contexte intellectuel d'une société à un moment et dans un endroit donnés. Lorsqu'elle est entreprise, l'étude de la mode est le plus souvent examinée dans un cadre historique, voire sociologique, mais d'où sont absentes les considérations philosophiques ou métaphysiques. Le corps et son rapport au monde et au sujet ont pourtant fait l'objet, depuis quelques années, d'une campagne de recherches aux résultats fructueux. Mais la compréhension de la phénoménologie du vêtement porté se révèle impossible à atteindre par le biais du corps morphologique puisque c'est bien le corps social qui en détermine les formes fondamentales[4], parfois proches de celles-ci, parfois au contraire fort éloignées de leur support humain.

Se concentrer sur la représentation vêtue du corps humain de l'époque choisie permet alors d'inclure dans une même analyse le fait de cette représentation et l'idée qui lui a donné forme[5]. Il ne s'agit pas de faire une analyse sémantique de ces images ou des textes qui l'accompagnent, car cela serait introduire trop d'éléments spéculatifs dépendant de notre propre culture. Il faut au contraire partir du principe que les renseignements fournis par ces instruments de travail sont aussi représentatifs de leur époque qu'ils semblent l'être à première vue, car nous n'avons pas de raison de douter de leur

4. Selon Merleau-Ponty, *Phénoménologie…* : « En ce qui concerne le corps et même le corps d'autrui, il nous faut apprendre à le distinguer du corps objectif tel que le décrivent les livres de physiologie. Ce n'est pas ce corps là qui peut être habité par une conscience. Il nous faut ressaisir sur les corps visibles les comportements qui s'y dessinent, qui y font leur apparition, mais qui n'y sont pas réellement contenus » (p. 403).

5. Suivant en cela Merleau-Ponty qui pose que : « Si l'homme est l'être qui ne se contente pas de coïncider avec soi, comme une chose, mais qui se représente à lui-même, se voit, s'imagine, se donne de lui-même des symboles… il est bien clair qu'en retour tout changement dans la représentation de l'homme traduit un changement de l'homme lui-même », *op. cit.*, p. 367.

véracité. Ainsi un texte néoplatonicien de la fin du XVe siècle contient-il en lui de nombreuses allusions ou références ouvertes aux auteurs anciens, ainsi un personnage représenté à la même époque peut-il être habillé de vêtements indicatifs de son milieu, de son âge et de sa richesse. Mais ce ne sont pas tant les éléments cachés qui nous intéressent ici que les éléments immédiatement apparents puisque ce sont eux qui produisaient alors sur ceux auxquels ils étaient destinés, comme ils produisent aujourd'hui sur nous, la premier et le plus significatif des impacts parce que le plus unanimement reçu.

Le néoplatonisme étant le courant philosophique majeur des années 1470-1500, il fallait donc, dans un premier temps, suivre les traces laissées par ce système de pensée du monde dans les images de l'époque, mais aussi dans les textes, qui représentent des signes imagés même lorsqu'ils ne sont pas illustrés. Pour analyser le rapport des œuvres figuratives avec les mentalités, les incunables à figures de la fin du XVe siècle constituaient un instrument tout trouvé et d'autant plus fiable qu'il était alors tout nouveau et moins susceptible, de ce fait, d'avoir été altéré par la tradition. Les tableaux, les tapisseries et les autres moyens d'expression durables comme l'architecture ou la sculpture constituent eux aussi autant de témoignages du vécu des membres de la société dans laquelle ils ont laissé leurs empreintes, si bien que l'ensemble des formes qu'ils ont produit nous restitue la quotidienneté de ces groupes humains en brisant les cloisonnements habituels entre texte et image, par exemple, ou entre sujet et objet, entre monde sensible et monde intelligible. Rassembler un corpus de ces diverses traces devait permettre l'analyse de leur impact sur les comportements de l'époque susceptibles d'influencer les pratiques vestimentaires, notamment les comportements sexuels, dont la mode constitue en tout en ou en partie le reflet.

Il y avait cependant et avant tout nécessité d'établir une définition précise de ce qui est constitutif de la mode et de ce qui ne l'est pas. Cette définition est la structure essentielle sur laquelle reposer la démonstration que la mode est l'expression tangible d'un système de pensée adopté, à un moment donné, par les hommes comme par les femmes d'une société ; elle doit également montrer qu'il s'agit d'une expression impérative, qui exige l'universalité pour asseoir son pouvoir et remplir sa mission signifiante : pour que la mode existe, il faut qu'elle soit reconnue par tous. Puisque cette reconnaissance doit être instantanée, elle ne peut se passer de définition précise, et celle-ci doit être aussi simple que possible pour éviter les risques d'erreur d'interprétation de la part de ceux auxquels elle s'adresse. Nous verrons plus loin comment la mode peut tout entière être contenue dans une définition de silhouette exprimée par une simple figure géométrique.

Contrairement à ce que l'on décrit souvent comme le trait spécifique de la mode, c'est-à-dire son caractère changeant, celle-ci a toujours besoin d'une certaine longévité pour s'établir et se répandre et, surtout, pour se montrer en accord constant avec le système de pensée dominant qu'elle représente en public. Cet accord légitimise la mode, en dehors de celui-ci la mode ne peut survivre. Dès lors que ce système change, la mode change avec lui, mais seulement alors. Si donc la mode est bien liée à ces orientations, la perception largement répandue de sa nature éphémère se révèle fondamentalement erronée. Le véhicule privilégié de la mode est la silhouette, qui, elle, dure rarement moins d'une génération, par opposition aux accessoires de mode dont la fonction n'est pas de faire la mode, mais bien de la défaire par leur diversité. Paradoxalement, les porteurs de mode, c'est-à-dire nous tous, voulons croire à la frivolité de la mode alors que nous constatons tous les matins en nous habillant que notre silhouette vêtue continue d'être conforme à la norme établie pour un temps déjà plus ou moins long. Nous ne pouvons jeter nos vêtements aux orties que lorsque la silhouette change si radicalement qu'à conserver l'ancienne nous nous exposerions au ridicule. Bien entendu, le changement radical en question peut se produire à tout moment, ou du moins au moment où émerge le courant de pensée qui faisait jusque-là son chemin souterrain. Cela pourra faire qu'un homme ou une femme auront eu l'occasion, au cours de leur vie, de changer radicalement de silhouette, mais c'est justement à travers ce nouvel ordre vestimentaire qu'ils comprendront l'impossibilité d'un retour en arrière vers une autre pensée.

Au cœur de la pensée néoplatonicienne de la fin du XVe siècle donc, l'amour de la beauté comme moteur et véhicule de la connaissance du divin est l'élément déterminant pour l'application en termes concrets de cette doctrine : sublimer son apparence par un vêtement qui traduit les critères du néoplatonisme est faire le premier pas sur le chemin qui mène les corps mortels à l'immortalité de l'âme. Après tout, quel meilleur moyen l'homme possède-t-il que de se vêtir pour paraître, à ses yeux comme à ceux des autres, avoir répondu à l'injonction de Plotin : « Retire-toi en toi-même et observe. Si tu ne vois pas en toi cette beauté, fais comme un statuaire qui doit sculpter une belle statue : il retranche, cisèle, émousse tel trait, affine tel autre, jusqu'à faire apparaître quelque belle figure sur le marbre. Fais donc de même, toi aussi... sans jamais cesser de "sculpter ta propre statue"... Car ce qui voit doit, pour parvenir à la contemplation, se rendre parent de ce qui est vu et semblable à lui. Deviens donc divin tout entier, et tout entier beauté si tu veux contempler Dieu et le Beau[6]. » Artifice, sans aucun doute[7], par rapport à l'objectif de beauté intégrale de Plotin, mais combien plus rapide et plus efficace pour obtenir la reconnaissance d'autrui et se voir beau soi-même dans le regard des autres. Si l'on accepte que toute pensée ne reçoit son contenu matériel qu'à travers sa relation au monde sensible, on doit en

6. *Du beau, Ennéades I, 6 et V, 8* ; préface, traduction et commentaires de Paul Mathias, Paris, 1991, p. 67-68.

7. Il est bien clair que Plotin rejette éperdument la beauté du corps comme image et non pas réalité de la beauté. Cependant son insistance sur la beauté = luminosité = intensité colorée (comme la lumière rouge du soleil par exemple) peut mettre celui ou celle qui voudrait y atteindre sur la voie de l'adoption d'un vêtement léger-coloré-doré = lumineux. Cette méthode a l'avantage d'éliminer la matérialité du corps nu que Plotin décrie comme obstacle premier à la beauté !

conclure que l'habit participe bien de la pensée de Plotin puisqu'il n'est pas plus possible à l'être humain de « sculpter son corps comme une statue » que de « sculpter son âme » sans jamais donner au monde sensible, y compris à lui-même, un minimum de gages prouvant le résultat.

Au-delà du seul néoplatonisme, le vêtement semble bien devoir être le moyen matériel privilégié par lequel les humains s'efforcent de transcender leur personne et s'approcher au plus près du divin. L'importance de la mode comme miroir de la société n'est d'ailleurs plus à démontrer, du moins pour qui souscrit à la théorie que la culture modèle la nature et non l'inverse. Et en effet la culture façonne bien le corps à travers le vêtement, plutôt que le corps ne façonne la forme du vêtement, ou, si l'on veut, la morphologie du corps nu ne compte guère au regard du vêtement qui l'habille et qui fait le plus souvent violence à la nature. Il s'ensuit que la portée d'une étude sur le corps seul se trouve diminuée de l'apport de la forme systématiquement pensée, donc porteuse de nombreux signifiants, qu'est le vêtement, puisque la nudité reste toujours, dans nos sociétés occidentales, l'exception et non la règle. Le corps nu, comme matière sensible ou sujet idéal, ne peut être admiré, vivant, que dans l'intimité, où il ne peut fonctionner que comme signifiant individualiste, ou bien encore il peut être représenté dans la sphère artistique publique, mais il est alors non vivant et tout aussi divorcé du corps social qui l'a produit que le précédent.

Pour les humanistes florentins de la fin du XVe siècle, la signification de l'expérience humaine ne pouvait être appréhendée et communiquée qu'à travers l'esthétique. Pour Roland Barthes, « rien n'est plus essentiel à une société que le classement de ses langages[8]... » Paul Ricœur lui aussi affirme que « le passage par les marques extérieures est un passage obligé... pour comprendre la phénoménologie[9] » ; quant à

8. Roland Barthes, *Critique et vérité*, Paris, 1965, p. 45.
9. Interviewé dans *Magazine littéraire*, 361, Paris, janvier 1998, p. 39.

Pierre Legendre, il souligne que « l'impératif théâtral est immanent à la condition humaine[10] ». « Esthétique », « classement », « marques extérieures », « théâtralité » ne sont pas autre chose que les bases conceptuelles et sémantiques mêmes sur lesquelles s'appuie le développement de la mode vestimentaire. Cet ensemble de notions fondamentales fait de la mode l'un des meilleurs outils qui soit pour comprendre la société qui l'adopte.

Puisque la mise en scène comme la conception de soi sont propres à l'humanité tout entière, il s'ensuit qu'il n'y a pas lieu de restreindre une étude sur la mode au seul sexe féminin, comme il n'y aurait pas lieu de restreindre une étude sur la philosophie au seul sexe masculin. Le mot « vêtement », tout masculin qu'il soit grammaticalement, est presque toujours immédiatement féminisé dans le discours des uns comme dans l'appréhension des autres, tant sont directs ses liens avec le mot mode, féminin celui-là : le *Système de la mode* ne parle d'ailleurs que des femmes. Cependant, pour l'époque qui nous occupe, celle du néoplatonisme, comme pour celles qui ont suivi jusqu'à la nôtre, les hommes pratiquent bien la mode tout autant que les femmes, en sont, comme elles, les prisonniers et les gardiens, les victimes et les juges. S'ils ne l'étaient pas, comme ils le proclament souvent eux-mêmes pour s'éloigner au moins par la parole d'une sphère qu'ils qualifient hypocritement de féminine, leur représentation serait toujours la même, ce qui n'est manifestement pas le cas ; si ce l'était d'ailleurs, tragiquement pour la société tout entière, ils seraient rejetés aux marges de celle-ci. Si les hommes n'étaient pas à la mode de leur temps, ou du même temps que leurs femmes, la société n'existerait plus puisque les unes ne pourraient plus reconnaître les autres. Dans les milieux humanistes de la fin du XVe siècle en particulier, la préoccupation fondamentale est celle de la beauté des jeunes hommes, car c'est à travers elle, selon Platon, que

10. Interviewé dans *Le Monde*, Paris, mardi 22 avril 1997, p. 14, au sujet de son livre *La fabrique de l'homme occidental*, Paris, 1997.

l'on atteint au divin[11]. Laisser de côté les représentants du sexe masculin dans une étude sur la mode de cette période serait éliminer d'emblée ceux qui étaient à l'origine même de sa nouvelle configuration vestimentaire.

À la question de savoir pourquoi avoir choisi la période du néoplatonisme ficinien, c'est-à-dire essentiellement les trois dernières décennies du XVe siècle, la réponse est qu'il s'agit d'une des périodes les plus marquantes de l'histoire de la civilisation occidentale. Pour ce qui a trait au costume, en outre, un changement de classement du langage de la mode s'est alors effectivement produit, changement qui se manifeste peut-être plus vivement en France qu'en Italie, pays d'origine du néoplatonisme selon Marsile Ficin. Cette situation s'explique facilement par le fait que le néoplatonisme tout court exerce une influence sur la société italienne dès le concile de Florence en 1439, et que les modes vestimentaires de la péninsule se démarquent en conséquence du style gothique international avant celles de France. En effet, la présence physique en Italie des restes de l'antiquité et par conséquent de ses critères esthétiques, ainsi que la connaissance en quelque sorte organique de la pensée philosophique qui accompagne ces œuvres, puis enfin leur redécouverte, sont des éléments qui avaient ménagé aux habitants de ce pays une période de transition entre le Moyen Âge et la Renaissance beaucoup moins heurtée dans ses manifestations dans tous les domaines, y compris vestimentaires, que chez les Français et les autres Européens. Pour ces derniers, cependant, l'adoption des nouvelles modes se fit alors de façon entièrement radicale et l'on voit, autour de 1475, des Flandres à l'Espagne, de l'Angleterre à l'Allemagne, un abandon définitif et pratiquement soudain du hennin pour les femmes et des poulaines pour les hommes, soit les éléments pointus les plus caractéristiques de la mode du gothique international.

11. *Le banquet* est le texte de Platon qui explicite la théorie du chaos amoureux à travers lequel on atteint à la connaissance, cet état étant atteint par l'amour, accompagné d'instruction, porté à un jeune homme impubère qui est à la fois le sujet et l'objet du désir fécond d'un homme plus âgé.

La représentation vêtue de ces hommes et de ces femmes a donc été étudiée ici essentiellement à partir des incunables à figures publiés en France, mais en chemin il aura fallu, de toute évidence, faire des incursions fréquentes en Italie. En tout état de cause, le lieu précis de ce changement de mode apportée dans les bagages de la nouvelle école néoplatonicienne ne pouvait être circonscrit avec exactitude puisqu'il prit place dans toute l'Europe avec la diffusion imprimée et illustrée de ces nouvelles idées. En revanche, l'espace-temps dans lequel il se produisit pouvait être cerné de façon quasiment exacte, entre 1470 et 1500, grâce au développement de l'imprimerie qui nous procure un système de datation entièrement fiable, les ouvrages imprimés étant le plus souvent datés, parfois au jour près.

En ce qui concerne les différences de classe, la démonstration qu'elles sont peu signifiantes peut être faite relativement facilement. L'étude du vêtement a longtemps souffert d'une conception marxisante de la société qui aurait posé que les différences économiques et sociales majeures existant entre les riches et les pauvres ou les travailleurs et les oisifs, auraient automatiquement entraîné une différence majeure d'habillement. Or la part de vérité de cette analyse se situe, au regard de l'évidence iconographique, au niveau de la richesse ou de la pauvreté des matériaux utilisés par l'une et l'autre classe ainsi qu'au nombre restreint ou au contraire infini des accessoires du vêtement. Elle ne résiste pas, au niveau de la silhouette déterminante d'un espace-temps, à une confrontation, même partielle, même succincte, avec la représentation contemporaine du vêtement de ces différentes classes. Quant au cloisonnement presque imperméable que l'analyse marxisante ferait donc supposer dans la vie de tous les jours entre les catégories sociales, celui-ci ne peut guère se vérifier puisque l'interaction entre tous les membres d'une société est continue et organique, les uns ne pouvant fonctionner sans les autres – les riches ont des serviteurs, les pauvres servent dans les maisons des riches ; les marchands achètent des produits aux producteurs fermiers ou artisans et les vendent à tout un chacun ; les clercs ont des étudiants et les ecclésiastiques des paroissiens, les ordres monastiques les plus sévères sont composés d'hommes et de femmes qui ne sont pas nés moines ou religieuses mais qui le sont devenus après avoir grandi normalement au sein de leur famille, etc. Tout le monde se côtoyant, que ce soit occasionnellement, temporairement ou de façon permanente, il s'ensuit que tout le monde est soumis aux mêmes règles générales de comportement extérieur, la façon de s'habiller faisant intégralement partie des règles par lesquelles les membres d'une société se reconnaissent entre eux. C'est pourquoi, d'ailleurs, le vêtement non porté ne peut guère être étudié dans sa signification phénoménologique puisque, dénué de sa tridimensionnalité projetée dans l'espace comme une architecture, il ne fonctionne alors ni comme moyen de réajustement du corps aux normes sociétales en vigueur ni comme système ou parti pris d'ornementation.

L'objet de cette recherche est donc le vêtement qui habille le corps et qui fait de celui qui le porte une architecture animée, formellement conçue dans l'abstrait ; cette architecture habillée coïncide parfois en certains de ses points avec l'architecture nue et fondamentalement égalitaire qu'est l'anatomie humaine, mais le plus souvent elle s'en écarte pour créer ce à quoi tend le phénomène de l'habillement, c'est-à-dire à une espèce de « vivant parfait », pour reprendre une expression platonicienne, mais qui respecterait les critères d'un espace-temps spécifique, ici la sphère d'influence temporelle et spatiale du néoplatonisme ficinien.

La question est souvent posée de savoir si le vêtement représenté peut être le fruit d'une idée originale, seule à exister dans son milieu. La réponse semble bien devoir être négative puisque la nature de la vie en société implique de la part des membres de cette société un acquiescement, suivi d'effet dans les actes journaliers plus encore que dans les situations exceptionnelles, aux grandes lignes de pensée politiques, économiques, sociales ou religieuses, selon lesquelles cette société s'est elle-même structurée. Les vêtements de fantaisie existent bien, notamment les costumes de théâtre, tout comme les vêtements de circonstance ou de prestige – uniformes militaires, vêtements ecclésiastiques, etc. –, mais tous ceux-ci sont facilement reconnaissables à leur exceptionnalité, ce qui les situe d'emblée hors du champ d'analyse de la culture matérielle d'une société donnée, sans pour autant, bien entendu, qu'il leur soit dénié une importance, mais celle-ci est particulière et non générale. Ils ne sont donc pas pris en compte ici[12].

Puisque le vêtement est ici abordé comme phénomène, il ne semblait pas approprié d'intégrer à la méthode d'analyse utilisée un classement sémantique sur le modèle de celui que proposait Roland Barthes dans son *Système de la mode*. En effet, cela aurait sans doute nui, plus que contribué, à la clarté de l'hypothèse d'un rapport entre la mode et la pensée dans la mesure où le système de Barthes englobe les éléments temporaires comme les accessoires, avec toute la gamme de signifiés que cela implique, alors qu'ici seuls les éléments permanents, c'est-à-dire signifiants, du vêtement porté par les deux sexes à l'époque concernée, sont soumis à considération. Par ailleurs, l'analyse de Roland Barthes portait sur un langage qui lui était contemporain, alors que cette étude s'applique à une période révolue dont les signes langagiers sont d'autant plus difficiles à étudier qu'ils ne nous sont plus, littéralement, audibles.

Comment et pourquoi un tel changement vestimentaire s'est-il manifesté à la fin du XVe siècle ? Pour répondre à cette question, la méthode de travail suivie a emprunté un chemin parallèle à celui des constatations faites à partir des images de

12. Un certain nombre d'études, notamment celle de Stella Mary Newton, *Renaissance Theater Costume and the Sense of the Historic Past*, New York, 1975, ont montré que même les costumes dits de fantaisie, ou ceux qui s'efforcent de copier les modes d'une époque révolue, sont conçus selon les critères de la mode qui a cours au moment où ils sont crées, et non pas selon ceux de l'époque évoquée. S'il s'agit de costumes futuristes plutôt que passéistes, le même phénomène est parfaitement apparent, les silhouettes sont à la mode contemporaine de leur représentation, seuls les détails, notamment les accessoires, changent ; les costumes futuristes empruntent d'ailleurs souvent plus à l'exotisme qu'à un futur hypothétique pour construire leur démarcation de la norme.

l'époque. Une fois le fait établi de la grande différence d'aspect entre les habits du gothique international et ceux de la fin du XVe siècle – constat facile grâce à l'abondance de ces images –, une figure archétypale s'est dessinée d'elle-même à nos yeux pour chacune de ces deux époques.

Imitant, en quelque sorte, les néoplatoniciens, pour lesquels la numérologie pythagoricienne faisait figure de formule magique pour construire la beauté, cette figure idéale a donc été circonscrite dans une forme géométrique qui prendrait l'un ou l'autre de deux aspects signifiants, suivant les époques : l'aspect d'un triangle ou l'aspect d'un rectangle. Ce parti pris géométrique n'a pas pour but de restreindre le champ d'application de notre raisonnement, mais au contraire de faire écho à l'une des préoccupations fondamentales de la période néoplatonicienne, celle de la mise en perspective des éléments, donc de s'en approcher au plus près. Comme le souligne André Chastel, « le principal résultat de la mise en perspective... était donc de ramener à des figures géométriques faciles à dessiner les formes distribuées dans l'espace[13] ». Cette formule, ressortissant à une « pensée mathématique cohérente », toujours selon l'expression d'André Chastel[14], paraît singulièrement utile pour symboliser de façon universelle l'aspect général et immédiatement signifiant d'une silhouette humaine, ici vêtue, mais elle pourrait également être nue, dans la mesure où celle-ci est toujours placée dans l'espace. Cette préoccupation géométrique n'est pas seulement destinée à reproduire des schémas qui seraient proches, symboliquement parlant, du néoplatonisme ; elle trouve également sa justification dans l'aspect purement technique du vêtement. En effet celui-ci est une construction tridimensionnelle qui fait appel à des mesures et à des formes obligatoirement mathématiques et géométriques, comme toute projection en perspective d'ailleurs,

13. André Chastel, « Marqueterie et perspective au XVe siècle », dans *Fables, formes, figures I*, Paris, 1978, p. 317-332.

14. *Ibid.*, p. 321.

puisque le tailleur doit transcrire sur une pièce en deux dimensions – un rectangle de tissu[15] – les trois dimensions du corps qui sera habillé, celui-ci s'inscrivant également dans une figure géométrique mais aux contours fluides, plus gros ici, plus minces là. Les contours du vêtement à construire, eux, ne peuvent être flous puisque les différentes pièces qui le composeront doivent s'accorder entre elles, comme ce serait le cas dans n'importe quelle structure en trois dimensions ayant une forme spécifique, c'est-à-dire comme dans tout projet architectonique. Aucun vêtement ne peut donc exister physiquement ni remplir ses objectifs de mode sans posséder ces trois dimensions, qui ne répondent pas à la nature du corps mais à l'esthétique du projet vestimentaire, et qui doivent cependant fonctionner avec les trois dimensions corporelles. Une récapitulation technique et historique du métier de tailleur s'imposait donc comme préalable à l'analyse symbolique des formes vestimentaires examinées, pour mieux en souligner les aspects nécessairement géométriques (voir chapitre IV).

Le premier de ces deux aspects géométriques à la fois symboliques et techniques correspond à une sexualité exacerbée, faisant appel à l'arboration parfois simultanée de symboles masculins et féminins par les deux sexes, mais s'inscrivant en dernière analyse dans la forme essentielle de la symbolique féminine qu'est le triangle. Cet aspect triangulaire appartiendrait ici à la période du gothique international qui précède immédiatement celle du néoplatonisme ficinien. Le deuxième aspect correspond à une sexualité refoulée, ou asexualité idéalisée, indiquée par l'effacement des symboles masculins et féminins pour les deux sexes, mais s'inscrivant en dernière analyse dans la forme essentiellement et universellement masculine qu'est le rectangle : c'est cet aspect qui prédominerait au cours de la période du néoplatonisme ficinien.

Pour une image à la fois évocatrice et précisément située de ces deux opposées, le premier aspect, celui de la sexualité

15. Le tissu non coupé se présente toujours sous forme de rectangle puisque le tissage impose une forme rectangulaire.

triomphante, est placé sous le signe du tableau de Jean Fouquet *La Vierge à l'enfant* (vers 1455) (figure 1), exemple type de silhouette triangulaire. Le deuxième aspect, celui d'un angélisme asexué, est typifié non par des silhouettes masculines mais par des personnages féminins qui constituent néanmoins des exemples parfaitement représentatifs de la silhouette rectangulaire ; ce sont ceux de la tenture du Musée national du Moyen Âge et des thermes de Cluny, dite de *La dame à la licorne*, dont la date probable de fabrication se situe justement dans les toutes dernières années du XVe siècle[16] (fig. 2, 3, 4, 5, 6, 7).

Si les faits et les idées s'entrecroisent, se retrouvent et finalement signifient ensemble, il faut tout de même aborder les uns et les autres séparément pour mieux les faire se rencontrer ensuite. Pour comprendre la possible influence d'un système de pensée sur un système de mode, il faut faire l'analyse des traits de ce système les plus susceptibles d'avoir exercé cette influence. Le concept d'amour « platonique », tel qu'il a été développé alors, s'est révélé d'emblée comme l'élément du néoplatonisme ficinien le plus important pour la détermination des paramètres de mode, dans la mesure où il concerne à la fois l'humain et le divin. Les limites chronologiques principales mais non exclusives de cette analyse sont celles de la fondation de l'Académie néoplatonicienne de Marsile Ficin en 1462-1463 et de la mort de ce dernier en 1499. C'est en effet cette période du néoplatonisme de fond qui est apparue plus intéressante à étudier que celle du néoplatonisme de forme qui prévaut en France, comme en Italie d'ailleurs, à partir du moment où l'humanisme devient, en quelque sorte, une doctrine esthétique officielle plutôt qu'une véritable interrogation théologique[17].

16. Pour une analyse de la tenture comme allégorie de la théorie néoplatonicienne des cinq sens, voir Alain Erlande-Brandenburg, *La dame à la licorne*, Paris, 1993.

17. Selon Ernst Cassirer : « The philosophy of the Quattrocento was and remained, even in its most consequential directions, theology. » Cité par Charles Edward Trinkhaus, Jr., dans *Adversity's Noblemen, The Italian Humanists on Happiness*, New York, 1940, p. 14.

Quant à la silhouette triangulaire, elle est examinée sur une période allant de la fin de la guerre de Cent Ans à la mort de Charles le Téméraire, soit de 1453 à 1477 environ. Ces dates ont été choisies parce qu'elles sont marquées chacune par des événements historiques importants[18], et parce que c'est entre les deux, à quelques années près, que se situe l'apogée du style dit gothique international dont les prolongements dans la mode sont tout aussi importants que dans les autres domaines de l'esthétique.

La plupart des représentations de personnages habillés étudiés ici provenant d'incunables français, l'on peut se demander pourquoi avoir choisi d'étudier l'influence sur la mode en France d'une pensée originaire d'un autre pays ? Il y a deux raisons principales à ce choix. La première est que c'est justement au cours de ces quelques décennies que se situe le commencement formel du néoplatonisme florentin, résultat d'une évolution plus ou moins souterraine et plus ou moins européenne, ainsi que l'apogée et la fin de ce courant de pensée. Les idées et les formes propagées par ses adeptes constituent dans leur ensemble, chacun le sait, les fondements intellectuels et esthétiques de cette rupture culturelle avec le passé immédiat qu'a été la Renaissance, rupture plus radicale encore en France qu'en Italie, où la « survivance des dieux antiques », pour reprendre le titre du livre de Jean Seznek[19], n'avait jamais complètement cessé d'être de mise. Ce changement irréductible a rendu plus facile la mise en lumière du contraste entre cette époque et la précédente, c'est-à-dire celle du gothique international finissant.

La deuxième raison est que la diffusion rapide de ces mêmes idées, souvent exprimées pour la première fois en langue vernaculaire, et de leur illustration – au sens iconographique du terme – à travers les progrès foudroyants de l'im-

18. 1453, prise de Constantinople par les Turcs.

19. Jean Seznek, *La survivance des dieux antiques. Essai sur le rôle de la tradition mythologique dans l'humanisme et dans l'art de la Renaissance*, Paris, 1993 (1980).

primerie dans ces dernières années du siècle, nous procure un outil incomparable d'analyse de leur influence sur la pensée contemporaine en général et de leur transposition vestimentaire sur les membres de cette société en particulier. L'abondance des images qu'il fournit rend ce corpus précieux, mais il l'est plus encore par l'utilisation qu'ont pu en faire les contemporains autres que les gens traditionnellement instruits. Dès son invention, le livre imprimé fut diffusé de manière véritablement internationale ; facilement transportables, souvent publiés en latin, fréquemment illustrés, copiés sans vergogne par tous les éditeurs, les incunables se sont rapidement répandus par toute l'Europe. Dans ces conditions, il n'était sans doute pas nécessaire de limiter géographiquement l'analyse ni au pays, l'Italie, ni à la cité, Florence, dont était originaire le néoplatonisme ficinien, puisque aussi bien celui-ci devenait rapidement le sujet de discussion, sinon le credo, de tous les intellectuels européens.

Quant aux incunables à figures, ils sont alors, en cette fin du XVe siècle, physiquement accessibles à des couches de la population qui n'avaient jusque-là été exposées à des images que de façon lointaine, sous la forme de fresques dans les églises par exemple. Ces personnes se trouvaient maintenant, et presque subitement étant donné la rapidité avec laquelle l'imprimerie se développait et les livres circulaient, dans un rapport intime avec les images ; elles pouvaient en « tenir entre leurs mains », en « voir de leurs propres yeux » ; elles pouvaient s'y reconnaître comme l'on se reconnaît dans un miroir – dans une société ou l'absence de miroir fonctionnel était quasi totale[20] –, tout cela sans avoir besoin d'une éducation particulière, notamment sans avoir besoin de savoir lire. Cette reconnaissance d'eux-mêmes en tant que lecteurs ou

20. L'usage des miroirs plats en verre poli ne se généralise que vers les années 1520 (voir par exemple le tableau du Tintoret, *Suzanne et les vieillards*, v. 1553, ainsi que la *Vénus d'Urbino*, du Titien, v. 1538). La plupart des miroirs existant alors étaient convexes, comme celui du tableau de Jan van Eyck, *Les époux Arnolfini*, exécuté en 1434 ; encore ceux-ci étaient-ils réservés aux riches demeures.

« voyeurs » des images qui les représentaient était d'ailleurs facilitée par le simple fait que les premiers imprimeurs-éditeurs-illustrateurs de ces livres inventaient leur métier au fur et à mesure qu'ils le pratiquaient, sans être encombrés d'une tradition technique ou esthétique contraignante ni du poids psychologique et social d'une corporation anciennement établie. À métier nouveau, images nouvelles donc, collant à l'air du temps : les illustrateurs étant les illustrés, ceux-ci n'avaient aucune raison d'offrir à leur public des représentations se référant de quelque manière que ce soit au passé, même si certains d'entre eux venaient sans doute de l'antique profession d'enlumineur. Les représentations des incunables à figures montrant, pour la plupart, des personnages habillés, pourquoi aurait-il fallu les affubler d'habits démodés, puisqu'il n'y avait pas de modèles imprimés déjà établis sur lesquels on aurait pu se baser dans ce domaine particulier[21], si ce n'est, justement, ceux des personnages enluminés qui faisaient appel, pour leur réalisation, à une tout autre technique. Or, dans ce domaine non plus, il n'avait jamais été question de montrer des vêtements autres que ceux adoptés par tous au moment exact de la fabrication de l'enluminure, sauf à vouloir spécifiquement évoquer le passé.

Les premiers incunables illustrés constituent, à l'évidence, une source documentaire sur le vêtement de la fin du XVe siècle équivalente à un magazine de mode, c'est-à-dire à la fois comme le reflet statique et le moteur du changement d'une société vivante, son présent et son futur vestimentaire. Forcément actuelle, la mode figurée dans ces livres s'inspire

21. Vingt ans plus tard, ce ne sera plus le cas. On constate alors en effet le réemploi de nombreuses gravures sur bois datant de la fin du XVe siècle ; ces bois seront réemployés parfois jusqu'à la fin du XVIe siècle. Les personnages seront alors habillés d'une façon qui ne correspondra plus du tout à la mode contemporaine, mais il est évident que, d'autres sources iconographiques se faisant de plus en plus nombreuses et plus accessibles, le livre illustré ne sera plus perçu par le public ni traité par les professionnels comme une nouveauté absolue ni comme un reflet forcément actuel de la société qui s'y regarde.

des vêtements que les graveurs côtoient tous les jours dans la rue, car, à l'inverse des enlumineurs, ce ne sont ni des clercs ni des peintres de cour, ils ne sont pas confinés dans des monastères où l'on n'a pas toujours une idée immédiate des modes civiles les plus courantes. Ils ne fréquentent pas non plus les milieux aristocratiques, où l'on adopte certes en premier les modes nouvelles mais où l'on conserve aussi des habitudes vestimentaires liées à des cérémonials de toute nature. Les graveurs de ces bois illustratifs ne sont pas considérés comme des artistes, ni par leurs clients ni par leurs patrons, mais comme des ouvriers[22]. La grande majorité de ces illustrateurs est d'ailleurs parfaitement anonyme dans une profession où, au contraire, le nom de l'éditeur-imprimeur apparaît presque toujours en toutes lettres sur les livres imprimés ; ils sont « l'homme de la rue » dans toute l'acceptation du terme.

Parce qu'ils ont laissé des traces aussi abondantes que lisibles de l'apparence physique des membres féminins et masculins de la société de ces années-là, nous disposons, avec les incunables, d'un outil éminemment fiable, même s'il faut, bien entendu, y apporter les modifications – ou les retouches, pour employer un terme de tailleur d'habits – que les autres éléments d'analyse auront rendues nécessaires en chemin. Bref, la conjonction d'une idée nouvelle, ou du moins renouvelée, le néoplatonisme, d'une technique, l'imprimerie, d'une langue, le vulgaire, et d'une imagerie nouvelles, la gravure sur bois, fait de cette période de la fin du XVe siècle un terrain d'analyse unique dans tous les domaines de l'activité humaine, y compris dans celui qui porte en public l'étendard de ces temps nouveaux, le vêtement. Par ailleurs, les arts plastiques, comme les arts décoratifs, ont évidemment fourni bon nombre d'autres repères importants pour ce qui concerne les détails de mode qui semblent significatifs de la pensée dominante à un moment donné.

22. Alors que les imprimeurs en lettres bénéficient de la nouveauté absolue de leur profession et sont perçus comme des techniciens indispensables, ce qui les situe légèrement plus haut dans l'échelle sociale, mais qui ne différencie en rien leur vêtement.

C'est aussi à la fin du XVe siècle que, pour la première fois dans l'histoire de la civilisation occidentale, les « intellectuels » ont pour préoccupation constante de s'adresser non pas aux seuls lettrés, mais à l'ensemble de la population. Il s'agit de faire, selon l'expression de Kristeller, de la bonne vulgarisation, de l'*umanesimo volgare,* c'est-à-dire de transférer le « style, les genres littéraires, les méthodes et les idées de l'humanisme à la langue vulgaire et ainsi de s'adresser à un public de marchands, d'artisans et de femmes qui possédaient un vif intérêt pour la littérature, la morale et la religion, mais qui ne connaissaient pas le latin[23] ». Cette bonne vulgarisation s'est alors accomplie à travers les livres imprimés et a su trouver un public, même parmi les érudits, qui semblait alors lassé d'une scolastique stérile et avait manifesté un désir, parfois confus, parfois précis, de retour aux sources originelles de notre civilisation. Les querelles qui agitèrent l'université de Paris au XVe siècle, celle des nominalistes contre les réalistes par exemple, dans les années 1470, étaient largement connues et commentées en dehors de ses murs par les Parisiens, même si ceux-ci n'en comprenaient pas toujours les tenants et les aboutissants[24].

Par les nouvelles réponses qu'elle apportait au fond comme à la forme des interrogations spirituelles et culturelles de tout un chacun, le retentissement qu'eut, en son temps, la pensée néoplatonicienne florentine en France n'a pas été moins profond et moins étendu qu'en Italie ; ceci d'autant mieux qu'elle se propageait sur un terrain préparé pour elle par les bouleversements politiques, économiques et sociaux qu'avaient amenés dans le pays la fin de la guerre de Cent Ans et la chute de la maison de Bourgogne. Quant au terrain philosophique et poétique français, sa longue expérience du pétrarquisme, qui y était d'ailleurs né, l'avait rendu organi-

23. Oskar Kristeller, *Marsilio Ficino and his Work after Five Hundred Years,* Florence, 1987, p. 5.

24. Voir à ce sujet Alain de Libéra, *La querelle des universaux à la fin du Moyen Âge,* Paris, 1996.

quement réceptif au néoplatonisme venu de Florence, puisqu'il l'avait, en quelque sorte, fécondé.

Le territoire de recherche pour la mise en valeur et l'élucidation d'un problème peu soulevé jusqu'ici, celui des rapports entre un système de mode et un système de pensée, se trouve donc situé à l'intérieur de frontières géographiques à la fois aussi précises et aussi mouvantes que le permet la situation géopolitique et culturelle de ces trois dernières décennies du XVe siècle. C'est-à-dire qu'elles ne peuvent guère se confiner absolument au territoire français ni à la cité parisienne, mais qu'elles doivent parfois, lorsque cela est indispensable, s'étendre jusqu'à l'Italie et englober la Florence des néoplatoniciens.

Cette recherche se déroule selon un parcours dont les balises sont déposées par les éléments actifs, bien que parfois souterrains, du paysage social : les préceptes religieux, les œuvres littéraires, les œuvres artistiques, les échanges commerciaux, les contacts humains, le tout formant les éléments constitutifs d'une philosophie de la vie – soit d'une esthétique de vie – plus ou moins explicite dans l'esprit de ceux qui l'adoptent, mais non moins puissante parce qu'elle est moins exactement formulée.

Dans la mesure où chaque époque est représentée par une mode et chaque mode représente une époque, l'analyse du contexte qui a engendré une mode vestimentaire à un moment donné s'avère donc bien susceptible de fournir des renseignements relativement fiables sur les causes philosophiques, voire métaphysiques, des effets esthétiques dans cet espace-temps précis. Par conséquent, cette méthode doit pouvoir servir à analyser d'autres modes à d'autres périodes et à les replacer fermement dans un cadre qui ne soit pas limité à celui d'un vêtement tenu à bout de bras, hors du corps social.

I

L'AMOUR « PLATONIQUE » ET LES NÉOPLATONICIENS

La tâche que s'était fixée Marsile Ficin, et la voie qu'il devait montrer à ses amis humanistes, était celle-ci : à travers l'accès aux documents originaux du platonisme, c'est-à-dire à l'œuvre de Platon mais aussi à celles de Plotin, Proclus, Porphyre, Jamblique, du pseudo-Denys l'Aréopagite, aux textes attribués à Hermès Trismégiste et Orphée, donner un sens nouveau à l'ensemble de l'héritage culturel de l'époque et, traçant une ligne continue entre ces auteurs anciens, d'une part, et lui-même et ses contemporains d'autre part, mettre en évidence l'harmonie de ce système avec le christianisme, notamment en ce qui concerne la notion d'amour divin, et élaborer une théorie de l'immortalité de l'âme[1].

Plutôt que de commenter en détail cette pensée philosophique au demeurant bien connue, il semblait plus judicieux d'analyser son impact sur la société de la fin du XVe siècle, plus précisément en ce qui concerne l'amour, en se plaçant dans la

1. L'immortalité de l'âme ne fut proclamée dogme officiel de l'Église catholique qu'en 1513, lors du concile du Latran.

perspective d'un membre de cette société, ignorant des techniques philosophales, mais conscient néanmoins des questions que pose la philosophie et anxieux d'obtenir la confirmation de réponses qu'il avait déjà pu se donner à lui-même, en utilisant les moyens de réflexion, puis de traduction en termes de quotidienneté, qui étaient les siens.

Il a fallu pour cela tenter de résumer les points de cette doctrine les plus susceptibles d'avoir été retenus par un public non averti et d'avoir exercé sur les membres de ce dernier une influence subséquemment rendue manifeste dans une corporalité vestimentaire.

L'un des aspects les plus importants de la religion chrétienne est celui de l'amour divin : « L'amour est le moteur qui incite Dieu (ou plutôt par lequel Dieu s'incite) à dispenser Son essence dans l'univers ; et qui en retour incite Ses créatures à s'unir à lui », pour reprendre la formule de Panofsky[2]. Ce moteur, qui propulse littéralement tout homme vers le désir de la communion avec Dieu, est de nature divine lui aussi chez Platon, mais il s'appelle Éros. *Le banquet* est l'ouvrage où Socrate, par la voix de Platon, exprime sa théorie de l'amour. C'est cet ouvrage, connu de façon parcellaire au Moyen Âge, que Marsile Ficin devait traduire dans son intégralité du grec au latin et accompagner d'un commentaire intitulé *De amore*. L'influence de ce commentaire fut énorme, et c'est de ses pages que provient l'expression « amour platonique », ainsi que la compréhension moderne de ce terme, assez éloignée au demeurant de l'idée qu'en avait Platon.

Pour Platon, comme pour Ficin, « l'amour est toujours désir... », mais tout désir n'est pas amour... C'est seulement lorsque le désir, guidé par la *virtù* cognitive, prend conscience d'un but suprême qu'il mérite le nom d'amour : ce but suprême étant cette divine bonté qui se manifeste comme beauté, il convient de définir l'amour, selon la phrase

2. *Essais d'iconologie. Les thèmes humanistes dans l'art de la Renaissance*, Paris, 1969, p. 214.

originale de Marsile Ficin, comme un « désir de jouir de la beauté[3] ».

L'amour est donc inséparable de la beauté, qui est elle-même bonté. Dans la philosophie néoplatonicienne de Ficin, l'amour n'est pas, comme le dit Aristophane au cours du *Banquet*, la recherche d'une moitié originelle dont nous aurions été séparés au commencement de l'humanité, alors que nous étions des êtres androgynes[4] ; au contraire, ce ne sont pas les corps qui furent divisés lors de la chute originelle, mais les âmes, car celles-ci, au moment de la création, « possédaient par nature la lumière surnaturelle et la lumière naturelle[5] ». Elles tentèrent donc d'égaler Dieu et en furent punies en étant précipitées dans un corps et privées de la lumière surnaturelle. Dès lors, pour Marsile Ficin, la chose est claire : l'âme déchue cherche sans cesse à recouvrer la lumière surnaturelle dont dépend sa béatitude[6]. Car rien n'est plus « agréable à l'âme, ni plus admirable, que la lumière[7] » ; elle cherche cette lumière à travers la contemplation de la beauté, qui est elle-même bonté comme la fleur qui est belle, provient de la graine qui est bonne, et engendre à son tour la bonne graine… Cette quête s'effectue par un processus d'ascension ou ascèse cognitive, qui mène du beau sensible au beau intelligible. Ce processus ascensionnel est également celui de Socrate qui, toujours dans *Le banquet*, mais par la voix de Diotime, en décrit les degrés comme ceux d'une échelle, qui montent de la perception de la beauté d'un seul corps à celle de la beauté des corps en général, puis de la beauté d'une activité humaine à celle de toutes les activités humaines, puis à celle de la beauté de l'activité intellectuelle à celle de la

3. *Ibid.*, p. 215.

4. 189a-193e.

5. « *Amor sit fruendae pulchritudinis desiderium* », cité par Raymond Marcel dans *De amore, Marsile Ficin*, Paris, 1978, p. 69.

6. *Ibid.*

7. « *Nihil animo aut gratius aut mirabilius sit quam lumen...* », cité par Raymond Marcel dans *Marsile Ficin. Théologie platonicienne de l'immortalité des âmes*, Paris, 1964, p. 237.

beauté de toute connaissance, enfin à celle de la beauté tout court, de sorte que, arrivé au dernier degré de l'échelle, l'on connaît (ou l'on contemple) la véritable beauté, soit la nature du divin[8].

C'est là où Marsile Ficin s'accorde le plus avec Platon, dans cette conception ascendante de la recherche du divin, car pour lui aussi les degrés sont cinq : le corps, la qualité, l'âme, l'ange et Dieu[9]. Et c'est là où il essaie également le plus de s'en éloigner sur un point précis : là où Platon, par la voix de Diotime, désigne le premier degré de la connaissance comme celui qui part du corps de l'aimé – toujours un beau jeune homme –, Ficin cherche à démontrer que la beauté n'est pas corporelle, ou plutôt qu'elle ne peut résider dans un corps qui serait seulement beau et non pas bon, un corps qui ne serait pas le miroir de l'âme qui, elle-même, par définition, recherche et reflète à la fois la lumière qui est beauté. Ce faisant, il se rapproche du néoplatonisme plotinien.

Mais à travers les réticences de Marsile Ficin sur le choix du corps masculin comme résidence d'une beauté qui soit valable au regard de la définition chrétienne du mot, l'on aperçoit tout de même très distinctement le raisonnement de Platon qui s'appuie au départ, et sans ambiguïté majeure, sur une beauté corporelle bien définie par l'esthétique grecque de la proportion, du rythme et de l'harmonie des formes, mais dont l'exemple type est toujours exclusivement masculin. De plus, cette beauté réside bien à l'origine dans un corps chéri, celui du beau jeune homme. Nombre d'auteurs l'ont souligné, Michel Foucault au premier chef ; Roberta de Monticelli, elle, explique que l'on ne peut « … faire abstraction du rôle d'Éros dans le processus de la connaissance… autrement dit, le point de départ de la connaissance d'une valeur, même en ce qu'il y a en elle de perceptible, n'est pas la simple perception sensorielle, mais la perception "affective», un "voir" qui est simultanément un "sentir". Cette

8. *Le banquet*, 211c.
9. R. Marcel, *Theologia Platonica*, t. III, p. 127.

beauté, qui est celle de l'"âme" dans un sens non édulcoré ou moralisant, est ce qui est indubitablement visible dans le corps et le maintien du beau jeune homme d'où commence l'ascèse, mais elle ne l'est pas dans le sens où est visible la couleur de la peau et la stature. En outre, elle n'est pas visible dans une quelconque "perception affective" : le chien, qui aime n'importe quel maître pourvu qu'il soit le sien, ne la voit pas. Cette beauté de "l'âme" est celle que déjà, selon Socrate, le sculpteur et le peintre devaient rendre visible... L'artiste "rend visible" quelque chose qui n'est pas tel dans sa nature, ou qui ne l'est naturellement que par accident, de manière imparfaite, transitoire et relative[10]. » C'est d'ailleurs à partir de cette définition d'une belle âme dérivée de l'antique que les artistes de la Renaissance considéreront la faculté de reproduction d'un idéal comme preuve de leur génie.

Mais en traduisant *Le banquet* en latin et en livrant à ses lecteurs la vision platonicienne du beau, Marsile Ficin se trouvait probablement quelque peu gêné par les à-côtés potentiellement scabreux de cette dernière en matière de relations entre hommes, et cela d'autant plus que l'homosexualité était alors pratiquée, notamment à Florence, sur une échelle que les autorités de l'époque paraissent avoir considéré comme inquiétante pour le processus naturel de remplacement des générations[11].

Le commentaire *De amore* s'efforce donc de christianiser cette approche platonicienne en ne déniant pas toute forme de beauté au corps mais en rappelant que la beauté est l'expression de la bonté de Dieu ; que, s'il est impossible de concevoir le corps sans formes, la nature spirituelle de la beauté trouve en ces formes le moyen de s'unir à la matière, « sans cesser d'être elle-même[12] ».

10. Roberta de Monticelli, *L'ascèse philosophique. Phénoménologie et platonisme*, Genève, 1997, p. 231.

11. Voir notre chapitre « Les expression de la sexualité et leurs effets sur la mode ».

12. R. Marcel, *De amore...*, p. 77.

Pour atteindre à la connaissance de la beauté suprême, Marsile Ficin nous indique donc les moyens à notre disposition : ce sont les cinq sens et la raison. Et il établit une hiérarchie analogique de ces moyens, que Raymond Marcel résume ainsi : « … la raison s'apparente, pour ainsi dire, à Dieu, la vue au feu, l'ouïe à l'air, l'odorat aux vapeurs, le goût et le toucher à la terre… le toucher, le goût, l'odorat… sont au service du corps, les autres – la raison, la vue, l'ouïe – au service de l'âme[13] ». La fortune de ce raisonnement dans ses prolongements artistiques devait être grande : un des exemples les plus célèbres, dont il sera fait état plus avant, est celui de la suite de tentures dite de *La dame à la licorne*, qui est généralement considérée comme une allégorie des cinq sens.

Mais pour que cette théorie ait une résonance parmi les artistes comme parmi le public en général, il fallait qu'elle soit rendue visible, et pour cela l'allégorie était le meilleur moyen. Ou plutôt, pourrait-on dire, cette nouvelle théorie était faite pour l'allégorie puisque, à l'inverse des théories et des pratiques de la représentation de la beauté de façon symbolique, statique et permanente en usage au Moyen Âge, elle comportait l'idée d'un mouvement idéal, dynamique et temporaire, qui ne pouvait être représentée que par l'allégorie.

Exposée et codifiée par Léon Battista Alberti dès 1436, cette théorie, rapidement mise en application par les artistes, rendit à jamais caduque la représentation symbolique telle qu'on la pratiquait au Moyen Âge. Mais si les penseurs de la beauté, philosophes, artistes ou simples humanistes pouvaient légitimement se reposer, comme l'avait fait Alberti de manière explicite dans son *De pictura* (1435), sur une technique numérosophique pour exprimer la beauté sensible des formes en général, il fallait sans doute adopter la représentation d'une personne humaine, plutôt que le raisonnement abstrait ou la construction géométrique, pour montrer efficacement cette dernière à tous les yeux.

13. *Ibid.*

Il était pourtant nécessaire à la bienséance de l'époque que ce personnage soit féminin plutôt que masculin. En effet, on voit mal une théorie du beau élaborée dans le monde chrétien de la fin du XVe siècle, même passionné de l'antiquité, choisir un Adonis comme siège et véhicule de la lumière du Christ, ou même comme seulement celui de l'Éros de la connaissance. Les prolongements scabreux que cela aurait pu suggérer ne pouvaient être officiellement tolérés, quelles qu'aient pu être par ailleurs les préférences sexuelles des uns et des autres.

Pour essayer d'allégoriser le concept de la dualité amour sacré/amour profane, il était donc moins risqué d'utiliser un symbole féminin, d'origine antique tout de même, qui était par ailleurs tout prêt et qui avait perduré tout au long du Moyen Âge[14]. Cette dualité s'exprimait, dans la mythologie grecque, à travers la double personnalité de la déesse de l'amour Aphrodite/ Vénus : la Vénus céleste et la Vénus terrestre ou Vénus vulgaire. S'appuyant sur Plotin mais en modifiant l'analyse de ce dernier dans le sens que demandait une interprétation chrétienne, Marsile Ficin établira une définition de la Vénus céleste comme « l'esprit angélique tourné vers Dieu » et de la Vénus terrestre comme « l'âme du monde tourné vers les corps[15] ». « Par voie de conséquence, l'amour céleste sera nécessairement désir de la beauté divine ; quant à l'amour vulgaire, qui lui aussi contemple la beauté divine, par l'intermédiaire de la Vénus dont il est le serviteur, sa fin sera d'engendrer dans la beauté[16]. » Cette définition inspirera les conceptions esthétiques de Sandro Botticelli, dont *Le printemps* et *La naissance de Vénus* seront le reflet. Selon les analyses de Warburg[17] puis de

14. Voir à ce sujet Jean Seznec, *La survivance des dieux antiques. Essai sur le rôle de la tradition mythologique dans l'humanisme et dans l'art de la Renaissance*, Paris, 1993.

15. R. Marcel, *De amore*, p. 60.

16. *Ibid.*

17. Aby Warburg, « *La naissance de Vénus* et *Le printemps* de Sandro Botticelli », dans *Essais florentins*, Klinsieck, s.l., 1990, [Hambourg et Leipzig, 1893], p. 47-100.

Gombrich[18], le tableau de *La naissance de Vénus* transforme la Vénus terrestre qu'il est censé représenter en la Vénus céleste, lui donnant la forme d'une allégorie de « l'Amour et la Charité, Dignité et Magnanimité, Libéralité et Magnificence, Grâce et Modestie, Charme et Splendeur » (fig. 8).

C'est cet idéal féminin dans sa forme, sinon dans toutes ses caractéristiques, qui devait devenir la norme à laquelle voudraient se conformer nombre de femmes et se vouer nombre d'hommes. S'il n'était pas si éloigné, dans ses exigences, de l'idéal courtois qui l'avait précédé, il avait en revanche définitivement perdu en chemin la composante sexuelle de l'amour humain – le plus souvent inconsommable mais parfois consommé dans le plus grand bonheur – qui fait la grande force de la vision des troubadours et celle des auteurs français, notamment Chrétien de Troyes. Déjà cet aspect avait été littéralement occulté par Dante, Pétrarque et les poètes du *Dolce stil nuovo,* pourtant inspirés formellement par les troubadours, au profit d'un concept qui faisait de l'amour humain sous sa forme physique une notion désincarnée, voire nécrologique – Béatrice et Laure sont des mortes – plutôt qu'un « supplément de vie », comme le pensait Platon. Mais ni Dante ni Pétrarque n'auraient pourtant songé à se servir de Vénus comme exemple à suivre pour les femmes vertueuses de leur époque !

Pour revenir à la théorie de Marsile Ficin sur l'amour humain, voici ce qu'il en dit dans le sixième discours de son *De amore,* au chapitre XIV intitulé « D'où vient l'amour envers les hommes et envers les femmes » : « Donc suivant Platon, le corps des hommes aussi bien que leur âme est fécond et tous deux sont poussés par l'aiguillon de l'amour à la génération. Mais les uns, soit par nature, soit par éducation, sont plus disposés à la génération de l'âme qu'à celle du corps, alors que chez les autres, et ce sont les plus nombreux, c'est le contraire. Les premiers recherchent l'amour céleste, les

18. E.H. Gombrich, *Norm and Form, Studies in the Art of the Renaissance,* Londres/New York, 1966, 2 vol., vol. I, p. 42.

seconds l'amour vulgaire. Les premiers aiment naturellement les hommes encore adolescents, plutôt que les femmes ou les enfants, parce qu'en eux domine la pénétration de l'intelligence qui, en raison de l'excellence de sa beauté, est beaucoup plus apte à recevoir la discipline qu'ils désirent engendrer[19]. »

Bien que Ficin exhorte un peu plus avant dans son discours les hommes à ne pas « jeter la semence en pure perte, mais… de la faire passer de l'homme à la femme[20] », il trouve des excuses astrologiques à ceux qui le feraient, c'est-à-dire à ceux qui entretiendraient des relations sexuelles avec d'autres hommes. Il les décrit, dans ce même passage, comme « … surtout ceux qui sont nés quand Vénus se trouvait sous un signe masculin, unie à Saturne, soit dans ses limites, soit à l'opposé[21] ». Ce qui revient à dire qu'il ne peut s'agir d'un choix exercé par le libre arbitre, et, si l'on suit son raisonnement jusqu'au bout, que tout homme ayant ce thème astral sera sans doute attiré par un autre homme plutôt que par une femme. Comme par ailleurs Ficin avait longuement exposé sa théorie sur l'influence créatrice de Saturne, il y a de grandes chances pour que cet homme hypothétique marqué au sceau de la géniale mélancolie saturnienne soit également un artiste. Ce n'est certes pas ce que dit Ficin explicitement, mais il n'est guère besoin de démontrer combien ce qu'il y avait d'implicite dans cette théorie fut accepté et répandu non seulement dans les milieux artistiques mais aussi parmi le grand public. Il est d'ailleurs facile de constater que cette interprétation perdure aujourd'hui, d'autant qu'elle permet d'expliquer de façon à la fois naturelle, c'est-à-dire non induite par la société, et surnaturelle, c'est-à-dire indiscutable, un phénomène sexuel permanent mais encore souvent perçu comme hors normes, ainsi que la sensibilité et les dons artistiques généralement considérés comme caractéristiques des hommes (mais pas des femmes ?) à vocation homosexuelle.

19. R. Marcel, *De amore*, p. 229.
20. *Ibid.*
21. *Ibid.*

Dans le contexte de son époque, Marsile Ficin ne peut faire autrement que de condamner les relations physiques entre hommes dans son *De amore*, et pour cela il appelle Platon lui-même à la rescousse qui, dans ses *Lois*, les compare à « une sorte d'homicide[22] », comparaison pour le moins surprenante au demeurant. Le problème reste cependant entier dans la mesure où la théorie de l'amour exposée dans *Le banquet* est précisément fondée sur le réceptacle/véhicule que constitue l'adolescent dans son corps comme dans son âme. Il semble donc bien que la traduction du *Banquet* offrait une sorte d'encouragement implicite, pour qui voulait bien l'interpréter de cette façon, à des rapports d'amitié amoureuse, à tout le moins, entre hommes mûrs et adolescents, que les mœurs de l'époque, à Florence en particulier, semblent avoir fréquemment porté à leur conclusion physique. Aussi loin que ce fût des intentions de Marsile Ficin, cet aspect des choses ne devait pas échapper à Savonarole, dont la critique envers les humanistes en général et les « sodomites » en particulier, coupables d'hérésie à ses yeux, devait constituer la pierre angulaire de ses sermons enflammés contre Florence tout entière.

Il est cependant une figure, d'origine antique elle aussi mais récupérée intégralement par la religion chrétienne, qui peut symboliser la beauté sans que celle-ci occupe un corps précisément identifié comme celui d'un homme ou d'une femme ; c'est la figure de l'ange. L'ange joue un rôle de premier plan dans la théorie de l'amour divin de Marsile Ficin, comme dans sa théologie de l'immortalité de l'âme, et il l'exprime en ces termes : « Le visage unique de Dieu se reflète donc successivement dans trois miroirs placés en ordre : l'ange, l'âme et le corps du monde. Dans le premier, qui est le plus proche, il se reflète très clairement… De ce fait la sainte intelligence de l'ange, n'étant nullement entravée par le ministère du corps, se replie sur elle-même et, là, voit ce visage de Dieu imprimé dans son sein[23]. »

22. *Ibid.*, note I (Platon, *Lois* I, 636 b-d, VIII, 836 b-838c-841 d.).
23. R. Marcel, *op. cit.*, p. 185.

Les pythagoriciens avaient défini l'ange comme « unité-multiplicité », soit l'avant-dernier degré sur l'échelle dont le dernier est Dieu, qui est « l'Un », et Ficin reprend cette définition en la commentant dans sa *Platonica theologia*[24], et en faisant de l'ange le siège de l'intelligence. Mais en outre Ficin réintroduit dans le culte chrétien des anges des notions qui renvoient à la Kabbale, dont l'écriture – l'hébreu – aurait été une écriture céleste. Ce qui revenait à faire de l'ange une sorte d'intellectuel, puisque « écrivain », asexué bien sûr, beau évidemment, et situé quasiment au plus haut sur l'échelle de la connaissance.

En se plaçant du point de vue d'un homme ou d'une femme instruits ou simplement curieux, ne concevant sans doute pas le monde en dehors d'un système théologique chrétien, on est tenté d'imaginer combien ce modèle angélique pouvait sembler désirable et, surtout, atteignable, puisqu'il permettait de concilier la chasteté préconisée par l'Église elle-même en dehors des épisodes reproductifs nécessaires à la survie de l'espèce, la poursuite de la connaissance/intelligence jusque-là réservée aux clercs à travers l'étude, notamment celle des textes anciens, et l'idée d'ascension progressive, vers une spiritualité plus achevée certes, mais aussi, par un phénomène d'extension bien humain, vers une position sociale elle aussi plus élevée. L'exemple type d'un intellectuel qui avait suivi ce parcours irréprochable – chasteté, étude, contemplation – et qui avait réussi socialement était justement Marsile Ficin, puisque celui-ci était considéré par Laurent de Médicis, l'homme le plus haut placé de Florence, comme un égal, voire comme un maître.

Dès lors il n'y avait pas grand chemin à faire pour penser qu'un autre style de vie, la pratique d'activités impliquant le corps par exemple, n'avait pour résultat inévitable que de précipiter ceux ou celles qui s'y livraient au bas de l'échelle, là où réside l'amour vulgaire qui pousse à engendrer les corps plu-

24. R. Marcel, *op. cit.*, p. 41.

tôt qu'à engendrer les âmes, là où cette fonction place les hommes à peu près au même rang moral que les animaux[25].

Et comme Marsile Ficin, en traduisant le « divin » Platon, semblait indiquer que l'amour entre hommes et femmes ne pouvait guère dépasser le stade de l'engendrement corporel, il devenait légitime de délaisser cette activité puisqu'elle ne pouvait mener nulle part, puisqu'elle empêchait l'ascèse.

L'amour dit platonique, interprété comme une absence totale de relations charnelles, du moins entre hommes et femmes, était en quelque sorte la conclusion logique, sinon inévitable, de cette doctrine. Et le vêtement, seule expression immédiatement perceptible à tous de l'intériorité de chacun, ne pouvait qu'essayer de gommer la différence entre les hommes et les femmes, au lieu d'en exalter les composantes sexuelles. Puisque la mode intellectuelle était à l'angélisme, il fallait que la mode vestimentaire donne à tout un chacun l'apparence d'un ange et, comme on le sait, les anges n'ont pas de sexe.

25. André Chastel, *Marsile Ficin et l'art,* Genève, 1996 [1954], p. 121-128 « Amour sacré, amour profane ».

II

L'ESPRIT DE LA MODE NÉOPLATONICIENNE : CLIMAT ET INFLUENCES

Table des incunables les plus fréquemment imprimés entre 1470 et 1500 *

Auteur ou titre	**Nombre d'éditions**	**Auteur ou titre**	**Nombre d'éditions**
Cicéron	209	Ésope	34
Saint Bonaventure	100	Térence	32
Savonarole	81	Ars moriendi	24
La légende dorée	79	L. Bruni	24
Albert le Grand	72	Le Pogge	24
Pie II (E.S. Piccolomini)	67	Dr Lyonnard	24
Ovide, Rolewinck	55	M. Valère	20
St Augustin, Pétrarque, Gerson	54	L. Valla	14
Boccace	49	Politien	14
Boèce	48	Pic (Pic de la Mirandole)	7
Aristote	35		

* Établie à partir du Catalogue des incunables de la Bibliothèque nationale et du Catalogue des incunables des Bibliothèques de France.

1. Le climat littéraire et artistique

L'ensemble des phénomènes intellectuels et artistiques rendus manifestes soit par la publication, soit par l'œuvre d'art sous toutes ses formes, qui caractérisent l'état normal, c'est-à-dire non excessif et non marginalisé, de la culture de l'époque étudiée, constitue son climat ; ou encore, au sens figuré de ce mot selon le *Petit Larousse*, son « atmosphère morale et son milieu[1] ». En cette fin du XVe siècle, l'atmosphère morale se reflète dans les préoccupations dominantes de la société éduquée ; celles-ci ne sont plus à l'amour courtois ni à la scolastique universitaire, mais tout à l'amour platonique et au syncrétisme néoplatonicien : le non-être de Platon est en passe de remplacer la matière d'Aristote dans les esprits de l'époque comme formule de la normalité. Cet état de la société, qui se manifeste alors sous diverses formes, tend à démontrer qu'au sein de l'intelligentsia française comme européenne mais surtout italienne, la matérialité des corps, dans la répugnance qu'elle pouvait susciter vis-à-vis de ses expressions charnelles, comme dans la grande peur vis-à-vis de la mort qu'elle entraînait nécessairement, était en passe de disparaître. Cette évolution s'était faite au profit d'une immatérialité et, partant, d'une immortalité, ou de son illusion, dénuée des obligations de la chair dans sa finalité reproductive puisque assurée non seulement de perdurer au-delà de la mort, grâce à l'immortalité de l'âme chère aux néoplatoniciens, mais aussi, sous réserve d'observer un certain comportement, voire un certain mode d'habillement, d'atteindre à la beauté et par là au divin.

Examinons, pour preuve de ce climat, la liste des « best-sellers » de l'époque. J'ai établi à cet effet un tableau comparatif des auteurs les plus populaires publiés entre 1470 et 1500, à partir du nombre des éditions de leurs œuvres conser-

1. *Petit Larousse illustré*, Paris, 1976, p. 220.

vées à la Bibliothèque nationale et recensées au *Catalogue des incunables* de la Réserve des imprimés (voir tableau ci-dessus[2]). Seul a été pris en compte le nombre total d'éditions pour chaque auteur, partant du principe que, quel que soit le pays d'origine de l'impression, le livre faisait alors l'objet d'un commerce intensif et circulait dans toute l'Europe d'une part et que, d'autre part, le latin utilisé pour la plupart de ces textes était une langue comprise partout par de très nombreux lecteurs. Dans ces statistiques sont évidemment incluses les éditions en langue française ainsi que, surtout pour Pétrarque, les éditions en langue italienne, langue lue et parlée par les lettrés, notamment ceux de la cour française.

Ce tableau ne prétend pas donner une image quantitativement exacte de l'édition à la fin du XVe siècle, ce qui serait une tâche autrement immense. L'objectif de ce recensement est d'abord de montrer les tendances éditoriales des années 1480-1500, tendances qui s'inscrivent autant dans la catégorie des œuvres plus généralement culturelles que spécifiquement philosophiques ou spirituelles. Cette liste ne peut sans doute à elle seule donner une image complète du marché de l'écrit au cours de ces années-là, puisque, entre autres, elle ne prend évidemment pas en compte les manuscrits, qui restent importants dans le domaine de la diffusion des idées et des connaissances ; ceux-ci étaient cependant réservés à une élite alors que les incunables, étant donné leur prix modique, étaient accessibles à la majorité de ceux qui savaient lire. Selon les historiens du livre, ces derniers étaient nombreux, ils se recrutaient parmi toutes les classes ou presque, et ils comprenaient un nombre important de femmes, les religieuses en particulier. Mais parmi les membre du « petit peuple » se trouvaient également sinon des lecteurs, du moins des commentateurs des grandes questions débattues dans les livres de l'époque. Pietro Nelli, un humaniste italien qui écrivait dans la pre-

2. Ouvrage collectif, Paris, 1981-1993.

mière moitié du XVIe siècle, raille dans ses satires ce penchant des artisans, des marchands et des femmes pour la discussion des questions religieuses ou philosophiques :

> « Le batelier, le forgeron, l'apprenti menuisier
> vous aident à porter votre faix.
> Les faquins, la servante, l'esclave
> font l'anatomie du libre arbitre[3]. »

Durant tout le XVe siècle d'ailleurs, la demande, voire l'exigence de savoir se fait de plus en plus pressante dans toutes les classes sociales, et l'instruction des enfants devient un concept impératif, sinon toujours réellement appliqué. Quant à l'ignorance des clercs, voilà « aux yeux de tous les réformateurs, le grand mal dont souffre l'Église. Car la grande idée qui guide tout l'effort de renouveau religieux du temps, c'est qu'un chrétien ne peut faire son salut sans un minimum de savoir[4]. »

Mais si les publications à caractère religieux destinées au grand public, comme *La légende dorée*, ont effectivement connu de multiples éditions, le tableau présenté démontre à l'évidence que le courant de pensée dominante de cette période est bien le néoplatonisme, soit à travers la publication des œuvres des auteurs anciens relevant de ce courant de pensée, soit à travers les écrits des théologiens néoplatonisants, soit encore à travers ceux des penseurs contemporains de la fin du siècle, et qu'Aristote, bien qu'encore très présent, ne constitue plus à lui seul « la bible » des érudits laïcs ou cléricaux.

L'analyse de ce climat littéraire montre que certains aspects de la pensée néoplatonicienne y sont privilégiés, tels ceux voués aux amitiés masculines, à la prédilection pour les amours mortes, à la pratique d'une chasteté outrancièrement contre nature, à la nouvelle sacralisation de l'enfance comme

3. Cité par E. Rodocanachi, *La Réforme en Italie,* Paris, 1920, p. 10.

4. François Lebrun, Marc Venard, Jean Quéniart, *L'enseignement et l'éducation en France de Gutenberg aux Lumières (1480-1789),* ouvrage publié sous la direction de Louis-Henri Parias, Paris, 1981, t. II " L'éducation par l'école, 1480-1660 », p. 178.

symbole de pureté, accompagnée de la peur d'engendrer, enfin à l'emphase mise sur l'immortalité de l'âme et sur le corps astral. Une telle approche de la vie en société ne pouvait que faire adopter à tous l'habit de rigueur, c'est-à-dire celui de l'ange, la créature céleste et immortelle, la plus chère à Marsile Ficin et à ses amis.

Le tableau établi désigne un auteur qui s'élève largement au-dessus de tous les autres, puisque le nombre total des éditions de ses textes est pratiquement le double de celui de son plus proche concurrent. Cet auteur, c'est Cicéron, dont la popularité est bien connue. Entre 1470 et 1500, on trouve 209 éditions séparées de son œuvre recensées à la Bibliothèque nationale ainsi que dans d'autres bibliothèques de France[5]. C'est le *De amicitia* qui, avec 65 éditions, est le plus populaire de ses livres, suivi par 48 éditions du *De officiis,* cet ouvrage comportant également dans la plupart des cas le *De amicitia,* les *Epistolae* venant en troisième place avec 40 éditions. Je reviendrai sur l'importance du *De amicitia* dans la diffusion d'un idéal d'amitié masculine, d'origine platonicienne, à un public beaucoup plus élargi que celui des clercs et des universitaires qui, eux, connaissaient depuis longtemps l'œuvre cicéronienne par les manuscrits, certains d'entre eux ayant été transcrits par Pétrarque lui-même dès 1345[6].

On sait par ailleurs que l'œuvre de Cicéron, par son contenu comme par son contenant, devait fortement influer sur la pensée et le mode d'expression des néoplatoniciens du cercle de Marsile Ficin, au point que ces derniers ont pu être accusés de « cicéronisme » avancé, autrement dit de pédantisme dans la recherche d'un latin trop châtié. À Paris, Guillaume Fichet, bibliothécaire de la Sorbonne et respon-

5. Le *Catalogue des incunables* n'étant pas terminé pour la lettre C, ces éditions ont été recensées à partir du *Catalogue général des incunables des bibliothèques publiques de France* par M. Pellechet, (Paris, 1905), Nendeln, Liechstenstein, 1970, t. II, 3583-3791.

6. *Dictionnaire des lettres françaises, Le Moyen Âge,* ouvrage rédigé sous la direction du cardinal Georges Grente, Paris, 1964 ; « Cicéron au Moyen Âge », p. 298-299.

sable, avec Jean Heylin, de l'installation de la première presse parisienne à l'université en 1470, ainsi que des choix éditoriaux de cette entreprise, est un humaniste convaincu, influencé par Pétrarque, et correspondant et ami du cardinal Bessarion. Parmi les premiers livres que Fichet choisira de faire imprimer à la Sorbonne se trouve le *De officiis* de Cicéron, pour lequel il se chargera lui-même de rédiger une préface[7].

Avec 105 éditions, le numéro deux sur la liste des incunables est saint Bonaventure, dont l'œuvre philosophique et mystique s'inscrit dans la lignée néoplatonicienne de saint Augustin ; ses textes sont d'ailleurs publiés avec ceux de saint Thomas d'Aquin, autre Père de l'Église et grand inspirateur lui aussi de Marsile Ficin[8]. En troisième position se trouve Savonarole, avec pas moins de 81 éditions, toutes concentrées vers la fin du siècle, entre 1491 et 1498, au moment de l'ascension rapide, suivie de la chute brutale, du moine et homme politique florentin. Ses *Révélations* furent publiées à Paris le 6 août 1496 par Guy Marchant pour Jean Petit, sous le titre *Revelatio de tribulationibus nostrorum temporum.*

La légende dorée de Jacques de Voragine arrive en quatrième position sur la liste avec 79 éditions[9]. Ce fut d'ailleurs l'un des premiers livres à sortir des presses de la Sorbonne. Cette première édition parut en latin, sous le titre *Legenda aurea*, le 1er septembre 1475 ; elle était imprimée par Ulrich Gering, Martin Krantz et Michel Friburger[10]. L'œuvre d'Albert le Grand dans son ensemble se place immédiatement après, avec 72 éditions où dominent cependant celles de sa *Summa theologiae.*

7. Merleau-Ponty, *Signes, op. cit.*, p. 620.

8. Raymond Marcel, *Marsile Ficin. Théologie platonicienne de l'immortalité des âmes*, Paris, 1964, p. 10.

9. En réalité il y en eu certainement beaucoup plus, et il est possible que le nombre total d'éditions, s'il est un jour établi avec certitude, dépasse celui de l'œuvre cicéronienne ; le chiffre cité ici ne tient compte que des éditions présentes en France.

10. *Catalogue des incunables*, t. II, fasc. I, 1981, J-63.

Enea Silvio Piccolomini, le pape humaniste Pie II, connaissait un grand succès de librairie avec 67 éditions de ses œuvres, dont 15 pour le seul *De duobus amantibus Euralyo et Lucretia*, tiré des *Héroïdes* d'Ovide, par ailleurs publié en latin aux presses de la Sorbonne dès 1472[11].

Ce sont d'ailleurs les textes d'Ovide lui-même qui viennent immédiatement après ceux de Pie II, avec 55 éditions dont 11 pour les *Epistolae héroïdes*, 15 pour les *Métamorphoses* et seulement 5 pour *L'art d'aimer*. Beaucoup de ces éditions sont d'ailleurs assez tardives, tout spécialement celles en langue française publiées, pour la plupart, par Antoine Vérard. On constate que la popularité de l'œuvre d'Ovide est due, en grande partie, à celle de Pie II.

L'œuvre de Werner Rolewinck comporte le même nombre d'éditions, soit 55[12], principalement de son *Fasciculus temporum*, sorte de compilation historique traduite en français par Pierre Farget en 1483, sous le titre *Petit faitz ou fardelet des temps*[13].

Trois grands auteurs se partagent la place suivante, tous avec 54 éditions, soit assez loin derrière Cicéron. Il s'agit de saint Augustin, de Pétrarque et de Jean Gerson. Pour ce qui est de saint Augustin, bien que la première édition de son œuvre remonte à 1469, ce n'est qu'en 1476 que fut publiée la première édition parisienne ; en 1486 la première édition en français de *La cité de Dieu*, traduite par Raoul de Presles, était publiée à Abbeville[14].

L'œuvre de Jean Gerson fut naturellement l'une des toutes premières à être imprimée sur les presses de la Sorbonne, dès la mise sur pied de celle-ci. Son *Tractatus de cognitione castitatis et polutionibus diurnis* était imprimé au début des années 1470[15], suivi de nombreuses éditions de son *De pollutione noc-*

11. *Ibid.*, fasc. III, 1983, P-372.
12. Pellechet en recense 68 dans toute la France, *op. cit.*, t. 20, 10161-10228.
13. *Ibid.*, fasc. III, 1983, P-372.
14. *Ibid.*, t. I, 1992, A-690.
15. Pellechet, *op. cit.*, t. 2, 1978 (1932), 1597.

turna tractatus, ce qui donne une idée des préoccupations de l'époque au sujet de la sexualité, notamment enfantine. Faire bénéficier les chrétiens dès l'enfance d'une instruction à la fois religieuse et morale est l'une des idées maîtresses de l'œuvre de Gerson dont l'influence, comme celle de Pétrarque dont les écrits l'avaient d'ailleurs fortement inspiré, s'exerça de façon beaucoup plus considérable après l'avènement de l'imprimerie, notamment en ce qui concerne la position des enfants comme « particulièrement aimés par le Christ, en raison de leur innocence et de leur faiblesse[16] ». Cette emphase mise sur les qualités supposées intrinsèques au plus jeune âge viendront renforcer la notion d'angélisme automatique des enfants, particulièrement des jeunes garçons, dont on constate alors les prolongements esthétiques dans la représentation accrue d'anges sous forme d'adolescents – au lieu de chérubins joufflus comme auparavant – ainsi que dans la vie sociale et religieuse, sous forme de processions d'enfants comme celles emmenées par Savonarole à Florence par exemple.

En ce qui concerne Pétrarque, l'on peut dire que tous ses textes semblent également jouir de la faveur du public, puisque les 54 éditions recensées[17] se partagent entre l'œuvre épistolaire, l'*Epistolarae*, le *De vita solitaria* et le *De remediis utriusque fortunae*, et les huit éditions de *Grisélidis* d'une part, et les *Rimes et triomphes* et *Le canzoniere* d'autre part. Et l'on peut être certain que ce chiffre est loin de refléter la production totale des œuvres pétrarquéennes, notamment en Italie, où plusieurs éditeurs en imprimaient chacun une édition annuelle dès 1470.

16. Lebrun, Vénard, Quéniart, *op. cit.*, p. 178 : « Gerson, … dans son *Traité du devoir de conduire les enfants à Jésus-Christ*, a ouvert la voie à une pédagogie chrétienne. Cette idée est psychologique et sociale : c'est dès l'âge tendre que s'impriment les caractères d'un homme et d'une génération ; c'est donc sur les enfants qu'il faut agir si l'on veut réformer la chrétienté. Mais elle est également spirituelle et mystique : l'Évangile nous fait voir dans les enfants des êtres spécialement aimés par le Christ, à raison de leur innocence et de leur faiblesse. »

17. Pellechet, *op. cit.*, t. 17, 1978, 9259-9312.

Les deux auteurs suivants sont Boccace et Boèce, avec 49 et 48 éditions respectivement. Le premier livre de Boccace à être traduit en français, par Laurent de Premierfait, est le *De casibus virorum illustrium*, qui paraît à Bruges chez Colard Mansion en 1476[18]. Le *Décameron*, qui contient l'histoire de *Grisélidis* reprise par Pétrarque, est naturellement l'ouvrage de Boccace dont les éditions sont les plus nombreuses mais dont la première édition en français ne paraît qu'en 1485 chez Antoine Vérard[19].

Pour Boèce, dont les manuscrits des œuvres sont très nombreux, l'impression concerne surtout son *De consolatione philosophiae*, dont la première édition en France est publiée non pas à Paris, comme on pourrait s'y attendre, mais à Toulouse, en 1481, dans l'atelier de Johann Parix[20]. Treize éditions de ce texte furent publiées à Lyon, ce qui confirme cet intérêt jamais véritablement démenti des lettrés de la région, toujours proche du pétrarquisme, pour l'œuvre « à la fois chrétienne et intimement néoplatonicienne[21] » de Boèce. Il faudra attendre les dernières années du siècle pour que le *Grant Boece de consolacion* soit publié à Paris par Antoine Vérard le 19 août 1494[22].

Relativement loin derrière viennent Aristote (et le Pseudo-Aristote), avec 35 éditions, et Ésope, avec 34 éditions des *Fables*. Le premier livre d'Aristote imprimé en France fut la *Rhetorica*, dans la traduction latine de Georges de Trébizonde, publiée à Paris par Petrus Caesaris vers 1476[23]. *L'éthique à Nicomaque*, traduite en latin par Johannes Argyropoulos, était publiée à Paris par Jean et Geoffroy de Marneff le 26 mars 1488[24]. Mais il existait alors beaucoup de copies manuscrites de l'œuvre d'Aristote, ce qui explique peut-être le nombre relativement faible de ses impressions.

18. *Catalogue des incunables*, t. I, fasc. 2, B-507.
19. *Ibid.*, B-530.
20. *Ibid.*, B-565.
21. *Dictionnaire...*, p. 205.
22. *Catalogue des incunables*, t. I, fasc. 2, B-599.
23. *Ibid.*, A-535.
24. *Ibid.*, A-517.

Avec 32 éditions, le *Comoediae* de Térence montre l'intérêt du public pour ce théâtre dont de nombreuses représentations devaient être données, d'abord dans le cadre des cours européennes, puis dans celui des divertissements les plus populaires, et qui devaient supplanter les mystères au tout début du XVIe siècle. Les presses de la Sorbonne publiaient cet ouvrage dès 1472[25], ce qui semble indiquer qu'on attachait plus d'importance, au sein de cette institution, à l'œuvre de Térence qu'à celle d'un Boèce par exemple…

Le prédicateur italien Giovanni da Udine, dit le docteur Lyonnard, auquel se réfère si incessamment la fille de Louis XI, Anne de Beaujeu, dans son livre de conseils à sa fille (voir ci-dessous), figure sur cette liste avec 24 éditions, dont la première en France parut aux presses de la Sorbonne le 31 mars 1475 et fut immédiatement suivie de plusieurs autres, ce qui atteste le succès de ses *Sermones de sanctis* en France. L'exemplaire de l'édition vénitienne de ses *Sermones quadragesimale…*, paru en 1473[26], provient de la Bibliothèque royale, et l'on peut se demander s'il ne s'agit pas justement de celui qui devait appartenir à la régente Anne.

Les humanistes italiens figurent en bonne place sur le tableau puisque l'on y trouve 24 éditions des œuvres de Leonardo Bruni[27], 24 du Pogge[28], 18 de Lorenzo Valla, parmi lesquelles deux éditions de son *Libero arbitrium*[29] publiées dans les dernières années du siècle, alors que son *Elegantiae linguae latinae* était publié dès 1471 par les presses de la Sorbonne[30] ; enfin la liste ne comporte pas moins de 14 éditions de l'œuvre poétique d'Ange Politien lui-même, dont plusieurs de ses *Cantica politissima*[31].

25. *Ibid.*, t. II, fasc. 4, 1985, T-60.
26. *Ibid.*, fasc. 1, 1981, L-135.
27. *Ibid.*, t. I, fasc. 2, B-872-895.
28. *Ibid.*, t. II, fasc. 3, P-513-536.
29. *Ibid.*, fasc. 4, V-50-51.
30. *Ibid.*, fasc. 4, V-38.
31. *Ibid.*, t. II, fasc. 3, P-539-552.

L'auteur et historien latin Maxime Valère est représenté avec 20 éditions, en particulier de son *Facta et dicta memorabilia*, traduit en français autour de 1477 par Simon de Hesdin et Nicolas de Gonesse, et publié en Belgique par l'imprimeur de Flavius Josèphe[32].

Les *Ars moriendi* et le *Speculum vitae humanae*, de Rodericus Zamonensis, comptent respectivement 24 et 18 éditions ; ces chiffres semblent un peu moins élevés que ceux auxquels on aurait pu s'attendre, étant donné la popularité attestée de ces deux ouvrages. Mais il faut souligner que, si la première édition du *Speculum* est publiée à Rome en 1468, Ulrich Gering, Martin Krantz et Michel Friburger publient celle de la Sorbonne dès le 22 avril 1472[33], et que, dans l'espace de dix ans seulement, celle-ci sera suivie de trois autres éditions parisiennes, puis de trois éditions lyonnaises et enfin d'une édition publiée à Besançon, pour un total de huit éditions françaises entre 1472 et 1482[34]. De même, parmi les 24 éditions des *Ars moriendi*, onze étaient publiées en France, dont trois en langue française, plus une à Bruges, également en français[35]. Le plus surprenant peut-être, dans cette liste, est le constat qu'y figurent 10 éditions seulement du *Roman de la rose*[36].

Le dernier auteur à figurer sur la liste est Pic de la Mirandole, avec 7 éditions, publiées entre 1498 et 1500, dont la première en France de son *Opera* le fut à Lyon, vers 1499, alors que ses *Epistolae plures : auree espitole* étaient publiées à Paris par Alexandre Aliate au cours de l'année suivante[37]. Sept éditions en deux ans attestent, à l'évidence, de l'énorme intérêt que suscitèrent les prises de position de Pic de la Mirandole non seulement en Italie mais également en France,

32. *Ibid.*, fasc. 4, V-30.
33. *Ibid.*, fasc. 3, R-138.
34. *Ibid.*, R-136-153.
35. *Ibid.*, t. I, A-587-610.
36. Et encore celles-ci se trouvent-elles dispersées dans plusieurs bibliothèques de France. *Catalogue des incunables*, t. II, fasc. 3, P-346.
37. *Ibid.*, P-347.

où l'écho de son arrestation rocambolesque avait sans doute fait de lui un personnage d'aventures, une sorte de célébrité connue du grand public, indépendamment même de l'originalité de sa pensée et du courage de sa contestation intellectuelle, objets de débats passionnés dans le milieu des clercs et des lettrés.

Bien que cette liste ne puisse constituer qu'une indication, il semble pourtant que l'on doive en tirer quelques enseignements valables pour la tendance générale de la culture littéraire dans laquelle évoluaient les membres de la société européenne et notamment française au cours des trente dernières années du XVe siècle.

Dès 1470 donc, la scène culturelle est envahie, en quelque sorte, par un néoplatonisme qui pourrait être qualifié, avec quelque précaution cependant, de « néoplatonisme populaire » qui n'exclut pas, bien entendu, celui de l'élite, venant au contraire le renforcer de manière diffuse mais efficace. Cet intérêt du public est le résultat du fait que la pensée platonicienne est devenue à la mode, quoique de façon indirecte, à travers un engouement d'abord littéraire – voir les 200 éditions de Cicéron – puis esthétique, plus que véritablement philosophique, parmi les classes lettrées mais laïques où figurent nombre de bourgeois et de marchands. Simultanément, le néoplatonisme de fond, qui n'a jamais cessé d'être au centre des préoccupations intellectuelles des grands penseurs du Moyen Âge, est repensé par les humanistes italiens. Ce travail culmine avec les travaux de Marsile Ficin mais, paradoxalement peut-être, l'influence énorme de celui-ci porte principalement sur la notion d'amour, que le grand public transforme à la fois en définition même de l'amour platonique et en code de conduite renforcé par l'exemple, de plus en plus connu par les textes, des mœurs de l'Antiquité. Ce processus, parallèle à celui qui prend place parmi les véritables philosophes ou théologiens de l'époque, finira par vider le néoplatonisme ficinien de son contenu métaphysique pour le transformer, cette fois, en « néoplatonisme aristocratique », c'est-à-dire en manuel de savoir-vivre, dont l'exemple type est celui de la cour d'Urbin où Baldassare Castiglione situe son *Parfait courtisan*[38].

En ce qui concerne Cicéron, il est difficile de surestimer l'importance de son *De amicitia* comme véhicule privilégié d'une forme d'amour dit platonique qui s'appelle amitié. On ne peut guère, par conséquent, s'étonner que l'exaltation permanente de ce sentiment, réservé, répétons-le, aux seuls membres du sexe masculin, ait eu pour résultat de produire au sein de la société contemporaine un courant peu favorable au mariage et aux naissances, comme on le verra dans le chapitre suivant sur le comportement sexuel de l'époque.

L'amour platonique, selon la définition qu'on en donne généralement, ne comporte pas de relations sexuelles entre l'amant et l'aimé. Quelles que soient les raisons du succès, plus ou moins grand selon les époques, de ce concept ; quelles qu'en soient les interprétations à un moment ou à un autre – amour partagé mais non consommé, amour non payé de retour, amour chaste non désireux de la chair –, les conséquences visibles en sont faciles à prévoir dans la mesure où elle sont logiques : l'amour platonique doit s'exprimer, au niveau du langage du corps, donc au niveau vestimentaire qui rend sensible celui-ci, en termes d'une disparition des symboles sexuels ou, plus proprement dit, d'une égalisation des différences entre les sexes qui aboutit à une négation de la sexualité des hommes comme de celle des femmes. Mais, avant d'examiner ses prolongements vestimentaires, il faut essayer de retracer par quels moyens le concept d'amour platonique est devenu à la mode en Europe, et particulièrement en France, à la fin du XVe siècle.

2. L'influence du pétrarquisme

Comment les éléments constitutifs de la pensée néoplatonicienne concernant l'amour, selon Marsile Ficin, se sont-ils propagés si rapidement à travers toute l'Europe à la fin du

38. *Il Cortegiano*, rédigé entre 1508 et 1516, imprimé en 1528.

XVe siècle et dans les premières années du XVIe ? Pourquoi ce concept, sinon ce terme, d'amour platonique, rencontra-t-il alors un engouement quasi universel, puisque, devenu synonyme d'un renoncement à l'exercice de la sexualité, particulièrement entre les hommes et les femmes et même à l'intérieur du mariage, il allait, de quelque façon qu'on l'analyse, sinon à l'encontre du naturel, car cela dépend de la définition qu'on lui donne, du moins à l'encontre de l'utilité manifeste de la procréation pour la société ? Pourtant les néoplatoniciens, s'il méprisaient quelque peu les activités sexuelles, ne les interdisaient pas, du moins de façon explicite ; quant aux autorités religieuses, elles les considéraient comme un devoir sacré, bien que d'usage restreint de préférence, et bien entendu toujours au sein de la famille.

Une part importante de la réponse se trouve à l'évidence dans l'essor du mouvement humaniste, dans ses formes littéraires aussi bien que philosophiques et artistiques. Les idées véhiculées par ce courant de pensée étaient, généralement parlant, peu favorables à la forme d'amour que l'on appellerait aujourd'hui romantique ou que l'on appelait auparavant amour courtois. Le résultat de cet esprit ambiant déboucha sur ce que Bruno Roy a dénommé « la problématique de l'accouplement dans un système anti-érotique[39] ». L'examen des éléments de ce mouvement, mis en circulation principalement par les incunables imprimés, s'impose donc pour essayer de mettre en lumière les conséquences vestimentaires qu'ils ont pu engendrer.

La distinction entre littérature et philosophie est difficile à faire pour la fin du XVe siècle, dans la mesure où la réflexion philosophique occupe une très large part dans l'édition, qu'elle soit encore manuscrite ou déjà imprimée ; qu'en outre beaucoup d'autres sortes d'ouvrages alors publiés – romans, romans de chevalerie, histoire ancienne, chroniques, encyclopédies – contiennent le plus souvent des considérations d'ordre moral, directement ou indirectement exprimées ; qu'enfin le reste de la production « grand public » de l'époque est constituée de

39. *Actes du colloque de mai 1977*, Paris, 1980.

livres d'heures ou d'ouvrages religieux. Bien peu nombreuses, sans doute, étaient les personnes qui, sachant lire, n'auraient lu alors que des « romans » ; en revanche, beaucoup de ceux qui savaient lire ne lisaient probablement que des ouvrages de nature strictement religieuse ou philosophique.

L'un des auteurs les plus influents du temps fut justement Pétrarque, dont l'œuvre philosophique, pourtant vieille de plus de cent ans, avait acquis une aura paradoxalement toute littéraire, celle-là, et était devenue un véritable classique. La découverte des textes de Platon, à travers ce qu'en disait Pétrarque lui-même mais aussi à travers la diffusion des doctrines néoplatoniciennes dans d'autres ouvrages, fit alors naître dans les esprits une sorte d'amalgame entre ce que l'on a appelé depuis le pétrarquisme, et le néoplatonisme. Le pétrarquisme, bien établi en France, où d'ailleurs il était né avec la présence physique de Pétrarque à Avignon, l'écriture de la majeure partie de l'œuvre de celui-ci en Provence et l'éclat immédiat de sa renommée, avait avec le néoplatonisme un point commun majeur : le retour aux sources de la sagesse antique et particulièrement à celle de Platon.

Pétrarque ne savait pour autant ni parler ni lire le grec ; il ne possédait donc que des traductions en latin des œuvres de Platon, auxquelles il faisait pourtant fréquemment allusion dans ses écrits sans que l'on sache toujours exactement desquelles il s'agissait.

Par ailleurs, les idées de Pétrarque sur l'amour humain, telles qu'elles sont exprimées dans le plus célèbre de ses écrits, *Il canzoniere*, ce recueil de poèmes dédié à la mémoire de sa bien-aimée Laure, morte en 1348, probablement de la peste, ne furent connues des lettrés comme du grand public qu'à partir des années 1480 ; mais alors le recueil connut immédiatement la célébrité dans tous les milieux, y compris ecclésiastiques, puisque Savonarole, poète à ses heures lui aussi, en possédait un exemplaire dans sa bibliothèque[40].

40. Bruno Pinchard, *Jerome Savonarole, La fonction de la poésie,* traduit et annoté par Bruno Pinchard, Lausanne, 1989, p. 177, note 137.

En revanche, l'œuvre de Pétrarque le moraliste était déjà célèbre de son vivant, et de nombreuses copies manuscrites en furent faites tout au long des quelque cent ans entre la date de sa mort et la première publication imprimée de l'un de ses ouvrages. Cet ouvrage, les *Trionfi* en l'occurrence, à la fois recueil de sentences moralisatrices sur la vanité des choses et « admirable exemple de poésie humaniste[41] » devait sortir des presses vénitiennes de Théodore de Reynbuch et Reynaldo de Novimagio (Ronald de Nuremberg) en 1479. Les *Triomphes* connurent alors un immense succès, que l'on pourrait qualifier de populaire, les deux *Trionfi* les plus souvent illustrés étant celui de la mort et celui de la chasteté. Cette sorte de best-seller posthume devait inspirer de nombreux artistes travaillant dans les domaines les plus divers : l'enluminure, les gravures sur bois, la tapisserie, la peinture, la marqueterie[42]...

Cette édition était accompagnée des commentaires de Francesco Filelfo et de ceux de Bernardo Illicino (ou Glicino) intitulés *Medicine re philosophie*[43]. Ces commentaires se réclament ouvertement de la tradition platonicienne pour expliquer les *Triomphes*, et ils s'appuient en particulier sur le *Timée*. Dans son introduction, l'humaniste florentin Filelfo précise qu'il n'a pas voulu conserver pour lui seul les fruits de la « lumineuse et dorée science platonicienne », mais qu'au contraire il s'est permis d'expliquer les intentions du glorieux Pétrarque[44]. De là à confondre – dans le sens de couler dans un même moule – Pétrarque avec Platon, il n'y avait qu'un pas en somme, puisque l'on pouvait expliquer l'un par l'autre.

41. *Dictionnaire...*, p. 1134.

42. Voir à ce sujet, prince A.M. d'Essling et E. Muntz, *Pétrarque, ses études d'art, son influence sur les artistes, ses portraits et ceux de Laure, l'illustration de ses écrits*, Paris, 1902.

43. *Sonetti e canzone del Petrarca*, Venise, 1479.

44. *Ibid.*, « Volendo adunqe secondo la optima aurea scientia Platonica non solo a me stesso esser nato : ma si come delle fatiche delli altri ho rocevuto grande fructo : medesimamête e a posteri di noi refarcine : de liberai per quanto si extenda la debilita del mio ingegno desso glorioso Poeta i nelli antedicti triomphi la intentione explanare : certamente giudicato esser utile. »

Dans son *Triomphe de la chasteté*, Pétrarque semblait condamner les élans de la chair chez les jeunes hommes comme une « singerie de l'amour[45] » – ce que ne faisait certes pas Platon – et préconiser une relation aussi dénuée de pratique sexuelle que le fut celle de Pénélope et Ulysse ou encore celle de Pyrame et Thisbé. Remarquons au passage que dans ces deux couples la rencontre de la chair se trouva empêchée soit de façon temporaire mais très longue, soit de façon permanente, par la force des choses : Ulysse était absent et Pyrame était mort... Dante avait d'ailleurs depuis longtemps donné l'exemple. Dans son propre *Banquet*, il fustigeait la présence physique de l'être aimé comme obstacle à la connaissance, en exprimant sa conviction que l'absence est le lieu propre de la vérité et que la vérité d'un être est incompatible avec sa présence, la conclusion logique de cet argument étant qu'il « ne nous reste plus qu'à imaginer ou à attendre sa mort pour qu'il devienne possible, par cette mise à distance imaginaire ou réelle, de jauger sa vraie valeur[46] ».

Cette chasteté triomphante, si souvent allégorisée dans les peintures des manuscrits et les illustrations des incunables, dont le thème est si fréquemment repris dans les fresques ou les tapisseries ornant les murs des grandes demeures françaises et italiennes, la rendant quotidiennement présente à l'esprit de leurs occupants, ne pouvait manquer de faire grande impression sur les mentalités de la fin du XVe siècle. De sorte que la chasteté, auréolée de la lumière dorée de la connaissance (*aurea scientia*) de celui que l'on n'appelait plus que le « divin » Platon, devenait, dans les esprits, la forme d'amour humain la plus noble et la plus désirable, la plus chic pourrait-on dire, la plus à la mode, puisque encensée à la fois

45. *Ibid.*, fol. 6, à travers le commentaire de Filelfo : « El primo pertinente alnima : qualera per la forte inclinatône del corpo condescenda secondi il dominio de sentimenti operare singendo Amore : per lo quale intende lo appetito sensitivo triumphare degli huomini nel tempo dela gioventu. »

46. Allard, Guy H., « Dante et la mort », dans *Le sentiment de la mort au Moyen Âge*, 5e colloque, Actes publiés sous la direction de Claude Sotto, Montréal, 1979, p. 211-227.

par un grand moraliste et poète chrétien, Pétrarque, et par un grand philosophe ancien porté au rang de quasi-divinité, Platon. Cette interprétation de l'amour dit platonique, basée sur un malentendu, perdure aujourd'hui, assortie en outre de la notion d'une impossibilité physique de la rencontre sexuelle de deux êtres à cause du manque d'amour de l'un vis-à-vis de l'autre, plutôt qu'à cause d'une volonté de chasteté qui serait commune aux deux.

Telles qu'on les retrouve directement ou indirectement à travers tous ses écrits, les idées de Pétrarque en matière de chasteté étaient beaucoup plus radicales que celles de Platon[47]. Si le sentiment de la chasteté est profond dans les œuvres de Pétrarque, c'est aussi que, dans la mesure où le christianisme était passé par là, la chasteté était universellement perçue comme une pratique vertueuse – une sorte de pénitence même – hautement désirable. Mais cette chasteté-là ne pouvait s'appeler telle chez les maris ou chez leurs femmes que parce que l'exercice de la sexualité l'avait précédée. Pétrarque était chrétien et il désirait la vertu ; la femme qu'il aimait étant morte, après avoir été tout aussi inaccessible en étant mariée, on serait tenté de dire que les circonstances favorisèrent la pratique de cette vertu-là chez lui et qu'il en tira le plus grand profit moral et littéraire. Mais sans doute son caractère, ainsi que les ravages de la peste noire qui devait emporter loin de lui tant d'êtres aimés, le portaient-ils à une morbidité qui affleure constamment à la surface de son œuvre. Cette prédilection pour un climat mortifère fut sans doute l'un des aspects les plus séduisants de son œuvre auprès des sympathisants du néoplatonisme ou auprès de ses praticiens avertis, dans la mesure où leur confiance en l'immortalité de l'âme ne pouvait que s'accommoder de pareil pessimisme sur la teneur de notre passage sur terre. Sans compter que la négation du corps de l'être aimé au profit de son âme accélérait le processus d'ascèse de l'amant, bien

47. Ce qui ne l'empêcha pas d'avoir deux enfants illégitimes.

vivant lui, celui-ci pouvant alors se targuer d'une communion avec un ange.

Mais peut-être aussi Pétrarque n'aimait-il pas les femmes du tout ? « La femme, écrit-il, est le plus souvent le diable incarné, ennemie de toute paix, occasion d'impatience, source inépuisable de discordes et de disputes, et l'homme doit s'en écarter, s'il veut pourvoir à la tranquillité de sa vie[48]. » Mais cette citation sonne plus comme une formule convenue et maintes fois rabâchée que comme une pensée qui refléterait correctement les vues de Pétrarque, dont on peut penser qu'elles étaient plus complexes. En tout état de cause, c'est la chasteté qui préoccupe Pétrarque au premier chef ; et ce n'est pas tant celle des femmes, celle-là n'est qu'un prétexte, c'est aussi celle des hommes, y compris la sienne propre.

En revanche, dans les écrits de Platon, la chasteté en tant que telle ne joue pratiquement aucun rôle ; c'est la pureté qui est importante, ou plutôt la purification, car Platon n'imagine pas un instant que l'on puisse, de façon permanente, être homme et chaste à la fois.

Pétrarque était cependant beaucoup plus lu et par un public beaucoup plus large, en cette fin du XVe siècle, que Platon. Alors que l'œuvre du philosophe n'était jamais livrée au public sans commentaires explicatifs, principalement de la part des néoplatoniciens italiens ou français, celle de Pétrarque, si elle avait suscité bon nombre d'explications et d'interprétations, était également transmise « à cru », notamment par le biais des incunables. Tout au long du XVe siècle, les traités de morale de Pétrarque, rédigés en latin, devaient être diffusés à travers toute l'Europe. Au-dehors de l'Italie même, la réputation de Pétrarque était fondée sur des ouvrages tels que *De otio religioso*, ou *De vita solitaria*, ou encore et surtout sur son *De remediis utriusque fortunae*, de loin le plus populaire[49]. La

48. *Ibid.*, citant Pétrarque, *Opera*, Bâle, 1554, Epis. Sen. xiv. 3.

49. Voir Nicholas Mann, « Petrarch's Role as a Moralist in Fifteenth-century France », *in* A.H.T. Levi, *Humanism in France at the End of the Middle Ages and in the Early Renaissance*, New York, 1970.

version définitive de cet ouvrage encyclopédique parut à Pavie en octobre 1366. Selon Mann, « le nombre total de copies manuscrites est traditionnellement évalué à plus de deux cent soixante, y compris les traductions ; ... aucun autre ouvrage de Pétrarque et peut-être aucun autre ouvrage du XIVe siècle tout court ne devait connaître une pareille célébrité ; ... à la fin du XVe siècle, *De remediis* était connu à l'intérieur d'un périmètre allant de York à Zwolle, Cracovie, Naples et Alcobaça[50]. »

L'ouvrage *Remèdes de l'une et de l'autre fortune*, selon son titre français, aborde tous les sujets : « Il traite aussi bien de la métaphysique que de la quotidienneté, du bonheur, de l'espoir, de la vertu, de l'héritage, des chevaux, des jeux de hasard, du chagrin, de l'ingratitude, des puces, du mal de ventre et de la goutte[51]. » Mais la principale préoccupation de l'auteur dans cette œuvre paraît être la chasteté avant tout, à travers ses longues discussions sur les femmes, sur la beauté du corps et celle de l'âme, les enfants, et même la parure des corps. C'est en français que cette œuvre fut traduite pour la première fois, dès 1378, par un certain Jean Daudin, à la demande de Charles V, et c'est en France qu'elle devait connaître le plus grand succès, immédiatement après l'Italie[52].

L'œuvre est écrite sous forme d'un dialogue inspiré de la doctrine et de la méthode augustinienne, entre deux interlocuteurs, Foi et Raison. « Foye » pose d'abord un postulat, auquel « Rayson » réagit de façon à s'en faire préciser les termes, pour mieux le réfuter ensuite, jusqu'à ce que le premier interlocuteur soit, en quelque sorte, poussé dans ses

50. *Ibid.*

51. *Ibid*,. p. 7, traduit par nous.

52. Pour l'une des plus belles, et des plus tardives, versions manuscrites de cet ouvrage, voir le manuscrit français 225, de la BNF, illustré de 15 grandes peintures à pleine page par l'enlumineur parisien Jean Pichore et son atelier ; cet exemplaire, dans une traduction anonyme, faite à Rouen en 1503, a sans doute été réalisée pour le cardinal d'Amboise. Voir, à ce sujet, Fr. Avril et N. Reynaud, *Les manuscrits à peintures en France, 1440-1520*, catalogue de l'exposition à la Bibliothèque nationale, oct. 1993-jan. 1994, 1993, p. 414-415, repr. p. 415.

derniers retranchements et abandonne la place pour passer à un autre sujet. En ce qui concerne la question de la beauté corporelle, on ne sera pas surpris que Pétrarque la considère moins importante que la beauté de l'âme : « La beauté de mon corps est souveraine » est le premier postulat de Foye sur ce sujet ; « Certes, répond le poète/Rayson, la beauté de l'âme serait trop meilleure car elle est plus certaine, plus douce et mieux ordonnée que ne l'est celle du corps[53]. » En cela Pétrarque se montre en vérité plus plotinien que platonicien.

Lorsqu'il aborde le sujet des « robes précieuses et autres ornements corporels », Pétrarque commence par évoquer le dur labeur des hommes de tous les pays qui fournissent des tissus précieux pour « vêtir les femmes et les filles », donnant au passage de précieux renseignements sur la provenance et le genre de certaines marchandises[54]. Mais le dialogue continue avec cette nouvelle affirmation : « Je suis vêtu de vêtement très exquis. » Ce à quoi Raison rétorque que « d'être vêtu trop exquis donne suspicion d'orgueil et de folie et diminue la beauté de la personne et manifeste ses fautes et déformations. Et cela excite le regard des passants, qui très souvent louent les vêtements et rarement la personne[55]... »

Jusque-là, rien de très original, non seulement pour l'époque à laquelle Pétrarque écrit ce texte, mais aussi pour l'époque de cette traduction : les moralistes se montrent toujours prêts à condamner le luxe des vêtements.

Plus avant dans le *De remediis* se trouvent d'autres réflexions sur l'amour et la chasteté, plus caractéristiques des vues personnelles de Pétrarque et qui reflètent certainement et sa per-

53. Ms. fr. 225, fo 10. Toutes les citations ont été transcrites par nous en français moderne pour la facilité de la lecture.

54. *Ibid.*, fol. 24, « ... ceux de Perse, ceux des Indes nagent par la mer pour apporter soies, cotons et autres matières exquises : graines d'écarlate, pourpre et autres précieuses couleurs. Ceux d'Allemagne, de Lombardie et autres pays, les draps de soie et pelleteries. Et ceux d'Espagne et d'Angleterre, les très fines et blanches lames, le tout pour faire vêtements pour lesquels gens de tous pays suent et travaillent. »

55. *Ibid.*

sonnalité propre et son néoplatonisme augustinien, même si elles ne lui sont pas totalement originales. Il n'a pas de paroles assez dures, par exemple, pour condamner l'amour que porte une femme à son mari. Au postulat : « J'ai une femme qui m'aime d'un amour ardent », il fait répondre à Raison : « Mieux vaudrait qu'elle t'aimât chastement, sobrement et honteusement [avec pudeur]. Car l'amour ardent n'est autre chose que l'embrasement de l'âme. En laquelle âme embrasée il n'y a aucune modération ni aucune révérence envers le mariage ni repos. Et il faut que tu entendes que si la femme qui aime si ardemment son mari ne sait pas s'il l'aime d'un amour aussi fort que le sien, elle se refroidira et son amour se changera en haine[56]. »

La beauté de la femme de son interlocuteur est-elle « très grande », elle ne trouve pas plus grâce aux yeux de Raison : « Regarde que sa chasteté, au contraire, ne soit petite. Car Juvénal dit que c'est bien rarement qu'il y a concorde entre beauté et chasteté. Qui est celui qui pourrait supporter les mœurs insolentes et l'ennui des femmes[57] ? »

Les enfants, ou plutôt leurs mères, ne trouvent eux non plus pas grâce aux yeux de Pétrarque dans cet ouvrage. En effet, lorsque son interlocuteur annonce : « J'ai une femme féconde et qui porte enfants », la réponse est celle-ci : « La femme stérile qui est toute seule engendrera plusieurs cures, soins et labeurs. Regarde quels empêchements et charges peut te donner la femme qui a des enfants tous les ans. Térence ne dit-il pas que, qui épouse femme, avec elle épouse toutes misères, enfants et autres soins[58] ? » De sorte que, stérile ou au contraire féconde, la femme n'est bonne ni avec ni sans enfants.

Enfin, lorsque Pétrarque aborde le sujet de « la chasteté de la fille », au cours du dialogue 73, il semble dire, paradoxalement, que plus une fille est chaste dans son jeune âge, plus

56. *Ibid.*, fol. 60.
57. *Ibid.*, fol. 61.
58. *Ibid.*, fol. 61.

dévergondée sera-t-elle quand elle grandira : « J'ai une fille chaste » ; « Plus on est chaste plus on est désiré et plus il est difficile de le rester[59]. » Plus loin encore Foye revient à la charge : « J'ai une bonne fille pudique et chaste. » Il ne réussit qu'à s'attirer cette réponse sarcastique de la part de Rayson : « La chose est meilleure et plus singulière. Il n'y a plus matière à mauvaise concupiscence qu'une grande beauté. D'ailleurs l'histoire d'une fille qui fut regardée en grande concupiscence est assez connue, c'est celle qui fut violée par Tarquin, fils du roi de Rome. » Foye insiste : « La chasteté de ma fille est notoire et connue. » ; « Désire qu'elle soit perpétuelle, lui répond sobrement Rayson, car, comme le dit Virgile, souvent nous voyons les femmes qui ont été sobres et chastes en leur jeunesse devenir impudiques et folles en leur vieillesse. » Pétrarque a peut-être tout simplement inventé cette citation de Virgile, puisqu'il avoue sans détours : « Et quand bien même Virgile ne l'aurait pas dit, cela est certain et connu de tous[60]. » En outre il affirme tout simplement que plus une fille est belle et chaste, plus elle a de chances de se faire violer. Selon Pétrarque, si l'on veut rester vierge et chaste, il vaut mieux être à la fois laide et peu bégueule, ce qui est difficile à concilier, encore que, si l'on suit ses conseils, il vaut mieux ne pas être chaste étant jeune si l'on ne veut pas donner le spectacle de son impudicité étant vieille.

La leçon de Pétrarque est claire pour qui veut l'entendre : il ne faut pas qu'une épouse manifeste son amour à son mari, il ne faut pas qu'une mère ait trop d'enfants, il ne faut pas qu'une jeune fille soit trop chaste car elle risque d'autant plus de le devenir moins en vieillissant, et il vaut mieux pour toutes les femmes ne pas être belles ni bien habillées. Le programme pour les femmes, comme pour les maris, ne semble pas devoir procurer le bonheur, et, s'il doit conduire à la vertu, c'est sous la contrainte la plus sévère. En effet, pour Pétrarque, ni l'amour conjugal, ni l'amour maternel, ni la beauté, ni même

59. *Ibid.*, fol. 66.
60. *Ibid.*

la chasteté entre homme et femme ne mènent au bien, c'est-à-dire à la lumière, et à Dieu.

Selon saint Augustin, l'homme est incapable d'assurer seul son salut, et il faut peut-être avoir péché et s'en être repenti, comme le saint lui-même, pour enfin comprendre la grâce que Dieu seul peut nous conférer. Pétrarque, dont la vie intime est loin d'avoir été des plus vertueuses, se montre ici plus strictement augustinien, peut-être, que néoplatonicien, malgré ses citations d'auteurs anciens. Mais son refus obstiné du bonheur sur terre semble devoir encourager ceux qui croient que le bonheur de l'âme se situe après la mort, dans la lumière éternelle à la vision de laquelle prépare l'ascèse.

Dans le *Triomphe de la chasteté*, peut-être le plus célèbre des six *Triomphes*, Pétrarque décrit avec précision l'habit de la chasteté faite femme (car il ne s'agit pas d'un homme, alors même que Pétrarque s'adresse en premier lieu aux membres masculins de la société) : « Elle avait endossé l'habit candide[61]... » Ce n'est donc pas un hasard si le vêtement blanc, dont le christianisme a fait le symbole de l'innocence, devient alors, en peinture, un signe sinon de néoplatonisme vrai, du moins de conformité raisonnée ou instinctive à une vision précise de la chasteté. À preuve les nombreux tableaux de l'époque où apparaissent des robes toutes blanches qui habillent le plus souvent des femmes dont la chasteté est universellement reconnue, des vierges, des muses, des sibylles, des saintes ou encore des petits garçons, la chasteté des petites filles, même très jeunes, n'étant jamais tenue pour certaine puisqu'en quelque sorte celle-ci ne dépend pas d'elles[62]. Quant aux hommes, il leur arrive maintenant de porter eux aussi des vêtements de couleur blanche, d'abord comme petits garçons, dans les processions auxquelles ils prennent part habillés en ange ou en « enfant de chœur », dans les villes

61. « Ella havea indosso il dî candida gonna... », *Sonetti e canzone...*, fol. 6.

62. L'idée de l'absolue chasteté des fillettes impubères ne s'imposera véritablement qu'au XIXe siècle

italiennes ; à l'âge adulte, ils s'habillent de plus en plus souvent de damas de soie blanche, couleur peu utilisée auparavant. Le vêtement blanc des pères franciscains figure sur nombre de fresques d'esprit néoplatonicien, comme celles de Ghirlandaio exécutées pour les chapelles des familles Sassetti et Tornabuoni à Florence (voir chapitre IX), avant d'être évincé, mais pour un temps seulement, par le vêtement noir des dominicains de Savonarole.

Qui dit chasteté dit vêtements appropriés, dont la couleur et/ou la forme ne peuvent en aucun cas se prêter à une interprétation ambiguë : la silhouette rectangulaire est donc celle qui effacera le plus efficacement le message de dévergondage implicite que présentait la silhouette triangulaire. On voit mal Pétrarque porter au cours de sa vie un vêtement ajusté, à la taille serrée, à la petite jupette découvrant ses jambes gainées de bas moulants, au lieu de la tunique monacale dans laquelle il est toujours représenté, et l'on voit mal ses adeptes de la fin du XVe siècle ne pas en faire autant.

Cependant c'est un autre ouvrage de Pétrarque qui devait, et de loin, exercer sur un public non averti, non versé dans les arcanes de la scolastique, la plus grande influence dans le sens d'une plaidoirie, certes déguisée mais d'autant plus puissante qu'elle était effrayante, en faveur d'un refoulement de l'amour impliquant la chasteté sexuelle la plus éloignée des élans naturels, et cela entre mari et femme. Nul doute que la pénétration de cette histoire dans tous les milieux devait entraîner l'adoption d'une mode nouvelle qui tiendrait compte de ce nouvel élément – l'absence de séduction et la négation de l'expression amoureuse comme méthode pratique de l'amour – dans les relations entre hommes et femmes.

Il s'agit de l'*Histoire de Grisélidis*, ou *Griselda*. Cette nouvelle, écrite par Boccace et qui clôt le *Décaméron*, avait été traduite de l'italien en latin par Pétrarque en 1374. Cette dernière version, accompagnée d'une conclusion morale de Pétrarque, fut traduite en français une première fois vers 1395 par un traducteur anonyme, puis une seconde fois, de manière un peu différente, par un autre traducteur anonyme, vers le milieu du XVe siècle[63].

Le sujet de l'histoire suscita un vif intérêt dans les milieux humanistes[64], et elle connut une importante diffusion, notamment dans les ouvrages moralisateurs. Ainsi l'*Histoire de Grisélidis* se trouve-t-elle incluse dans presque toutes les versions du *Livre du chevalier de la Tour Landry* écrit pour l'éducation des filles de l'auteur[65], ainsi que dans *Le mesnagier de Paris*[66]. De même Olivier de la Marche raconte-t-il lui aussi l'histoire, quelque peu modifiée, dans son *Triomphe des dames*, composé vers 1493, où elle forme le chapitre 10 et où l'héroïne est habillée « des chausses de persévérance, de la jarretière de ferme propos, la chemise d'honnêteté et le corset de chasteté[67] ». La fortune de l'*Histoire de Grisélidis* ne se limite pas, au demeurant, à la France et à l'Italie ; en Allemagne elle fut largement diffusée, comme l'attestent les nombreuses éditions de l'éditeur Knoblauch, et on la connaissait également en Angleterre, où elle fut publiée en 1483 par l'imprimeur Caxton dans une traduction du *Livre du chevalier de la Tour Landry*, sous le titre *Book of the Knight of the Tower*[68].

L'*Histoire de Grisélidis* constitue un exemple type de la traduction en termes populaires d'une conception de l'amour à la fois humaniste et misogyne, imposée par le biais de l'imprimé au plus grand nombre, quoique de façon organique, par un petit groupe d'intellectuels. Cette histoire est celle d'une fille de paysan qui devient l'épouse d'un seigneur, le marquis Gautier de Saluces. Celui-ci, pressé par ses barons de se marier pour assurer sa descendance, se décide enfin à

63. Golenistcheff-Koutouzoff, *L'histoire de Grisélidis en France au XIVe et au XVe siècle*, Genève, 1975 (1933), p. 12.

64. *Ibid.*

65. Montaiglon (A. de), *Le livre du chevalier de la Tour Landry*, Paris, 1854, rédigé vers 1371.

66. *Le mesnagier de Paris*, ouvrage anonyme rédigé vers 1393.

67. Golenistcheff-Koutouzoff, *op. cit.*, p. 145.

68. H. Jewell, *Women in medieval England*, Manchester/New York, 1996, p. 11.

prendre femme, bien que « résolu de ne [le] faire jamais, parce que… il est difficile de trouver, dans une femme, toutes les qualités[69]… » Ayant remarqué cette jeune paysanne d'un village voisin pour sa conduite exemplaire et sa beauté, il la demande en mariage à son père et, le jour des noces, il vient la chercher en compagnie de ses vassaux pour l'amener au château et célébrer la cérémonie. Mais avant cela il exige de sa future femme, Grisélidis, l'assurance d'une obéissance absolue, « quoiqu'il fît ou qu'il dît[70] ». Grisélidis se montra en effet la femme la plus douce, la plus obéissante et la plus aimante qu'un homme puisse souhaiter. Cependant, après la naissance de leur premier enfant, une fille, le marquis de Saluces conçut le projet de mettre sa femme à l'épreuve « par les moyens les plus durs et les plus cruels[71] ». Il la couvrit d'abord d'injures et de reproches ; il imagina ensuite de lui faire enlever leur enfant et de prétendre que celle-ci serait mise à mort. Grisélidis n'opposa aucune objection à cette décision criminelle. Quelque temps après, sitôt leur deuxième enfant, un fils, mis au monde, le marquis de Saluces imposa à sa femme la même punition : celle de se voir enlever son enfant et de s'entendre dire qu'il allait, comme sa sœur, être mis à mort lui aussi. En réalité, le marquis avait fait envoyer les deux enfants auprès de sa propre sœur, dans la ville de Bologne, où ils étaient élevés selon leur rang. Tout en ne sachant rien de cela et croyant ses enfants morts, Grisélidis ne se plaignait toujours pas. Cependant, dit Boccace, « ce prince bizarre n'était pas encore content[72] ». Il lui fallait une preuve supplémentaire de la « patience de Grisélidis[73] », pourtant déjà mise à rude épreuve. Il imagina donc de la répudier, de la faire dépouiller de tous ses riches vêtements de marquise, et de la renvoyer chez son pauvre paysan de père. Le marquis

69. Boccace, *Le Décaméron*, Paris, 1928, t. 2-X, p. 365.
70. *Ibid.*, p. 367.
71. *Ibid.*, p. 368.
72. *Ibid.*, p. 370.
73. « La patience de Grisélidis » est le titre employé dans diverses éditions françaises de la nouvelle de Boccace.

de Saluces fit encore semblant d'avoir reçu une annulation papale de leur mariage en bonne et due forme et annonça à Grisélidis qu'il s'apprêtait à épouser une autre femme, beaucoup plus jeune et de haute naissance. Il exigea de Grisélidis qu'elle vînt prendre part aux préparatifs de la cérémonie ; celle-ci « … frotta, balaya les appartements, prépara la cuisine, enfin se prêta à tout ce que la dernière servante de la maison aurait pu faire[74] ».

La nouvelle femme du marquis arrive en grande pompe au château ; elle est très belle et elle est très jeune : elle n'a que treize ans. Il s'agit en réalité de la propre fille du marquis et de Grisélidis, mais cette dernière ne peut la reconnaître puisqu'elle lui a été enlevée au berceau. Voyant l'attention admirative que Grisélidis porte à la jeune fille, le marquis, ému enfin devant l'admirable soumission de sa femme à ses volontés les plus terribles, se décide à lui révéler la vérité et à la reprendre dans le lit conjugal : « Grisélidis, lui dit-il, il est temps que tu recueilles le fruit de ta longue patience, et que ceux qui m'ont regardé comme un homme méchant, brutal et cruel, sachent que tout ce que j'ai fait n'était qu'une feinte préméditée, pour leur apprendre à choisir une épouse et à toi à l'être, afin de me procurer un repos solide, tant que j'aurai à vivre avec toi. » Et il ajoute : « C'était surtout le trouble du ménage que je craignais en me mariant[75] », crainte tout épicurienne en vérité et qui relève plus, à l'évidence, de l'approche utilitaire du mariage antique que de la notion sacramentelle du mariage chrétien. Bien que Pétrarque, dans ses propres conclusions à l'histoire de Boccace, érige Grisélidis en symbole de fermeté et de patience chrétienne, cela rejoint assez l'idéal de fidélité stoïcien, assez à la mode lui aussi. Le succès de librairie de cette histoire montre assez que les vertus de Grisélidis étaient érigées en exemple à suivre pour les jeunes femmes de toutes conditions, y compris dans les milieux les plus élevés de la société. Chez la régente de

74. *Ibid.*, p. 372.
75. *Ibid.*, p. 373.

France Anne de Beaujeu, par exemple, bien qu'il ne soit pas fait mention spécifique de Grisélidis dans le livre de conseils qu'elle écrivit pour sa fille Suzanne de Bourbon, figurent néanmoins de nombreuses recommandations sur la nécessité absolue pour les femmes d'observer non seulement le vieux principe d'obéissance à leur mari mais aussi de montrer dans les relations avec leurs maris la patience et l'humilité d'une Grisélidis[76].

Que cette histoire à forts relents de sadisme ait connu un tel succès semble à première vue quelque peu étonnant. Mais, à y regarder de près, l'on s'aperçoit que le texte contient également les éléments du fantasme de midinette le plus caractérisé : fille pauvre mais belle et vertueuse, épouse riche et noble parti. Il y a toutefois un prix à payer pour mériter que ce rêve se réalise : il s'agit de se montrer plus noble d'esprit et de cœur que les membres de la noblesse. C'est bien la morale de la nouvelle originale du *Décaméron*, qui diffère de celle de Pétrarque. Boccace en effet dit ceci : « Que concluons-nous de ce récit ? que souvent, des maisons les plus pauvres, du sein d'une chaumière, sortent des esprits presque divins, et que souvent on voit naître au milieu des palais des êtres plus dignes de commander aux bêtes qu'aux hommes[77]. » Morale aristotélicienne, chrétienne aussi. Avec cette conclusion, Boccace redonnait aux femmes qui auraient pu lire l'histoire de Grisélidis avec épouvante l'espoir d'atteindre à une espèce de divinité sur terre, quelle que soit leur naissance. C'était une conclusion à la fois chrétienne et humaniste, car elle avait l'avantage d'intégrer la promotion sociale à la promotion spirituelle et morale. Aucune femme de l'époque ne pouvait

76. A.M. Chazaud, *Les enseignements d'Anne de France à sa fille Suzanne de Bourbon*, Paris, 1878. En tout état de cause, même si elle ne mentionne pas Grisélidis nommément, Anne de Beaujeu devait en connaître l'histoire puisqu'elle possédait dans sa bibliothèque du château de Moulins un exemplaire du *Livre du chevalier de la Tour Landry* ainsi qu'un exemplaire du *Triomphe des dames* d'Olivier de la Marche, tous deux contenant le texte de *Grisélidis* dans la version française traduite du latin de Pétrarque.

77. Boccace, *op. cit.*, p. 374.

désirer mieux et, du point de vue de l'Église, le principe d'égalité de tous les êtres devant Dieu s'en trouvait parfaitement démontré. Mais, avant d'atteindre ce stade, tout de même il avait fallu, dans le cas de la marquise de Saluces, subir une sorte de martyre psychologique – on lui enlève ses enfants et on les lui dit assassinés. Autrement dit, ce n'est qu'en lui déniant toute humanité et en la transformant en quelque sorte en sainte-contre-son-gré que Grisélidis devient acceptable comme femme pour son mari. Un exemple qui paraît bien difficile à suivre, mais qui s'inscrit bien, en dernière analyse, dans le climat de promotion du non-être comme façon de traverser la vie sans y toucher, en quelque sorte, pour arriver sain – sinon saint ou sainte – et sauf, entendez non souillé, à la mort, seul objet de notre passage sur terre.

Ce n'est certes pas l'aspect de promotion sociale qui devait retenir l'attention de Pétrarque et lui faire choisir cette nouvelle de Boccace parmi toutes celles du *Décaméron*. Et ce n'est pas non plus la possibilité de démontrer que la vertu peut exister chez les humbles comme le manque de vertu peut exister chez les puissants, puisque cette conclusion de Boccace n'apparaît plus dans la version de Pétrarque, ni a fortiori dans les versions françaises qui suivront. C'est bien plutôt la condition de morte-vivante qui devait susciter l'approbation de Pétrarque chez Grisélidis, puisque est inscrite en filigrane dans toute son œuvre la dénégation permanente d'un intérêt quelconque pour la réalité corporelle des femmes, qu'elles soient filles, mères ou amantes. Conscient du fait que Grisélidis est inimitable, Pétrarque l'érige tout de même en modèle. C'est cette perfection d'autant plus montrée en exemple qu'elle était inatteignable qui devait faire impression sur les lecteurs, et plus particulièrement sur les lectrices, de son ouvrage.

Boccace, en revanche, ne parle le plus souvent dans les nouvelles du *Décaméron* que d'amants et d'amantes dans le sens moderne du terme, et la sexualité la plus débridée forme la toile de fond permanente de l'ouvrage : ce n'est cependant pas pour se faire l'avocat d'un tel comportement mais plutôt pour en faire entrevoir les dangers et donner, par contraste, plus de relief aux avantages de la vertu et de la chasteté. En cela il ne se démarque de l'approche pétrarquiste que par la forme, non par le fond.

Entre l'œuvre savante et l'œuvre en langue vulgaire de Boccace et celle de Pétrarque, il ne reste guère de place pour la pratique « naturelle » de l'amour entre les hommes et les femmes, ni pour l'amour entre parents et enfants, pourtant exalté par la religion chrétienne. Toutes deux mettent en scène des personnages sans cesse ballottés par le destin, dont le salut réside dans une approche proprement inhumaine de l'exercice de la vertu, une Grisélidis dont tous les sentiments les plus naturels sont comme morts, ou une Laure effectivement morte comme seul objet digne d'amour.

Faut-il s'étonner alors de ce que Grisélidis, que l'on lisait encore couramment au XVIIe siècle dans une collection aussi populaire que celle de la *Bibliothèque bleue*[78], ait eu une influence à la fois si profonde et si étendue sur l'établissement d'une notion de l'amour humain qui s'éloigne aussi radicalement de celle que depuis maintenant assez longtemps la civilisation occidentale considère comme naturelle ? Et faut-il s'étonner de ce que les images représentant des femmes et des hommes de cette époque les montrent dénués de toute allusion corporelle, donc vestimentaire, à la sexualité ?

Grisélidis ainsi que son mari constituent d'ailleurs le sujet d'une série de fresques anonymes dans le style de Benedetto Bembo, exécutées en grisaille, où les deux protagonistes figurent « grandeur nature » ; ces fresques furent commandées vers 1474 par le condottiere Pier Maria Rossi, allié du roi Charles VIII dans les guerres d'Italie, pour décorer les murs de la chambre nuptiale de son château de Roccabianca, près de Milan. Les silhouettes parfaitement rectangulaires de Grisélidis et de son mari, tous deux entièrement vêtus de

78. *Dictionnaire...*, p. 581.

blanc, paraissent être celles de fantômes désincarnés plutôt que celles de jeunes mariés[79] : malgré cela, la réputation de Rossi et de sa femme, Bianca Pellegrini, bâtie, semble-t-il, immédiatement après leur mariage, perdure aujourd'hui comme celle de « protagonistes d'une des plus irrésistibles "love stories" de la Renaissance », pour employer le langage de la brochure touristique consacrée au château[80]. Cette formule semble bien indiquer que le message de chasteté que véhiculaient les fresques n'est guère compris aujourd'hui.

L'esprit de l'époque, donc, est si friand en quelque sorte des corps désincarnés, immortalité de l'âme oblige, que les seules femmes qui semblent avoir droit de cité sont des femmes mortes au sens propre ou au sens figuré. Car si Boccace décrit des personnages de femmes bien actifs, tant au niveau du bavardage que du libertinage, Pétrarque en revanche semble avoir eu une véritable prédilection, que les humanistes du XVe siècle à l'évidence partageaient, pour les femmes mortes. Les lettres de Pétrarque à ses amis, véritables gazettes copiées à de nombreux exemplaires et circulant de mains en mains à travers les cercles de lettrés contemporains du philosophe[81], contiennent elles aussi des phrases souvent répétées, parfois des histoires entières, où se fait jour l'attirance de Pétrarque pour les amours impossibles… pour cause de mort physique de l'être aimé ; ces lettres furent imprimées dans son *Epistolarae*, comme le reste de l'œuvre de Pétrarque,

79. Elles se trouvent actuellement exposées au Museo Castello Sforzesco de Milan. Nous n'avons malheureusement pas pu nous en procurer une photo.

80. Selon l'expression utilisée sur le site web de l'office du tourisme de la région de Parme.

81. Pétrarque, *Aux amis, Lettres familières, Livres I et II, 133[?]-1351,* traduction, présentation et notes par Christophe Garraud, Grenoble, 1998 ; cf. note 10 (I, I), p. 218-219, « Les lettres latines des lettrés du Moyen Âge représentaient aux yeux des lecteurs intelligents ce que représentent aux nôtres à la fois les journaux et les revues. Tous les sujets […] qui occupaient alors les esprits distingués ont été traités dans les lettres de Pétrarque. […] les amis de Pétrarque se réunissaient entre eux pour lire ces œuvres, les commenter, s'entretenir de matières littéraires et morales… »

à la fin du XVe siècle, et connurent de ce fait un regain de popularité, atteignant alors un public beaucoup plus large.

L'une d'entre elles en particulier frappe par sa similitude avec le vécu, si l'on peut dire, de l'amour de Pétrarque pour Laure. Il s'agit d'une lettre envoyée d'Aix-la-Chapelle au cardinal Giovanni Colonna, sans doute peu de temps avant la mort de celui-ci, en 1348[82]. Il y conte au cardinal l'étrange histoire de Charlemagne et de sa jeune maîtresse, dont celui-ci était si amoureux qu'il en négligeait le gouvernement de ses États : « Cet amour insensé avait fermé à la raison les oreilles du roi, mais une mort imprévue vint enlever l'objet d'une si funeste ivresse. » Charlemagne, fou de douleur, exigea de la faire embaumer, de l'habiller de ses plus beaux vêtements et de la couvrir de ses plus beaux bijoux. « Dans son extravagance, il reporta son amour sur le cadavre livide… et le tenait jour et nuit contre lui dans des embrassements aussi misérables qu'éperdus. » Il ne cessait de lui parler « comme si elle respirait encore et allait lui répondre. Telle était la seule, l'effroyable consolation qu'un roi prétendu si sage avait trouvée à son malheur. »

Pétrarque en conclut qu'on « ne saurait dire combien la condition de roi et celle d'amant se contrarient ; elles demeurent incompatibles : les opposés ne s'unissent pas sans de violents conflits. La souveraineté, n'est-ce pas une domination exercée dans la gloire et la justice ? L'amour, une servitude subie dans l'injustice et la honte ? » Bien que Pétrarque se réclame d'« auteurs modernes » qui auraient rapporté, avant lui, cette histoire, il semble, selon Garraud, « qu'elle soit tout entière du cru de Pétrarque » lui-même[83]. Elle correspond certes bien à la propre histoire d'amour de Pétrarque, au moins dans sa seconde partie ; c'est en effet à Laure, la morte, que Pétrarque ne cesse de s'adresser « comme si elle allait lui répondre », dans tous les poèmes ou presque de son *Canzoniere*, et c'est bien à elle, à travers ce moyen, qu'il dévoile le plus pro-

82. *Ibid.*, I, IV, p. 55-62.
83. *Ibid.*, p. 229, note 6.

fond de ses sentiments : cette angoisse permanente devant sa propre mort – quoi qu'il en dise ailleurs – et devant le sort que lui réservera la postérité. Angoisse qui tenaille également les néoplatoniciens, aussi soucieux de leur renommée post mortem que du salut de leur âme. Pétrarque profite de cette histoire pour égratigner Charlemagne, « qu'on… ose comparer à Alexandre et à Pompée », ce qui montre le dédain du lettré humanisant pour quiconque n'est ni grec ni romain, fût-il empereur.

Quant à la mort d'un fils (il ne parle jamais des filles), comme celle dont Grisélidis avait dû supporter la fausse nouvelle, Pétrarque considère dans une de ses lettres, qu'il est « … souvent plus facile de réparer la perte d'un fils que celle d'un frère[84] ». Et il donne, en matière de consolation à son correspondant dont le frère est mort, des exemples illustres de personnages antiques ayant perdu leurs fils dans des circonstances tragiques et supportant leur douleur avec grandeur d'âme. En cela d'ailleurs Pétrarque ne fait que s'inspirer de la tradition antique, qui privilégie l'amitié entre hommes, ici entre frères, sur tout autre sentiment. Cicéron donne l'exemple en citant Socrate : « L'homme qui trouve en lui, et en lui seul, ce qui peut mener au bonheur… qui, indifférent à l'apparition ou à la disparition de tous les autres biens – y compris la naissance ou la mort de ses enfants –, saura obéir à l'antique précepte, ni chagrin ni joie excessive, car c'est en lui seul qu'il met toute son espérance[85]. »

Certes l'on ne peut tirer de ce qui précède la conclusion simpliste que Pétrarque n'aimait ni les femmes ni les enfants de leur vivant, et qu'il les préférait, en quelque sorte, morts, de manière à en mieux garder le souvenir pour toujours, et à les aimer ensevelis « plus passionnément encore[86] ». Il est clair

84. *Ibid.*, II, I, Lettre à Philippe, évêque de Cavaillon : « Il faut supporter avec résignation la mort de ses proches », p. 126.

85. *Le bonheur, IVe et Ve Tusculanes*, traduit du latin et présenté par Chantal Labre, Paris, 1996, p. 93.

86. Pétrarque, *Aux amis…*, *op. cit.*, II, I, p. 121.

au contraire que sa foi chrétienne lui faisait croire en le repos éternel de ces êtres aimés, pourvu qu'ils aient été hommes ou femmes de bien, et qu'il les enviait plutôt que de les plaindre. Comment d'ailleurs aurait-il pu en être autrement alors que la peste noire enlevait sur son chemin hommes, femmes et enfants, sans distinction de fortune, de gloire ou de beauté ? L'époque était essentiellement morbide, et il aurait été difficile à quiconque, quelles que soient ses tendances naturelles, de ne pas l'être un peu. Mais, à l'évidence, Pétrarque l'était beaucoup, sans doute parce que, comme le dirait plus tard Marsile Ficin, tout créateur se trouve sous l'influence de la mélancolique planète Saturne.

C'est donc ce climat tout saturnien, dans lequel le dieu antique dévore ses enfants, qui est proposé, comme étant encore d'actualité, aux hommes et aux femmes de la fin du XVe siècle, à travers la publication des ouvrages de Pétrarque. Une période considérablement plus optimiste aurait dû se substituer à l'effroi permanent devant la mort, doublé d'une complaisance maladive, qui était le lot quotidien des contemporains de Pétrarque confrontés aux ravages de la peste. Au contraire, les années 1475-1500 sont paradoxalement obsédées par la mort, du moins littérairement et esthétiquement parlant. C'est à ce moment qu'apparaissent les *Danses macabres,* les représentations du Christ en homme de douleur, celles de saint Sébastien percé de flèches, sujet de prédilection des peintres humanistes. C'est alors que le *Triomphe de la mort* et celui de la *Chasteté* de Pétrarque sont représentés sur les coffres de mariage, sur les tapisseries, dans les incunables ; que sont imprimées de nombreuses éditions des *Arts de mourir.* C'est encore à la fin du XVe siècle qu'un prédicateur comme Savonarole peut faire tomber le régime tout-puissant des Médicis en brandissant devant toute la population florentine le spectre d'une éternité en enfer. Tout cela prend place alors que l'épidémie de peste est éteinte, du moins pour longtemps, que la population s'est reconstituée, que les villes se sont considérablement développées même, dans tous les pays d'Europe[87], et qu'en France, où la guerre de Cent Ans est enfin terminée depuis le milieu du siècle, la chute de la maison de Bourgogne a renforcé la puissance de la monarchie.

Pour ce qui concerne l'Italie, il n'est nul besoin de décrire le climat de ces années-là, qui resteront peut-être les plus glorieuses que ce pays ait connues. Il y subsiste cependant une zone d'ombre paradoxale dans cet épanouissement, notamment à Florence : la natalité est en forte baisse. Les autorités s'en inquiètent. Elles l'attribuent, à tort ou à raison, à la montée de l'homosexualité ; montée que l'on observe également à Venise[88], et qui sera examinée dans le chapitre suivant.

Si le pétrarquisme est à la mode en cette fin du XVe siècle, à cause de la publication extensive des œuvres de Pétrarque lui-même sous forme d'imprimés illustrés, les œuvres de Platon le sont aussi, mais de façon plus indirecte, à travers les commentaires de divers auteurs, y compris Pétrarque, sur les questions de fond du néoplatonisme, et notamment sur la question de l'amour et de l'approche du divin.

L'un de ces auteurs, Symphorien Champier, devait lui aussi connaître un grand succès d'édition auprès du public le plus vaste, grâce à la publication de *La nef des dames vertueuses*[89],

87. Robert Fossier, *Le Moyen Âge, Le temps des crises, 1250-1520*, Paris, 1983, vol. III, p. 95 : « … victimes préférentielles de la peste, assiégées puis pillées et brulées… les villes devraient plus encore que les villages nous offrir un visage consternant. Il n'en est rien et, somme toute, leur vitalité semble intacte ; mieux encore, plus grande. »

88. Pour Florence, voir Michael J. Rocke, « Il controllo dell'omosessualità a Firenze nel XV secolo, gli ''Ufficiali di Notte" », dans *Quaderni Storici*, Bologne, 66/3, décembre 1987, p. 701-724 ; pour Venise, voir Guido Ruggiero, *The Boundaries of Eros, Sex Crime and Sexuality in Renaissance Venice*, New York/Oxford, 1985.

89. *La nef des dames vertueuses composée par Maistre Symphorien Châpier, docteur en médecine, côtenant quatre livres. Le premier est intitulé la fleur des dames. Le secôd est du régime, de mariage. Le tiers est des prophéties des Sibilles. Et le quart est le livre de brave amour nouvellement imprimez a Paris pour Jehan delagarde libraire.* Ce titre est celui de l'édition datée du 3 mars 1515 conservé à la réserve des estampes de la BNF (cote Ye.857). Les citations ont été transcrites en français moderne pour la commodité de la lecture.

dont la première édition conservée est datée de 1503[90]. Il est probable d'ailleurs que l'édition princeps du livre remonte à quelques années auparavant, voire quelques décennies, puisqu'il s'appuie en partie sur le *De amore* de Ficin, publié en 1472, et en reproduit même un certain nombre de phrases. Cela prouve, entre parenthèses, que la version en toscan de l'ouvrage de Ficin avait dû connaître une diffusion assez extensive en France dès sa parution, du moins dans les cercles de lettrés.

La première partie de *La nef des dames vertueuses* est dédiée à Anne de France, « duchesse de Bourbon et d'Auvergne » – l'usage de ce titre semble devoir indiquer qu'elle n'était pas encore régente – et vient donc renforcer l'hypothèse d'une publication originale du livre à la fin des années 1470. Cette princesse écrit d'ailleurs son propre livre de morale conjugale en 1504 ou 1505 ; il est destiné à sa fille, Suzanne, à laquelle Symphorien Champier dédie également la seconde partie de l'édition de 1515 de *La nef*, intitulée « Le gouvernement de mariage ».

Dans la première partie, Symphorien Champier se fait d'abord le champion des dames contre les Pères de l'Église, avec une certaine audace qui le démarque de ses prédécesseurs dans ce domaine, tels Christine de Pisan et Martin le Franc.

Ainsi, au folio 9, écrit-il : « Si saint Augustin et saint Jérôme nous exhortent à fuir les femmes, soi-disant parce que nous pourrions être tentés par le péché de chair, à cela je réponds qu'il existe peut-être des femmes vicieuses et mauvaises, mais que nous ne pouvons pas conclure pour cela qu'elles le sont toutes, car le particulier n'infère pas l'universel… Et il est bon de dire, avec l'Ecclésiaste, *muliere bone beatus vir*, de la bonne femme l'homme est heureux. » Et il poursuit en citant bientôt Platon : « Les raisons et causes qui vous doivent émouvoir

90. L'édition de 1503 est étudiée par C. Tracconaglia dans *Contributo allo Studio dell'Italianismo in Francia, vol IV ; Feminismo e Platonismo in un libro raro del 1503 : La nef des dames di Symphorien Champier*, Lodi, 1922.

et vous empêcher de médire des dames sont diverses et plusieurs. Premièrement car nous sommes venus de la femme et ainsi en les blâmant nous médisons et nous blâmons nous-mêmes, notre lignée et génération ; c'est à ce qu'il dit du mal de sa génération, de ses parents ou de son pays que l'on reconnaît facilement le fou. Et Platon disait que l'homme n'est pas au monde tant seulement pour lui que pour son pays, ses parents et ses amis[91]. » « L'autre raison est que, comme il est dit au livre de la Genèse, Dieu fit et forma la femme de la côte d'Adam et semblable à luy. Ainsi donc fut formée la femme de plus noble matière que l'homme car elle fut faite du corps de l'homme et l'homme de la terre, or est-il ainsi que le corps humain est plus noble que la terre[92]. »

Il exhorte ensuite les maris à aimer leur femme et à la nourrir comme leur « chair propre » en s'appuyant sur Jésus qui « semblablement… aimait [les femmes] et ne les méprisait point[93] ».

En revanche, dans sa deuxième partie consacrée au mariage, il cite les auteurs anciens – Cicéron, Pline, Lactance, Flavius Josèphe – et, bien entendu, Platon, dont il rappelle que le sixième livre des *Lois* préconise le mariage forcé : « Selon Platon au sixième livre de ses lois… à les marier qu'ils fussent contraints par justice. Car cela touche la chose publique. Laquelle ne se pourrait maintenir sans mariage et multiplication du peuple. Car l'homme doit vivre ou comme homme ou comme ange. Si comme homme fault qu'il se marie. Si comme ange qu'il soit de soi à Dieu[94]. »

En réalité Platon ne mentionne pas le mariage forcé pour les femmes, comme semble le croire Champier, mais uniquement pour les hommes qui arriveraient à l'âge de trente-cinq ans sans avoir convolé[95]. Mais ce qui est important ici est que

91. Il s'agit de la même phrase que cite Francesco Filelfo dans son commentaire sur les *Triomphes* de Pétrarque.

92. Fol. 9 vo.

93. Fol. ciii.

94. *Ibid.*

95. Platon, *Lois,* VI, 774 b-c.

Champier, à l'inverse de Platon dans ce cas précis, admet totalement que l'homme puisse vivre comme un « ange », et en cela il se situe dans la droite ligne du néoplatonisme de Pétrarque et de Marsile Ficin, l'angélisme comme modèle de mode s'en trouvant renforcé d'autant.

Champier poursuit d'ailleurs son explication de la doctrine de l'amour « platonique » en ces termes : « Amour n'est autre chose que désir de chose belle et honnête. Et sont trois manières de beauté. À savoir la beauté de l'âme, beauté de corps, beauté de voix. La beauté de l'âme se connaît par l'entendement, la beauté du corps par les yeux, la beauté de la voix par les oreilles. Et parce qu'amour n'est que désir de beauté, amour est contentement de la raison, des yeux et des oreilles. Le goût, les odeurs, les saveurs, les attouchements, l'amour les laisse aux appétits sensibles. [...] L'appétit qui requiert d'autres sens que l'entendement, la voie ou la vue n'est pas vrai amour mais volupté et enragement[96]. »

Cette description de l'amour vrai, qui n'a que faire des attouchements, ni des saveurs, ni des odeurs du monde sensible, qui, au contraire, se contente de connaître (dans le sens d'avoir l'intelligence de), de voir et d'entendre l'être aimé, est totalement conforme à l'amour platonique tel que l'on a commencé à le définir et tel qu'on le définit encore aujourd'hui (avec les restrictions actuelles évoquées plus haut).

Champier cite également le *Symposium* de Platon (*Le banquet*), et donne l'exemple des trois formes d'amour parfait, c'est-à-dire de la femme pour le mari, du mari pour la femme, de l'homme pour l'homme, soit Alceste et Admète, Orphée et Eurydice, et Achille et Patrocle, ces exemples étant ceux du texte de Platon. Champier précise qu'Achille et Patrocle s'aimèrent « comme frères » et étudièrent ensemble pendant trois ans, ce que ne dit pas Platon[97].

Ces trois exemples illustres sont cependant tous marqués au sceau de la morbidité ainsi que, pour les deux derniers, de

96. *La nef des dames...*, *op. cit.*, chapitre 26.
97. *Ibid.*

celui de l'homosexualité, ou du moins de l'ambiguïté. Alceste avait accepté de mourir à la place de son mari pour que celui-ci devienne immortel ; elle ne dut la vie sauve qu'à l'intervention d'Héraclès qui l'arracha aux enfers. Orphée, après avoir perdu son Eurydice, se retira, selon Ovide, « sur le sommet du Rhodope et sur l'Hémus battu par les Aquilons[98] ». Pleurant sur son rocher, Orphée se déroba alors à toutes les séductions des femmes, « soit parce que leur amour lui avait été funeste, soit parce qu'il avait engagé sa foi[99] ». Autrement dit, Orphée se détourne des femmes à cause de l'amour trop fort que l'une d'entre elles en tout cas – Eurydice en l'occurrence – lui avait témoigné. Pétrarque ne dit pas autre chose lorsque, dans son *Des remèdes de l'une et de l'autre fortune*, il plaint d'avance les pauvres maris dont la femme les aimerait d'un amour trop ardent. Mais ce n'est pas tout, car Ovide, continuant l'histoire d'Orphée, nous dit que ce fut « aussi lui dont les chants apprirent aux peuples de Thrace à reporter leur amour sur de jeunes garçons et à cueillir, avant l'épanouissement de la jeunesse, le court printemps et la première fleur de l'âge tendre[100] ». Orphée va chanter en effet les jeunes garçons aimés des dieux, c'est-à-dire Cyparissus, Ganymède et Hyacinthe[101], avant de terminer sa vie sous les terribles assauts des Ménades en furie devant cet homme « qui [les] méprise[102] ». Il est difficile de surestimer l'influence des œuvres d'Ovide tout au long du Moyen Âge, influence renouvelée et étendue à un public encore plus vaste dès les tout débuts de l'imprimerie, notamment à partir de 1484 lorsque Colard Mansion édita le premier la publication en prose des *Métamorphoses moralisées* d'Ovide.

Enfin, pour ce qui est d'Achille et de Patrocle, l'amour « fraternel » qu'ils se portaient avait été chanté par Homère,

98. *Les métamorphoses*, traduction, introduction et notes par Joseph Chamonard, Paris, 1966, X/ 62-96, p. 255.

99. *Ibid.*

100. *Ibid.*

101. *Ibid.*, note 584, p. 445.

102. *Ibid.*, XI/24-60, p. 275.

mais Platon les présente comme des « amants » dont l'amour paraissait plus digne d'admiration aux yeux des dieux que celui d'Alceste pour Admète parce qu'Achille, beaucoup plus beau et surtout plus jeune que Patrocle, accepta de mourir non seulement pour venger la mort de ce dernier, mais encore pour être toujours avec lui dans la mort[103], autre exemple de la durabilité éternelle des amours mortes, chères à Pétrarque.

Cet amour, que Symphorien Champier transforme, à l'instar de Marsile Ficin dans ses commentaires sur *Le banquet*, en amour fraternel, sert de fondement à la théorie de Champier sur les bienfaits médicaux de ce type de relation. En effet, Champier est médecin, comme l'était le père de Ficin sinon Ficin lui-même, et il pense que l'amitié platonique entre les médecins, entretenue à travers l'échange de lettres, devrait servir à remédier aux jalousies dont la profession médicale est tout empreinte ! C'est en tout cas ce qu'il explique dans une lettre à l'un de ses amis, André Briau, auquel il expose toute la théorie de Marsile Ficin sur l'amour platonique et sur les différentes étapes de l'ascèse par laquelle l'âme monte vers Dieu[104].

Symphorien Champier était sinon le seul du moins le « plus grand disciple de Ficin en France[105] ». Établi à Lyon, il était proche de la cour des Bourbons à Moulins, comme l'attestent ses dédicaces aux deux femmes les plus importantes de cette famille, la duchesse Anne et sa fille Suzanne. Il était en correspondance avec, entre autres familiers de la cour ducale, le médecin personnel de Pierre de Bourbon, qui faisait partie d'un groupe d'érudits gravitant autour du duc. Champier reproduit d'ailleurs dans son livre, *La nef des dames…*, la traduction en vers français des prophéties des Sibylles faites par l'ancien secrétaire du duc, Jean Robertet[106], celui-là même qui devait adapter en vers français les *Triomphes* de Pétrarque.

103. Platon, *Le banquet*, 179-180.

104. James B. Wadsworth, *Symphorien Champier, Le livre de vraye amour, A Text with Introduction and Notes*, La Haye, 1962, p. 15-16.

105. *Ibid.*

106. *Ibid.*

C'est dans ce même milieu néoplatonisant et italianisant des Bourbons, des Champier et des Robertet que gravitaient les membres de la famille Le Viste, commanditaire de la tapisserie de *La dame à la licorne* dont les correspondances avec les versions illustrées de l'ouvrage de Champier sont nombreuses.

La nef des folles, dont le titre fait appel lui aussi à l'allégorie d'une traversée sur le fleuve de la vie, est un autre ouvrage qui influença de façon considérable le climat littéraire et philosophique de la fin du XVe siècle en France, grâce à ses nombreuses éditions imprimées et presque toutes illustrées de nombreux bois. La version originale de *La nef*, composée par Sébastien Brant, était publiée en Allemagne en 1494 sous le titre *Das Naren Schiff*, puis traduite en vers latins par un certain Loche sous le titre *Stultiferae Naves*, et publiée à Paris le 20 février 1501 par Thielman Kerver. Mais c'est évidemment la traduction française par Jean Drouyn, imprimée par les frères de Marnef, quelques années semble-t-il avant la version latine de Kerver, qui devait connaître le plus de succès auprès du grand public[107].

C'est le célèbre Josse Bade, éditeur à Lyon et auteur de nombreuses préfaces aux livres qu'il publiait, qui avait d'abord écrit lui-même un petit traité philosophique en latin inspiré de l'ouvrage de Brant, et qui devait demander à l'un des frères de Marnef, Angilbert, le 10 septembre 1498, de le faire traduire en français « pour qu'il fût lu plus facilement par les femmes[108] ».

C'est donc en priorité aux femmes, dont le livre décrit les principaux défauts résultant de l'exercice effréné des cinq sens, qu'est destinée *La nef des folles.* Josse Bade, d'origine flamande, avait étudié à Ferrare auprès de Baptiste Guarino, qui y enseignait la littérature grecque, puis à Mantoue avec

107. Paris, Petit Laurens pour Geoffroy de Marnef, s.d., v. 1498. Le titre français est celui-ci : *La nef des folles selon les cinq sês de nature composes selon lévâgille de môseigneur Saint Mathieu des cinq vierges qui ne prindrêt point duylle avecques ellex pour mectre en leurs lampes.*

108. Ph. Renouard, *Bibliographie des impressions et des œuvres de Josse Badius Ascensius, imprimeur et humaniste, 1462-1535*, 3 vol., Paris, 1908, vol. II, p. 74.

Philippe Béroalde l'aîné ; il était dès lors tout imprégné de culture antique et des idées néoplatoniciennes. Il connaissait l'œuvre de l'un des plus éminents compagnons de Marsile Ficin, Ange Politien, puisqu'il publia en 1499 une collection des lettres de ce dernier, sous le titre *Epistolae illustrium virorum*[109]. Outre ses liens avec les imprimeurs parisiens, Bade entretenait une correspondance avec Robert Gaguin ; il finit d'ailleurs par quitter Lyon pour s'établir à Paris.

Dans sa préface à l'édition française du livre de Brant, Josse Bade introduit la question de l'empire des [cinq] sens, dont traite le livre, d'une façon toute néoplatonicienne et que n'aurait pas désavouée Ficin lui-même : « En effet toute lâcheté, toute paresse, toute sottise, toute folie, toute fureur et toute démence naissent avant tout du fait que les sens commandent à la raison, selon un ordre renversé[110]... »

Le texte s'inspire de la parabole des vierges folles et des vierges sages du livre 25 (1-14) de l'évangile selon saint Mathieu, mais revue et corrigée comme une allégorie des cinq sens et de l'imprudence qu'il y aurait à se laisser guider par eux. Ainsi, seules les cinq vierges sages, éclairées par la lumière de la raison, reçoivent-elles la révélation et prennent-elles part au festin des noces divines, tandis que les cinq vierges folles – entendez les cinq sens auxquels on a laissé libre cours – ne connaissent que l'obscurité et sont absentes lorsque arrive enfin le divin marié.

Il n'est pas impossible que ce livre, qui connut un grand succès, soit, du moins en partie, à l'origine du décor de la tapisserie dite de *La dame à la licorne*, d'autant que les illustrations qui y figurent montrent une ressemblance stylistique très nette avec les personnages de la tenture.

Outre les néoplatoniciens, dont Ficin, figurent également au catalogue de Bade de nombreux ouvrages d'auteurs anciens tels Aristote, Ovide, Sénèque, Plutarque, Virgile,

109. *Ibid.*, vol. I, p. 18.

110. *Ibid.*, vol. II, p. 208. Voir également M. Lebel, *Les préfaces de Josse Bade*, Louvain, 1988.

Salluste, Lactance, Juvénal, Horace, Caton le Moraliste, Térence, etc.[111]. Mais surtout Bade avait-il préfacé, de 1494 à 1497, deux volumes de sermons par l'un des plus célèbres prédicateurs de son temps, Guillaume d'Udine, appelé en France « le père Lyonnard », les livres ayant été imprimés par Trechsel, imprimeur allemand établi à Lyon chez qui demeurait Bade. Les sermons de Guillaume d'Udine en latin, en italien ou en français, devaient être immensément populaires dans toute l'Europe si l'on en juge par le nombre très élevé d'éditions qui sont parvenues jusqu'à nous[112]. Anne de Beaujeu, dans ses *Enseignements*, ne le cite pas moins de 20 fois, c'est-à-dire plus souvent que tout autre auteur, ce qui constitue une indication probante, s'il en fut, de l'influence de ce personnage, un dominicain italien dont on ne sait par ailleurs pas grand-chose malgré la célébrité dont il jouissait parmi ses contemporains, sinon qu'il était l'auteur d'une traduction en italien des homélies du pape saint Grégoire[113] ; ces homélies, traduites en français, étaient publiées en 1501 à Paris par Antoine Vérard, dans une belle édition sur vélin ornée de miniatures[114]. Mais d'autres éditions non illustrées de la traduction du père Lyonnard avaient été parmi les premiers

111. Renouard, *op. cit.*, vol. I, p. 155.

112. Voir le *Catalogue des incunables* de la réserve des imprimés pour la liste complète des éditions conservées à la BNF ; cette liste comporte plusieurs pages et l'auteur y figure sous le nom de Leonardus da Utino ; voir également le tableau récapitulatif au début de ce chapitre.

113. Publiée par G. Silvestri, *Volgarizzamento del dialogo di San Gregorio, Opera di Fra Domenico Cavalca, con slcune poesie dello stesso*, Biblioteca scelta di opere italiane, t. 419, Milan, 1840 ; le frère dominicain Cavalca est un autre nom sous lequel était connu le docteur Lyonnard. Ces *Homélies* constituent une partie des *Dialogues* de saint Grégoire, déjà traduits en français en 1326, en vers octosyllabiques par Jean de Justice, comme les *Homélies* seules l'étaient en prose, vers le milieu du XIVe siècle, par le chanoine d'Amiens. Cependant des recherches récentes ont avancé l'hypothèse que les *Dialogues*, écrits dans un style destiné à un public naïf d'un niveau si différent de celui des autres œuvres du pape Grégoire, auraient été rédigés postérieurement, dans le but de rehausser la gloire du saint. Cf. *Dictionnaire des lettres françaises*, 1964, p. 578.

114. Vélins 305, réserve des imprimés, BNF.

ouvrages imprimés en France, peu après l'édition princeps de Venise en 1471 ; en effet l'édition parisienne fut publiée en 1477 par les imprimeurs de la Sorbonne, Martin Kranz, Ulrich Gering et Michael Friburger. Cela en dit long sur l'importance attachée à cet ouvrage de la part des autorités universitaires parisiennes. Ces homélies ont pour objet de montrer en exemple les hommes vertueux de l'Italie, prêtres, abbés, évêques, sous la forme, éminemment humaniste, d'un dialogue entre deux amis de toujours, Grégoire et Pierre[115]. L'un de ces parangons de vertu est l'abbé Equitio, de la province de Valeria ; son histoire est assez caractéristique des préoccupations d'ordre sexuel, traditionnelles bien sûr chez les Pères de l'Église, mais dont la force d'exemple semble avoir trouvé un nouveau souffle grâce aux incunables et une nouvelle acceptation grâce à l'esprit de chasteté à outrance – envers les femmes – de la fin du XVe siècle. Equitio est donc un homme de grande vertu, très estimé dans sa province, selon Grégoire ; Equitio, alors dans sa jeunesse et « très tenté par les incendies de la chair », priait Dieu de le délivrer de ces tourments. Une nuit il vit en rêve un ange le castrer et lui enlever tout « mouvement honteux ». À partir de ce moment il fut libéré de toutes les affres de la tentation charnelle, et ce fut comme s'il n'avait aucune nature virile dans le corps. Il put donc commencer « en toute sécurité » à s'occuper des nonnes. Mais cependant il exhortait ses frères moines à ne point l'imiter en cela, et à ne point avoir commerce avec les sœurs, car ils n'avaient pas reçu de l'ange le même don que lui[116]. C'est donc sur cette « traduction » des homélies par le père Lyonnard qu'Anne de Beaujeu s'appuie tout particulièrement pour prodiguer des conseils à sa fille avant son mariage. S'il ne faut évidemment pas prendre la castration, fût-elle virtuelle, de l'abbé Equitio comme ayant valeur universelle, puis-

115. Voir l'édition en italien, s.l.n.d., après 1471, conservée à la BNF, réserve des estampes C. 667 ; cette édition est reliée aux armes royales de France.

116. *Ibid.*, traduit par nous.

qu'il s'agissait d'un ecclésiastique, on peut penser que de tels exemples n'étaient pas de nature à favoriser la perception de la relation charnelle, même au sein du mariage, comme un acte positif, dénué de péché. Ce genre d'ouvrage était d'abord destiné aux moines et aux religieuses, dont beaucoup ne connaissaient pas ou mal le latin. Mais, à l'évidence, il avait trouvé un autre public parmi les gens de la bonne société européenne, qui savaient parfois le latin, mais qui étaient plus à l'aise dans leur langue vernaculaire respective, voire en italien dans sa version toscane[117]. On sait que Louis XI, par exemple, avait appris à parler l'italien, qu'il le faisait volontiers lorsqu'il en avait l'occasion avec les diplomates, notamment les diplomates florentins, et qu'il écrivait en cette langue à Laurent de Médicis notamment. Il n'est donc pas impossible qu'Anne de Beaujeu, sa fille, l'ait apprise elle aussi. L'édition ancienne des *Homélies* que j'ai consultée et qui porte les armes royales de France est en langue italienne.

Quant au livre d'Anne de Beaujeu, ou Anne de France comme on l'appela lorsqu'elle devint régente, il ne s'agit pas à proprement parler d'une œuvre originale, dans la mesure où il s'inspire d'ouvrages précédents et où il continue une tradition d'enseignement aux femmes destinée d'ailleurs à se poursuivre jusqu'au début du XXe siècle. Mais il n'en reste pas moins intéressant à plus d'un titre. En effet, les *Enseignements d'Anne de France à sa fille Suzanne de Bourbon*, écrits en janvier 1504 ou 1505, peu avant le mariage de Suzanne à Charles de Bourbon en mai 1505, mettent en lumière de façon particulièrement significative à la fois l'étendue de la connaissance, par les femmes, des auteurs anciens à l'époque, et la nature des leçons tirées par elles et pour elles de cette connaissance.

Selon A.M. Chazaud, qui transcrivit l'ouvrage d'Anne de France en 1878, à partir de l'exemplaire original conservé à la bibliothèque impériale de Saint-Pétersbourg, ce compendium

117. Paul Murray Kendall, *Louis XI*, Paris, 1974, p. 489.

de maximes et de recommandations est très largement inspiré du *Rosier des guerres,* composé à la demande de Louis XI pour son fils, le futur Charles VIII[118]. Mais, si « rien n'est plus aisé que de constater les emprunts faits par Anne de France à son père[119] », le ton de l'ouvrage est cependant informel. Il est bien celui d'une mère à son enfant, d'une mère dont la foi en Dieu parait sincère et dont la croyance en ce qu'elle professe le semble également. Bien que très directe dans ses assertions de ce qu'il faut faire et de ce qu'il ne faut pas faire, Anne de France construit autour de chacun de ses arguments une forteresse quasi inexpugnable, faite de blocs qui porteraient tous l'inscription « comme dit un tel ». Ce « tel » est presque toujours soit « le philosophe » ou " un philosophe », soit « le docteur Lyonard » ou « Lyonnard ». Elle utilise l'expression « comme dit le (ou un) philosophe » (sans qu'on puisse toujours savoir avec certitude, d'après ce qui suit, s'il s'agit d'Aristote ou de Platon[120]) 18 fois en 52 pages, et « comme dit le docteur Lyonard » ou « le bon docteur Lyonard », 20 fois ! Les Pères de l'Église, saint Paul, saint Bernard, saint Thomas, saint Ambroise, saint Jean Chrysostome (saint Jean Bouche d'or) n'ont droit qu'à une ou deux citations au plus, tandis qu'elle cite nommément Socrate deux fois, Ovide une fois, Caton une fois, et « le bon philosophe Boèce » trois fois.

On reconnaît assez facilement au passage les enseignements d'Aristote dans l'*Éthique à Nicomaque,* notamment, entre autres, sur la magnificence. Il existait d'ailleurs, à cette époque, un recueil imprimé de citations d'Aristote, le *Auctoritates aristotelis,* dont Anne de France s'est probablement servie pour rédiger son livre. Mais l'on y reconnaît également l'influence pétrarco-augustinienne des *Remèdes,* livre dont elle

118. A. M. Chazaud, Moulins, 1878, p. XVIII.

119. *Ibid.*

120. En règle générale, au cours du Moyen Âge, Aristote était toujours ou presque simplement dénommé « le philosophe », mais au début du XVIe siècle, date à laquelle écrit A. de France, Platon était si fréquemment cité sous le nom de « prince des philosophes », il est vrai, mais parfois aussi simplement comme « le philosophe » que l'on peut ici se poser la question.

possédait un exemplaire dans sa bibliothèque du château d'Aigueperse[121].

Bien que les ouvrages « sérieux » soient les plus nombreux dans la bibliothèque ducale – les Pères de l'Église, Albert le Grand, Virgile, Térence, Cicéron, Ovide, Tite-Live, Boèce, Pétrarque (en italien) –, des romans y figurent également : *Tristan, Parceval le Gallois, Florimont, Le roman du devis des chiens et oyseaulx, Le doulent fortuné,* ainsi que *Le roman de la rose*[122].

La régente Anne recommande à sa fille de porter des habits qui ne soient ni trop précieux pour susciter l'envie ni trop pauvres d'aspect pour son rang. Mais surtout ces vêtements ne doivent pas être trop serrés, comme en portent celles qui « pour sembler plus gentes et menues, se vêtent en hiver si légèrement qu'elles en gèlent de froid, et en sont souvent jaunes et décolorées, et tant que, par les secrètes froidures qu'elles y prennent, ou pour être trop serrées, en engendrent plusieurs graves maladies, et plusieurs sont qui en ont encouru la mort[123] ». Ce qui montre bien que la mode était aux silhouettes graciles et que la minceur était si prisée des jeunes filles que certaines d'entre elles, à en croire Anne de France, succombaient parfois, en quelque sorte, à un excès de minceur. Ces corps minces n'auraient pas du tout été du goût des hommes, selon la régente, car ceux-ci étaient amenés à questionner le bien-fondé d'épouser de telles jeunes femmes dont le petit corps ne devait, semble-t-il, pas pouvoir enfanter un jour, et elle cite un cas précis en exemple : « [il] pensa qu'elle était en aventure de ne jamais porter enfant, et conclut en son courage de ne la point épouser[124]. » Cela semble indiquer que les jeunes femmes de l'époque se sou-

121. A.M. Chazaud reproduit l'inventaire de la bibliothèque du château d'Aigueperse en annexe de la transcription du livre d'Anne de France : *Inventaire des Meubles estans en la maison Monseigneur le duc de Bourbonnois et d'Auvergne, estant en sa ville d'Aiguesperce, le dit inventaire commencé le jeudi XVIII*[e] *jour de Novembre l'an mil cinq cens et sept (1),* p. 215.

122. *Ibid.*, p. 215, 219, 223.

123. *Ibid.*, p. 27, 28.

124. *Ibid.*, p. 41.

ciaient peu, en tout cas pas assez selon leurs parents, de paraître comme de bonnes génitrices potentielles, ce qui vient confirmer encore l'angélisation latente de cette société, voire le refus, de la part des femmes, de la maternité comme finalité de leur existence. On ne peut guère surestimer l'importance au sein d'une société d'un tel choix d'apparence, puisque la maternité potentielle est depuis toujours la grande, la seule force des femmes vis-à-vis des hommes ; abandonner le vêtement qui met en valeur ce potentiel est abandonner du même coup la seule possibilité de choisir un partenaire, et c'est se retirer dans une espèce de cité des femmes où n'entre plus aucun homme et d'où l'amour est banni.

Le *Livre de Boèce de consolation*, dont l'auteur est cité trois fois par Anne, était alors un classique dans tous les sens du terme puisqu'il s'agissait d'un texte datant du VIe siècle, écrit par un philosophe, Boèce, que l'on a considéré comme le dernier Romain. À la fois chrétien et intimement néoplatonicien, Boèce avait rédigé son ouvrage sous forme d'un dialogue entre lui-même et le personnage allégorique de Philosophie. Alternant la prose et les vers, les sujets traités étaient la connaissance de soi, l'examen des lois qui régissent le monde, et enfin l'analyse du vrai bien. Le chant 9 du livre III, en particulier, était une sorte d'abrégé du *Timée* de Platon, rédigé sous forme de prière à la divinité. Le *Livre de consolation* suscita de très nombreux commentaires dont les manuscrits, souvent illustrés, se comptent par dizaines jusqu'au XVe siècle. Il fut traduit en français et en prose par l'auteur de la seconde partie du *Roman de la rose*, Jean de Meun. Deux éditions incunables en furent données à Lyon par Guillaume Le Roy, l'une vers 1483, l'autre entre 1485 et 1490. Selon le *Dictionnaire des lettres françaises*, « l'on y vit surtout un manuel qui permît d'enseigner… la science de l'Antiquité ou l'essentiel du platonisme[125] ». Puisque Anne de France se réfère explicitement à l'œuvre de Boèce, c'est donc qu'il faisait partie de ces « anciens philosophes » qu'Anne recommande à sa fille comme système

125. *Dictionnaire des lettres françaises…*, p. 205.

de références morales, en précisant que leurs ouvrages sont d'une lecture très agréable… Ce détail est significatif de la fréquence avec laquelle ce genre d'ouvrage devait être lu, voire commenté, parmi les femmes de ces grandes maisonnées aristocratiques, et pas seulement chez les seuls érudits masculins.

Il faut également souligner l'effet d'émulation, comme la satisfaction d'amour-propre, que pouvait susciter, chez les lectrices des ouvrages illustrés de la fin du XVe siècle, l'image du personnage de philosophie auquel s'adresse Boèce, représenté par une très belle jeune femme, souvent habillée à la dernière mode[126], d'aspect à la fois très féminin et quelque peu sévère, comme il sied à un personnage en position de force intellectuelle, au jugement duquel le philosophe doit soumettre son raisonnement. Il ne s'agit plus alors d'une représentation statique de la philosophie sous la forme d'une femme symbolique, comme il en existe depuis l'Antiquité, mais d'une représentation allégorique, donc essentiellement platonicienne, d'une femme /philosophie/maître (plus précisément maîtresse) dialoguant avec son interlocuteur naturel, son disciple/philosophe masculin. Cette situation est assez rare pour les femmes de l'époque pour qu'elle puisse faire impression sur celles-ci et, dans le même temps, sa représentation de plus en plus fréquente indique sans conteste un changement d'opinion sur les capacités intellectuelles des femmes, changement qui s'affirmera au début du siècle suivant. La mode reflétera d'ailleurs rapidement ce nouveau statut de la femme comme intellectuelle, mais cette fois dans le contexte d'un pouvoir de séduction physique renouvelé, additionné à, et non pas soustrait de, la séduction de l'intelligence. Dès la première décennie du XVIe siècle, on verra en effet réapparaître la silhouette triangulaire, pour les hommes comme pour les femmes.

126. Voir par exemple le f°94 du *Boèce de consolation*, ms. fr. 12459, fin XVe, BNF.

III

LES EXPRESSIONS DE LA SEXUALITÉ ET LEURS EFFETS SUR LA MODE À LA FIN DU XVe SIÈCLE

Les modes de comportement sexuel régnant au cours des années 1465-1500 en Italie, et particulièrement à Florence, ont fait l'objet d'études très détaillées basées sur des documents d'archives. Les expressions de la sexualité se manifestant en France à la même époque n'ont pas encore été analysées avec autant de précision, faute de statistiques connues, sur ce que l'on appelait alors les délits d'homosexualité par exemple. Il est intéressant néanmoins de résumer la situation florentine de l'époque, résultat d'une approche philosophique et esthétique tout inspirée par le néoplatonisme, dont les prolongements se firent sentir en France comme partout en Europe.

1. Androgynie et angélisme

L'androgynie latente ou manifeste de la société des débuts de la Renaissance a souvent été évoquée, le *David* de Donatello, représenté comme un adolescent au corps lisse, au déhanchement suggestif, au visage imberbe, en étant l'expression artistique première. Cette androgynie venait s'ajouter à l'angélisme que Dante, à travers le *Dolce stil nuovo,* et Pétrarque après lui, avaient mis à la mode à partir du XIIIe siècle. Les membres des cercles néoplatoniciens de la fin du XVe siècle avaient trouvé dans cet angélisme un concept tout prêt à être intégré au sein de leur philosophie de l'amour divin, comme ils avaient retrouvé dans le culte de l'amour entre hommes hérité de la Grèce et de la Rome antiques leurs propres conceptions d'une esthétique de vie passant par cette fraternité amoureuse. Car, comme le souligne Foucault, c'est bien « en fin de compte… dans cette réflexion à propos de l'amour des garçons que l'érotique platonicienne a posé la question des relations complexes entre l'amour, la renonciation au plaisir et l'accès à la vérité[1] ».

Dans ces conditions, il n'était peut-être pas étonnant que les rapports entre hommes soient alors érigés en valeur suprême, c'est-à-dire en une forme de vie plus proche de l'amour divin que de l'amour profane. Pas étonnant non plus que les corps masculins ne soient devenus l'objet de tous les soins : purification par les ablutions, avant de franchir les portes des académies néoplatoniciennes ; représentation formelle « à l'antique », c'est-à-dire nus ; angélisation par un habillement conçu de façon à en éliminer tout symbole sexuel par trop apparent ; féminisation enfin (d'où ambiguïté), essentiellement au niveau de l'allongement des cheveux et de leur couleur blond doré.

On sait que l'angélisme, par opposition à la démonologie (dans le sens du mot grec latinisé *daemon*) qui prévalait au cours de la période précédente, se développa dans les milieux humanistes florentins justement. Marsile Ficin, dans son commentaire au *Banquet* de Platon, *De amore,* fait de l'ange le miroir premier du visage de Dieu. Bien que le texte en question n'ait peut-être pas été connu du grand public, il l'était certainement d'un public lettré international relativement vaste et, outre ses

1. Michel Foucault, *Histoire de la sexualité,* 3 vol., Paris, 1984 ; vol. II, *L'usage des plaisirs,* p. 325.

implications théologiques et métaphysiques, il a probablement contribué au premier chef à la vulgarisation d'une idée d'angélisation physique, dont les prolongements sont visibles partout en Europe dans l'illustration du corps à cette époque.

Mais il faut peut-être souligner que l'angélisation est une forme de féminisation d'un corps essentiellement masculin, chez les hommes, et de masculinisation chez les femmes, plutôt qu'androgynie, ce qui serait la réunion des deux sexes dans un même corps. En effet, dans la Bible, la masculinité des anges est mise en avant sans ambiguïté cette fois, notamment au livre 19 de la Genèse, dont le thème est celui de la destruction de Sodome. Brièvement résumée, cette histoire est la suivante : les deux anges arrivèrent à Sodome au coucher du soleil, alors que Lot était assis à la porte de la ville. Il pria les deux jeunes gens de passer la nuit chez lui ; ils refusèrent d'abord en disant qu'ils se proposaient de dormir sur la place de la ville, mais Lot les en dissuada. Alors que les anges s'apprêtaient à se mettre au lit dans la maison de Lot, tous les hommes de Sodome, jeunes et vieux, se rassemblèrent autour de la maison et demandèrent à Lot où étaient les jeunes gens, car ils voulaient entrer en intimité avec eux. Lot sortit sur le seuil de sa maison après en avoir soigneusement fermé la porte et proposa à la foule de lui livrer ses filles vierges pour faire d'elles ce qu'elle voudrait, à condition de ne pas toucher aux jeunes gens qui se trouvaient à l'intérieur.

Puisqu'il s'agit de Sodome, les anges envoyés par Dieu ne pouvaient être que masculins pour exciter la convoitise sexuelle des habitants d'une ville qui a donné son nom aux relations physiques entre hommes. Mais il est tout de même significatif que, dans cet épisode comme dans tous les autres de la Bible où figurent des anges, leur appartenance au sexe masculin n'est jamais mise en doute. Cela reste la règle au moins jusqu'au XIIIe siècle[2], ce qui explique peut-être en partie que le mot ange est un substantif masculin dans la plupart

2. Voir à ce sujet l'ouvrage de Philippe Faure, *Les anges et leur image au Moyen Âge*, Paris, 1999.

des langues européennes. En anglais, langue dans laquelle tous les substantifs sont neutres, ange n'échappe pas à la règle grammaticale théorique, mais son utilisation est toujours personnalisée sous la forme masculine. Si bien que le sexe des anges a beau avoir été mis en question, leur apparence n'est pas celle d'une femme. Aussi jolis soient-ils, ils ne présentent jamais le signe physique qui caractérise les femmes en dehors de tout autre, c'est-à-dire les seins. Les femmes qui voudraient ressembler à un ange sont contraintes de cacher leur poitrine, au besoin en la comprimant fortement, ou en portant des vêtements dont la coupe les aplatisse ; les hommes qui voudraient faire de même ne sont contraints que de cacher leur bas-ventre en portant des vêtements longs, sans avoir pour cela besoin de faire violence en quoi que ce soit d'autre à leur anatomie. D'où l'angélisation d'un homme est à la fois facile au niveau des apparences et non destructrice au niveau de la psychologie virile, par opposition à celle de la femme, pas toujours convaincante au niveau de l'apparence, si sa poitrine est forte, et plus dommageable au niveau de la psychologie nourricière dont le sein est le symbole le plus fort. Dans l'un et l'autre sexe, le vêtement est l'instrument obligé d'une telle transformation. En outre, chez les hommes, la perception d'une féminisation diffuse est renforcée, au cours de la période de notre étude, par la mode du port des cheveux longs coiffés au fer, parfois sous la forme de perruques, blondes de préférence, et des mentons rasés de près pour les jeunes comme pour les hommes d'un certain âge[3].

2. La mode de l'homosexualité

Parallèlement donc à ce phénomène d'angélisation généralisé des deux sexes qui avait lieu à la fin du XVe siècle, la dénonciation de l'homosexualité, appelée sodomie et assimi-

3. Sauf pour le Christ qui est alors quasiment toujours représenté portant la barbe, peut-être justement pour affirmer sa condition masculine, sinon sa virilité.

lée au crime d'hérésie[4], se faisait de plus en plus virulente, tandis que la répression à l'encontre de ses praticiens se durcissait considérablement. À partir de 1491, lors de son arrivée à Florence, le dominicain Jérôme Savonarole (1452-1498) s'élevait violemment dans ses sermons contre ce qu'il appelait le crime de sodomie[5]. Après un sermon particulièrement virulent, le 14 décembre 1494, les autorités de Florence devaient d'ailleurs promulguer une série de décrets, prononcés les 22, 23 et 24 décembre suivants, contre les « sodomites ».

Et pourtant les prédications du même Savonarole faites quelques années auparavant, en 1483 par exemple, lorsqu'il n'était encore âgé que de trente et un ans, reflètent un mysticisme, sans doute traditionnel chez les dominicains, mais dont les accents sont empreints d'une sexualité indéniable où les mots semblent dépeindre les transes d'un amour profane, et bien charnel, plutôt que les révélations d'un amour divin et éthéré. Le sermon du vendredi saint de cette année 1483 est un exemple significatif non seulement de la personnalité de Savonarole, mais aussi du climat sexuel ambivalent de l'époque : « Ô Jésus amoureux, quelle humanité t'a fait pour m'apporter une telle mort ? Tu as enflammé le monde entier de ton doux amour. Tu as suavement meurtri mon cœur ingrat. Jésus, fais-moi mourir, Jésus, fais-moi languir, Jésus, fais-moi venir à toi. Fais-moi, Jésus, par ton amour mourir, fais-moi employer chaque heure à pleurer sur ton amour, fais toujours soupirer mon cœur enflammé de tes flammes. Ô corps candide, par le Saint-Esprit conçu dans le ventre virginal, comme je te vois pour l'amour de moi employé, meurtri et sanguinolent. Oh ! belles et saintes mains, comme je vous vois pour l'amour de moi blessées et lacérées. Ô pieds saints et

4. Guy Poirier, *L'homosexualité dans l'imaginaire de la Renaissance*, Paris, 1996, p. 11 : « Le mot *érite* subit une semblable métamorphose qui en fit à la fois un symbole d'hérésie et de sodomie. »

5. Voir Savonarole, *Sermons, écrits politiques, et pièces du proçès*, traduits de l'italien, présentés et annotés par Jean-Louis Fournel et Jean-Claude Zancarini, Paris, 1993.

délicats, comme je vous vois pour l'amour de moi griffés, troués et tordus. Ô tête dorée, comme je te vois pour l'amour de moi souillée, transpercée et d'épines couronnées. Ô douce poitrine, que signifie cette grande plaie ? Que signifie cette ouverture ? Que signifie tout ce sang ? Hélas, comme je te vois pour l'amour de moi si grandement ouvert. Ô croix cruelle, ne reste pas tant dressée, ramollit un peu ta dureté, incline-toi que je puisse toucher un peu mon très doux seigneur. Quelle flèche, quel arc plus tendu, quelle épée plus acérée pourrait en tournoyant jamais pénétrer le diamant ? Toi, Jésus, tu as pénétré nos esprits, toi, Jésus, tu les as tous rendus amoureux. Ce jour m'a si fortement blessé et réchauffé le cœur que mon âme se languit d'amour. Oh ! douce blessure, oh ! suave plaie, oh ! amour[6]… »

Un demi-siècle avant sainte Thérèse d'Avila, quatre-vingts ans avant la fin du concile de Trente, l'extase de Savonarole présente déjà un aspect contre-réformiste dans l'emphase mise sur le corps du Christ et sur l'emploi de métaphores amoureuses. Mais, alors qu'au cours du siècle suivant sainte Thérèse s'inspirera du *Cantique des cantiques* pour « épouser » Jésus, que les pâmoisons des moines ou des prêtres seront réservées à la Vierge, c'est bien à un beau jeune homme aux cheveux d'or (*capo aureo*), au corps candide (*corpo candido*), à la « douce poitrine » (*dolce pecto*), aux belles et saintes mains et aux pieds saints et délicats (*belle e sancte mano ; belli e delicati pedi*), que s'adresse le moine Savonarole. C'est bien Jésus qui a enflammé le cœur du prédicateur, et c'est lui que ce dernier supplie de le faire languir, à qui il demande de le faire venir à lui en utilisant une terminologie de l'ouverture et de la pénétration qui évoque l'acte d'amour dans ce qu'il a de plus charnel.

Enfin, ces paroles mystiques ne sont pas prononcées dans l'intimité de la cellule monacale, au cours d'un état de transe provoqué par une longue et solitaire méditation. Elles sont prononcées en langue vulgaire, dans l'église, devant la foule

6. Giulio Cattin, *Poesie e Prediche autografe del Codice Borromeo*, Florence, 1973, p. 291-294, traduit par nous.

qui commémore la passion du Christ avant la fête de Pâques, ou bien encore devant l'auditoire féminin des couvents florentins, comme celui des Murate, où, semble-t-il, Savonarole fit un certain nombre de prêches entre 1482 et 1483[7]. Par ailleurs, la plupart des sermons de Savonarole destinés aux membres de la communauté ecclésiastique furent imprimés, en latin la plupart du temps, mais aussi en vulgaire, et constituent, à en juger par le nombre d'exemplaires parvenus jusqu'à nous, un immense succès de librairie, non seulement par la quantité d'impressions mais par l'étendue géographique de leur diffusion. Le ton des poèmes de l'époque écrits par des laïcs comme Laurent de Médicis lui-même, par exemple, ne diffère pas beaucoup de celui de Savonarole d'ailleurs, lorsqu'ils s'adressent au Christ : « … Ta douceur gagne tout mon amour ; ta lumière illumine mon obscurité ; si bien que ton amour, qui m'est si cher et si doux, ne se séparera jamais de moi ; puisque tu n'as pas été avare de ton sang, accorde-moi cette autre grâce : fais brûler mon cœur de ton doux feu, de sorte que, peu à peu, il ne reste nul autre que toi dans mon sein[8]. »

On voit que ce climat de la fin du XVe siècle, propice aux amitiés masculines et à la rhétorique amoureuse qui en découlait, pouvait facilement donner lieu à des interprétations ambiguës lors même que cette rhétorique s'adressait à l'amour divin par l'intermédiaire du corps du Christ. À l'évidence, le prude Savonarole n'y pouvait pas plus échapper que quiconque dans la Florence des années 1480.

Ce qu'il importe cependant de démontrer est l'influence dans le sens d'une modification de la présentation du corps par le vêtement, en tant que perception et projection de soi, de cette attitude de mode suggérant non pas l'homosexualité, mais bien plutôt le rejet de la posture virile envers les femmes, que l'époque précédente avait encouragée.

7. *Ibid.*, p. 105.

8. *Laude Spirituali di Feo Belcari, di Lorenzo de' Medici…*, Molini et Cecchi, eds., Florence, 1863, p. 113, lauda CCLIV, traduit par nous.

Un certain nombre d'auteurs se sont penchés sur la question spécifique des pratiques homosexuelles à cette époque, notamment Michael Goodich[9], John Boswell[10] et, tout récemment, Guy Poirier[11] ; mais, au-delà de cette spécificité, il paraît néanmoins possible de tirer de leurs études quelques enseignements applicables au sujet de la mode vestimentaire.

Les statistiques établies sur l'homosexualité en Italie, particulièrement à Venise et à Florence, où les archives ont conservé nombre de documents sur ce sujet, montrent que cette activité sexuelle fut une source de préoccupation pour les autorités de ces deux villes précisément au cours de cette période. Puisque nous manquons de statistiques semblables sur la situation française en ce domaine, à la même époque, il faudrait donc se garder de tirer de la situation italienne des conclusions qui s'appliqueraient en bloc à la France. Néanmoins, ce phénomène étant si répandu en Italie, et les liens de l'Italie avec la France étant alors si étroits, bien que souvent conflictuels, il semble raisonnable de penser que des échos en étaient parvenus jusqu'ici et que cette mode qui s'accordait si bien avec les mœurs antiques devait pouvoir sinon s'imposer de façon pratique, du moins susciter une interrogation théorique dans certains milieux intellectuels français.

C'est justement à cette époque d'ailleurs que quelques professeurs italiens vinrent enseigner à la Sorbonne « l'usage beau style », selon l'expression de Renaudet[12]. L'un d'entre eux, Girolamo Balbi, arrivé à Paris en 1484, se prit de querelle avec deux de ses compatriotes enseignant eux aussi à la Sorbonne, des accusations respectives d'hérésie et de mœurs scandaleuses furent prononcées et, en janvier 1491, Baldi,

9. *The Unmentionable Vice, Homosexuality in the late medieval period*, Santa Barbara/Oxford, 1979.

10. *Christianisme, tolérance sociale et homosexualité. Les homosexuels en Europe occidentale des débuts de l'ère chrétienne au XIVe siècle*, Paris, Gallimard, 1985 (Chicago, 1980).

11. Foucault, *op. cit.*, p. 325.

12. Augustin Renaudet, *Pré-Réforme et humanisme à Paris pendant les guerres d'Italie (1494-1517)*, Genève, 1981, [Paris, 1922], p. 119.

accusé de sodomie, dut prendre la fuite[13]. Cet épisode relativement banal reçut tout de même une publicité plus importante qu'il ne le méritait, puisque le rival de Baldi, Fausto Andrelini, un ancien élève de l'humaniste florentin Francesco Filelfo, devait inclure dans une de ses publications, imprimée en 1496, une pièce sur la fuite de Baldi intitulée *De fuga Baldi*[14], donnant ainsi un plus grand retentissement à l'affaire, alors qu'au même moment, à Florence, Savonarole s'élevait violemment contre la sodomie.

Ce que l'on sait de la sodomie en France à cette époque, en revanche, c'est qu'elle occupait, comme partout en Europe, la place sans doute la plus populaire au sein des parodies d'inversions, c'est-à-dire de monde à l'envers, représentées durant le carnaval et adressées au public le plus large. Une étude linguistique portant sur les « soties » composées à l'occasion du carnaval en France a démontré que l'inversion – sexuelle et linguistique –constitue le sujet comme la forme de ces poèmes en vulgaire, et que ces jeux de mots complexes, ainsi que les costumes et la gestuelle qui les accompagnaient, étaient parfaitement compris de l'assistance prenant part aux festivités du carnaval[15]. L'auteur de cette étude précise d'ailleurs que « la découverte et la formulation du registre second de l'homosexualité dans les connotations d'un texte du Moyen Âge revient à Pierre Guiraud dans son livre sur le vocabulaire des ballades en jargon de Villon[16] ». Or ces ballades étaient sans doute fort connues, en tout cas des Parisiens, car elles étaient diffusées verbalement au cours du carnaval ou lors de festivités par des groupes de « sots » ou d'acteurs, dont Villon luimême faisait partie ou auxquels il était associé[17]. La première édition imprimée de l'œuvre de Villon était d'ailleurs publiée

13. *Ibid.*, p. 123.

14. *Ibid.*

15. Ida Nelson, *La sottie sans souci. Essai d'interprétation homosexuelle*, préface de Daniel Poirion, Paris, 1977.

16. *Ibid.*, p. 11.

17. *Dictionnaire des lettres françaises*, publié sous la direction du cardinal Georges Grente, Paris, 1992, p. 468.

dès 1489[18]. Les soties étudiées par Nelson portent sur la période 1420-1518, et elles furent toutes présentées en période de carnaval, sans doute à Paris, mais également, semble-t-il, dans de nombreuses autres villes françaises, en tout cas pour celles qui furent imprimées et dont le texte devenait alors plus facilement disponible. Leur thème commun est l'homosexualité symbolisée par le sot, ou le roi des sots, personnage à la gestuelle efféminée, parfois costumé en femme, et incitant par son attitude et son discours à la transgression sexuelle[19]. Il est d'ailleurs parfois représenté portant un bonnet surmonté d'un phallus, et on le retrouve fréquemment illustré, mais alors avec un bonnet aux oreilles d'âne, dans les incunables et notamment dans les livres moralisateurs destinés aux femmes.

Il est sans doute significatif que le nombre de ces soties ait augmenté considérablement vers la fin du XVe siècle, puisque l'on en dénombre douze pour la seule décennie 1480-1490, c'est-à-dire pour la décennie néoplatonicienne par excellence, et seulement trois pour la décennie suivante, 1490-1500, années au cours desquelles la dénonciation de l'homosexualité se fait si vive, les amendes et les peines de mort à son encontre se multipliant, qu'il devient peut-être difficile d'en rire même en la parodiant durant le carnaval.

Il faut cependant souligner, comme le fait Nelson, « l'importance de l'acte sodomique comme formule culturelle aux quinzième et seizième siècles[20] ». En effet, « cet acte accepté dans le registre homosexuel réussit à transcrire dans l'allégorie... non seulement un renversement carnavalesque de l'ordre préétabli des choses, mais aussi à effectuer une synthèse impossible, celle de la réunion, dans la personne du sot, du masculin et du féminin, c'est-à-dire de deux absolus[21] ». Cette réunion constituant une androgynie véritable érotisée

18. *Ibid.*, p. 467.
19. *Ibid.*, p. 24.
20. *Ibid.*, p. 102.
21. *Ibid.*

dans le sens de l'homosexualité, à caractère volontiers pornographique, relevait d'une tradition antique où la folie du sot aurait correspondu aux transes de la possession divine[22]. En ce sens, les soties de la fin du XVe siècle semblent bien avoir constitué une manifestation à la fois de la continuité souterraine de l'approche antique dans le rapport des hommes avec les forces divines, et de la remise au goût du jour, consciemment et de façon publique, de cette approche. Cela n'était pas si éloigné de la recherche induite d'un état de transe, par les breuvages alcoolisés, les herbes odorantes aux fumés hypnotiques jetées sur les brûle-parfums, ou les chants orphiques. Marsile Ficin lui-même, tout comme ses adeptes des cercles néoplatoniciens, ne dédaignait pas de recourir à ces artifices comme moyen de dynamiser la quête du divin en accélérant le processus d'ascèse de façon autorisée, voire préconisée, par Platon.

En attendant une étude statistique plus précise sur le sujet de la mode de l'homosexualité en France pour la période qui nous intéresse, il n'est donc pas utile de se pencher sur la situation italienne, beaucoup mieux étudiée au niveau juridique. Les précisions chiffrées qui suivent empruntent beaucoup à Michale J. Rocke, auteur de *Il controllo dell' omosessualità a Firenze nel' XV secolo, gli ufficialli di notte*, ouvrage de référence sur la question[23].

C'est donc en 1432 qu'une magistrature spéciale pour la répression de l'homosexualité, les *ufficialli di notte*, est crée à Florence. Entre 1432 et 1502, date à laquelle la magistrature fut supprimée, plus de 10 000 hommes et jeunes hommes furent accusés de sodomie et jugés par les magistrats en question[24]. Il semble que la crise démographique prolongée dont Florence était alors victime ait été à l'origine de la création de cet organisme des « officiels de nuit », beaucoup plus que l'opinion publique contre la sodomie. Cela dit, les prédica-

22. *Ibid.*, p. 24.
23. Dans *Quaderni Storici*, 66/3, décembre 1987, Bologne, p. 701-724.
24. *Ibid.*, p. 702.

tions de Bernardin de Sienne à Florence pendant le carême des années 1424 et 1425, se livrant à une condamnation terrible de la sodomie et culminant en un bûcher des vanités sur la place Santa Croce, exercèrent une grande influence sur les esprits et contribuèrent sans doute beaucoup à la constitution des *ufficiali.* Bernardin avait soutenu, au cours de ces deux sermons enflammés, que les jeunes Florentins étaient prédisposés à l'homosexualité, et il avait fait le lien entre le peu d'attraction qu'ils éprouvaient pour le sexe féminin et leur tendance prononcée à se marier tardivement[25].

Toutefois, il n'y eut finalement pas de répression majeure à l'encontre des « sodomites ». La raison de cette attitude fut certainement qu'il devait y avoir, à l'intérieur de la classe dominante florentine, des dissensions majeures sur ce problème, étant donné l'homosexualité affectée par un certain nombre de ses citoyens les plus en vue. Et d'ailleurs, au moment même où il s'agissait d'augmenter la surveillance et le contrôle de ces activités dans le but de les éliminer, on réduisait les punitions prévues[26]. Rocke souligne combien cette réduction est significative de l'histoire de l'homosexualité à Florence : « Rien ne peut mieux illustrer combien la sodomie faisait partie intégrante du tissu social et politique de la cité à la fin du XVe siècle que la fluctuation constante de la sévérité des peines infligées[27]. »

Alors qu'au siècle précédent le châtiment pour les sodomites était la castration ou la mort et des punitions corporelles diverses pour leurs partenaires passifs, dès 1408, la mutilation, la mort ou l'exil étaient remplacés par une très forte amende pour une première infraction[28] ; en 1432, l'amende était diminuée de 80 pour cent. Petit à petit fut établie une gradation des amendes pour les récidivistes, de sorte qu'il fallait accumuler cinq constats pour que la sodomie soit punie de mort.

25. *Ibid.*, p. 715.
26. *Ibid.*
27. *Ibid.*, p. 705.
28. *Ibid.*

Quant aux confessions « spontanées » après arrestation, les personnes impliquées étaient exemptées d'amende et, dans le cas de désignation de leurs partenaires, immédiatement acquittées.

De 1432 à 1459, la moyenne annuelle des condamnations est de treize personnes. Au cours de la seconde moitié du siècle, cette moyenne atteint le chiffre de cinquante[29]. Mais alors que les condamnations officielles augmentaient, les amendes atteignaient leur plus bas niveau historique[30]. Dès l'expulsion des Médicis en 1494, les nouvelles autorités de Florence remplaçaient les amendes pour les récidivistes par des punitions corporelles ou la peine capitale, et relevaient les amendes pour la première infraction à cinquante florins, soit une somme considérable.

Il faut cependant se garder d'attribuer aux « sodomites » florentins du XVe siècle les caractéristiques communément attribuées aujourd'hui, à tort ou à raison, à la pratique homosexuelle ; en effet, une dénonciation ou même une condamnation à cette époque ne signifie par forcément une orientation homosexuelle permanente et exclusive de la personne en question. En tout état de cause, ce qui nous préoccupe ici n'est pas de savoir si cette orientation était ou non le résultat d'un choix instinctif ou raisonné, ou simplement celui d'une disponibilité des uns et des autres favorisée par les circonstances ; c'est de savoir jusqu'à quel point le sujet même de l'homosexualité faisait partie de la quotidienneté de la société de la fin du XVe siècle.

L'étude de Rocke nous fournit d'autres renseignements précieux à cet égard. En effet, il a pu constater que la pratique de la sodomie, assez courante dans le milieu ouvrier au cours de la première moitié du siècle, notamment au sein des corporations comme celle des tisserands où travaillaient ensemble de nombreux apprentis, se déplace au cours de la deuxième moitié vers les milieux les plus aisés de la société flo-

29. *Ibid.*
30. *Ibid*, p. 706.

rentine. En 1459 par exemple, le texte de la loi promulguée contre l'homosexualité masculine précise que ce sont le plus souvent les *mechanici e poveri* (les ouvriers et les pauvres) qui la pratiquent[31]. En revanche, parmi les quelque 4 900 condamnés figurant aux registres des années 1478 à 1502 spécialement étudiés par Rocke, l'on retrouve tous les grands noms des familles florentines, certains comme récidivistes[32]. Curieusement, seul le nom des Acciaiuoli ne figure pas sur cette liste, malgré l'accusation publique faite par Alessandra de' Bardi, membre elle-même d'une des grandes familles florentines, contre son mari, Raffaele Acciaiuoli, parent de l'ambassadeur de Florence à la cour de Louis XI, Angelo Acciaiuoli, de la rejeter avec mépris et de pratiquer la sodomie[33].

Cette évolution de l'homosexualité du bas vers le haut, c'est-à-dire des classes sociales les plus basses vers les plus élevées, nous semble devoir venir étayer l'hypothèse qui est que cette pratique résulte alors tout autant d'une mode que d'une orientation physique permanente. En effet, si l'on peut penser que les pauvres et les ouvriers pratiquaient cette forme de sexualité en grande partie parce qu'ils n'avaient pas les moyens financiers d'accéder au mariage, en revanche cela ne pouvait constituer un obstacle pour les nobles ou les riches, tous mariés, alliances et héritages obligent, quelles qu'aient été par ailleurs les préférences sexuelles réelles de ces patriciens. Il apparaît clairement au contraire que la mode des amitiés masculines à l'antique, auxquelles le néoplatonisme ficinien avait donné une aura de spiritualité chrétienne, devait constituer un puissant facteur de diffusion de ces pratiques, ou de leur semblance, parmi eux.

31. *Ibid.*, p. 710.

32. *Ibid.*, p. 722. Les Ademari, Alberti, Albizi, Altoviti, Bardi, Capponi, Cavalcanti, Frescobaldi, Guicciardini, Machiavelli, Medici, Nolili, Pandolfini, Penuzzi, Pitti, Pucci, Ridolfi, Soderini, Strozzi, les Rucellai totalisant à eux seuls 12 condamnations.

33. Cité par Gene Brucker dans *Giovanni et Lusanna. Amour et mariage à Florence pendant la Renaissance*, avant-propos de Christiane Klapisch-Zuber, Aix-en-Provence, 1991, p. 79.

En 1502, la réputation de Florence en matière d'homosexualité est telle, à cause en partie de l'activité des officiers de nuit, que tout le monde réclame l'abolition de cette institution dont l'existence ne fait finalement, croit-on alors, que porter préjudice, à la réputation de la ville[34].

Cette préoccupation des autorités florentines suscite d'ailleurs plusieurs questions parallèles. La baisse de la natalité était-elle réelle (des dénombrements fiables étaient-ils systématiquement entrepris ?), ou bien était-elle perçue comme telle à cause d'une attente accrue de la part de ces mêmes autorités, compte tenu de la perte de population due à la peste au cours de la première moitié du siècle ? La mode des amitiés masculines, aisément transformables en homosexualité active quoique presque toujours non exclusive, ayant pénétré le milieu de l'élite florentine, l'angoisse devant une possible extinction de cette classe (totalement improbable en réalité) a-t-elle produit cette législation, promulguée au demeurant par les membres de cette même classe sociale ? L'accusation d'hérésie étant déjà proférée de plus en plus souvent à l'encontre des humanistes et de leur propension à intégrer les dieux païens de l'Antiquité au dogme chrétien, sans compter leur conviction affichée de la perfectibilité de l'homme, n'y avait-il pas danger d'amalgame de la part du public non cultivé entre la connaissance de l'antique, la culture des amitiés ambiguës et l'hérésie, ce danger prenant alors une véritable tournure politique au détriment de la classe dirigeante ? Quoi qu'il en soit, ce phénomène de pratique accrue de la « sodomie », conjoint à celui d'une réduction des peines allant de pair avec à une dénonciation de plus en plus officielle, démontre assez l'importance du thème de l'homosexualité masculine dans la cité.

D'ailleurs, à quelques kilomètres de Florence et à la même époque, dans la ville de Sienne, les législateurs s'émeuvent eux aussi d'une tendance grandissante parmi les habitants à éviter le mariage. En réponse, semble-t-il, à la progression de

34. Rocke, *op. cit.*, p. 717.

l'homosexualité, un décret interdisant toute fonction officielle aux hommes âgés de vingt-cinq à cinquante ans restés célibataires fut promulgué en 1454 pour obliger les Siennois à prendre femme[35]. Ce décret rappelle celui que Platon préconisait pour les hommes de la cité qui n'auraient pas encore convolé à l'âge de trente-cinq ans[36].

Qu'en est-il à l'époque de Venise, cette autre grande ville humaniste ? Guido Ruggiero a étudié les rapports concernant la sodomie dans les registres du Concile des Dix, institution vénitienne chargée, entre autres activités de réglementation intérieure, des poursuites contre les homosexuels[37]. Il semble bien que là aussi, à la fin du XVe siècle, la sodomie préoccupe les autorités et que cette pratique soit condamnée non seulement entre hommes mais aussi, selon Ruggiero, entre maris et femmes, alors qu'auparavant cela était toléré comme une forme de contraception naturelle[38].

Comme à Florence, la courbe des cas de sodomie jugés par le Concile des Dix s'élève progressivement, et leur nombre augmente du simple au double entre 1450 et 1500. Cependant les chiffres relevés sont considérablement moindres qu'à Florence ; mais il ne s'agit que des condamnations et non pas du nombre total des accusations[39]. Cela dit, l'auteur signale que la pratique de la sodomie avec les prostituées semble avoir été traitée avec une ambiguïté considérable au sein de la magistrature des Dix, les déclarations publiques émanant de cette dernière déplorant la tendance grandissante des prostituées « à vanter leurs services en habits masculins et de façon masculine[40] ». Ruggiero note qu'une de ces déclarations,

35. Paul-Henry Michel, *Un idéal humain au XVe siècle, la pensée de L.B. Alberti*, Genève, 1971 (éd. or. Paris, 1930), p. 300. Le décret « Bando de prender moglie in Sienna » a été publié par L. Fumi, Sienne, 1878.

36. *Lois* VI, 774 b-c

37. *The Boundaries of Eros, Sex Crime and Sexuality in Renaissance Venice*, New York/Oxford, 1985.

38. *Ibid.*, p. 117.

39. *Ibid.*, p. 128.

40. *Ibid.*, p. 119.

datée de 1480, fournit un exemple caractéristique de cette masculinisation générale du vêtement et de la coiffure observée chez les Vénitiennes à la fin du siècle[41]. Ce penchant vers une masculinisation de la mode vestimentaire fait d'ailleurs l'objet de commentaires de la part des moralistes de l'époque. Jean Geiler de Keysersberg notamment, prédicateur actif à Strasbourg entre 1478 et 1510 et docteur en théologie de la faculté de Bâle, dont le maître à penser était Jean Gerson, le dit dans un de ses sermons : « Maintenant les femmes sont comme les hommes, elles laissent leurs cheveux pendre sur leurs épaules, et elles portent des chapeaux ornés de plumes de coq[42]… » Pour le moraliste, les longs cheveux sont supposés être l'apanage des hommes, les femmes se devant de cacher les leurs…

Pour en revenir à Florence, les décrets contre la sodomie sont pris alors que Pierre de Médicis a déjà été chassé de Florence[43], quelques jours seulement avant l'entrée du roi de France Charles VIII dans la ville, alors que Savonarole a pris la direction des affaires et est devenu une sorte d'ambassadeur plénipotentiaire auprès des Français. Cette position dut considérablement servir la renommée de Savonarole en France, comme la diffusion de ses idées, celle-ci étant renforcée par les très nombreuses éditions de ses œuvres à travers toute l'Europe.

Si la pratique de l'homosexualité figurait alors au nombre des préoccupations des dirigeants de Florence pour des raisons démographiques, donc économiques et politiques, le thème de l'homosexualité devait figurer également comme sujet de discussion au sein des cercles humanistes, non seulement de la ville de Florence, mais partout en Europe. En effet, la *païderasteia* grecque, ou pédérastie, joue un rôle de premier plan dans la réflexion des philosophes de l'Antiquité. Platon

41. *Ibid.*, p. 119.

42. Abbé L. Dacheux, *Les plus anciens écrits de Geiler de Keysersberg*, Colmar, 1882, p. 213.

43. Pierre de Médicis fut obligé de quitter Florence le 9 novembre 1494.

en fait, dans *Le banquet,* « le point de départ nécessaire de l'ascension philosophique vers la connaissance de l'Être », selon l'expression de Flacelière[44].

Cette coutume abordée sur tous les tons – grave, léger, ironique ou obscène – dans tant d'œuvres poétiques, philosophiques ou théâtrales des plus grands auteurs de l'Antiquité, ne pouvait être inconnue des humanistes de la fin du XVe siècle, dont la pensée tout entière était nourrie de ces écrits. Une certaine ambiguïté existait indiscutablement chez les anciens en ce qui concerne ce que l'on pourrait appeler le passage à l'acte, puisque les lois l'interdisait, du moins à Athènes. Mais en réalité, à l'époque de Socrate et de Platon, aucun intellectuel, aucun homme en vue dans la cité grecque ne pouvait échapper à la nécessité esthétique d'avoir un « aimé » dont il assurait l'éducation sentimentale autant que culturelle, recevant de ce dernier en retour un surplus d'énergie amoureuse qui venait s'additionner à la sienne propre. C'est à travers ce chaos des sens que se dessinait alors le tracé du chemin ascensionnel vers la sublimation de soi, dont la connaissance du divin était l'aboutissement.

Au XVe siècle, en dehors de la réflexion philosophique, voire pédagogique, l'homosexualité comme acte sexuel avait évidemment donné lieu à toute une littérature érotique qui, pour être condamnée par les autorités ecclésiastiques, ne semble pas en avoir eu moins de succès, dans un certain milieu en tout cas. L'un des plus célèbres ouvrages de ce genre, bien que non exclusivement dédié aux pratiques entre membres du sexe masculin, fut *L'hermaphrodite* du Sicilien Antonio Beccadelli, dit Il Panormita ou Le Palermitain[45]. Ce recueil d'épigrammes latines, « dans le goût de Martial et des priapées[46] », est dédié à Cosme de Médicis, « pour lequel un

44. *L'amour en Grèce,* Paris, 1971, p. 62.

45. Gianvito Resta, *Antonii Panhormitae Liber Rerum Gestarum Ferdinando Regis,* Palerme, 1968.

46. Alcide Bonneau, *L'hermaphrodite de Panormita (XVe siècle) traduit pour la première fois,* Paris, 1892, p. V.

assez grand nombre des pièces qui le composent furent spécialement écrites, et qui semble avoir eu une préférence particulière pour ce genre de poésies[47] ». Ce qui frappe dans cet ouvrage composé avant 1423 n'est pas tant la crudité de certaines allusions, mais plutôt le mélange des pratiques sexuelles qui semble bien indiquer une interchangeabilité des partenaires d'un sexe à l'autre. Puisqu'il s'agit d'un manuel d'érotologie, on ne peut s'attendre à ce qu'il en soit autrement, mais la grande liberté de ton sur ce point précis semble tout de même indiquer que les lecteurs potentiels ne pouvaient guère s'en offusquer. Cela dit, Bernardin de Sienne dénonça publiquement l'ouvrage au cours de ses prédications, et tous les exemplaires en furent brûlés publiquement à Ferrare, Bologne et Milan[48].

Un autre élément intéressant de cet ouvrage, outre son titre qui signale à lui seul la mode androgyne à venir, est le nombre considérable de références aux dieux de l'Antiquité qui y figurent. Jupiter, en particulier, y est présenté comme le dieu suprême dans un poème sur la peste régnant alors à Sienne et qui prend la forme d'une véritable prière. L'expression de la plus grande licence dans les mœurs sexuelles semble donc, dans cet ouvrage, aller de pair avec une évocation, une imploration même, des dieux de l'Antiquité. Pour les autorités ecclésiastiques de l'époque, *L'hermaphrodite* dut effectivement paraître d'une hérésie totale. Pourtant ce texte, par ses allusions continuelles aux personnages de la mythologie grecque, comme aux empereurs romains, constitue à la fois un exemple de la survivance des dieux antiques, selon l'expression de Seznec[49], et un précurseur de la mode antique qui allait bientôt avoir droit de cité au sein même de l'Église. Dix ans plus tard en effet, en

47. *Ibid.*

48. *Ibid.*, p. VI.

49. Jean Seznec, *La survivance des dieux antiques. Essai sur le rôle de la tradition mythologique dans l'humanisme et dans l'art de la Renaissance,* Paris, 1993, [1980].

1433, le pape Eugène IV commandait à Antonio Averulino, dit Le Filarète, une porte en bronze pour la basilique de Saint-Pierre. Entourant les grandes figures de saint Pierre et de saint Paul, le thème ornemental de cette porte, réalisée par cet élève de Ghiberti, était *Les métamorphoses* d'Ovide, et l'on y trouve les scènes de Léda et du cygne et de l'enlèvement de Ganymède… L'œuvre d'Ovide était, il est vrai, depuis longtemps exploitée par l'Église comme une « mine de saintes vérités[50], mais sous sa forme expurgée en fables moralisatrices qu'un poème anonyme, composé au début du XIVe siècle, l'*Ovide moralisé,* contribuait largement à diffuser dans les milieux monastiques et conventuels ainsi que dans le public des lettrés laïcs.

Cependant, afficher ainsi Ovide dépouillé de ses voiles aux portes du Vatican était faire acte d'un humanisme avancé, que les papes successifs, Nicolas V (1447-55), puis Sixte IV (1471-84) devaient renforcer, voire, dans le cas de ce dernier, porter à des excès de « paganisme » qui étonnent encore aujourd'hui, tant il semble que leur système de références ne s'adresse plus guère qu'aux dieux ou aux grands hommes de l'Antiquité.

Du paganisme à l'hérésie, il n'y avait qu'un pas selon la perception de l'époque, et puisque la sodomie était jugée équivalente à l'hérésie, il semble que la confusion ait dû se faire entre les deux, et que celui qui aurait porté un intérêt aux dieux antiques aurait été perçu comme susceptible d'être attiré par la sodomie, ou vice versa. Cette assimilation d'un acte purement sexuel avec un acte purement culturel servait de toute évidence les objectifs politiques et/ou religieux des uns et des autres dans le sens, d'ailleurs toujours le même, d'une tentative de marginalisation, voire d'élimination, des personnes impliquées pour cause de non-conformisme. Si cette élimination ne prenait pas toujours une forme physique, elle prenait la forme d'une pression sociale, par l'interdiction faite à de telles personnes de participer à la vie de la cité, ou d'une pression économique, par les amendes. Elle prenait également la forme d'une expiation collective, sous la forme

50. *Ibid.*, p. 109.

des bûchers des vanités de saint Bernardin de Sienne ou de Savonarole, où la population entière d'une ville comme Florence se déchargeait de ses péchés en jetant au feu ses perruques, ses bijoux et ses riches vêtements.

3. L'enfant comme exemple de chasteté et comme silhouette de mode

Cependant la « sodomie », comme l'intérêt pour les antiquités, augmentaient plutôt qu'ils ne diminuaient en cette fin de siècle, et, comme ses principaux adeptes se trouvaient au premier rang de la société florentine, il régnait dans la ville une ambiguïté permanente. L'une des façons de remédier à ce problème fondamental, dont l'existence était constamment rappelée aux citoyens florentins, était de trouver une catégorie de la société au-dessus de tout soupçon, et de mettre celle-ci en avant. Ce groupe existait, c'était celui des enfants, et singulièrement celui des enfants masculins. À la fois pour les protéger de l'homosexualité banalisée qui régnait alors, si l'on en croit les prédicateurs et les moralistes de l'époque, et pour faire la preuve que certaines institutions pouvaient former de bons futurs responsables et, plus important encore au regard de la crise démographique, de bons futurs géniteurs, les parents florentins commencèrent à encourager leurs enfants à se joindre à une confrérie. C'est la théorie de l'historien Richard Trexler qui, dans son ouvrage sur la vie publique dans la Florence de la Renaissance, affirme qu'il fait peu de doute que les confréries d'adolescents furent constituées en partie pour répondre à cette menace, bien que leurs statuts ne semblent pas avoir jamais mentionné le « vice » en question[51]. À la même époque, en revanche, l'homosexualité

51. *Public Life in Renaissance Florence*, New York, 1980, p. 382 : « There can be little doubt that the adolescent confraternities were meant in part to be an answer to this threat, even though their statutes never seem to have mentioned the "vice". »

figure comme cause d'expulsion immédiate dans les statuts des fraternités d'adultes[52].

Ainsi, lorsque saint Bernardin ou Savonarole décidèrent de faire un exemple et de brûler les symboles de la luxure florentine, ils ne pouvaient mieux solenniser l'événement qu'en organisant une procession de ces « petits anges » dont les confréries étaient le vivier. En dehors de ces événements exceptionnels et qui devaient frapper les esprits, les enfants des confréries étaient employés à représenter des pièces religieuses ou encore à prendre part à des processions où ils étaient costumés en personnages de la Bible, hommes ou femmes, malgré leur jeune âge et leur petite stature. Petit à petit les pères-citoyens de ces jeunes fils s'habituèrent à ce qu'ils agissent en public comme des adultes, puisqu'ils en prenaient le costume et en imitaient les gestes et les paroles, sans pour cela perdre leur innocence, puisque celle-ci est par définition inaliénable chez eux jusqu'à la puberté. L'image renvoyée par ces enfants ou ces adolescents à leurs parents était donc celle d'une existence à la fois normale et dénuée de tout péché, notamment du péché de la chair. Les enfants masculins (jamais les enfants féminins) étaient transformés en objets rituels servant à apaiser les dieux, devenant ainsi, selon la formule de Trexler, « un nouveau fétiche pour une société profondément religieuse[53] » ; une société qui tentait, par ce moyen, de renouer avec une spiritualité que ses prédicateurs lui disaient être irrémédiablement souillée de leurs péchés.

Au regard des spectateurs, ces processions de petits garçons ou de jeunes adolescents, habillés de blanc lorsqu'ils n'étaient pas costumés en femmes, en ecclésiastiques ou en princes, devenaient l'image parfaite, quoique en petit, d'un idéal de beauté physique et morale dont les prolongements grandeur nature, parmi ces mêmes spectateurs, devaient nécessairement prendre une forme vestimentaire, sinon comportementale, qui relèverait de l'angélisme et/ou de l'andro-

52. *Ibid.*
53. *Ibid.*, p. 387.

gynie. L'émulation que cette mise en avant des fraternités devait susciter prenait également la forme d'une nouvelle réflexion parmi les membres de la société. Cette réflexion pouvait être confuse, fragmentaire ; elle pouvait ne pas savoir dire son nom ; mais il ne pouvait s'agir que d'une acceptation du concept d'une vie dénuée de sexualité. En ce sens, l'idée de l'amour « platonique », c'est-à-dire alors de l'amour fraternel entre jeunes gens, avait fait son chemin parmi les membres de la société florentine dans son ensemble, et pas seulement parmi ceux des classes lettrées, avant même que l'expression ne soit diffusée par les humanistes ficiniens. De la pratique de l'homosexualité apparemment répandue parmi toutes les couches de la population à l'amour platonique, il y avait peu de distance mentale et esthétique en somme, et cette distance pouvait maintenant être comblée d'autant plus facilement qu'elle était devenue intellectuellement et politiquement correcte. De plus cet amour avait le mérite d'être à la fois platonicien en ce qu'il intégrait la *païderesteïa*, dans le sens d'une éducation de l'enfant mâle et de la reconnaissance publique de sa beauté, et néoplatonicien en ce qu'il renforçait le concept de chasteté/pureté comme préalable nécessaire à la connaissance de Dieu.

Les critiques très sévères formulées par certains philosophes et/ou ecclésiastiques à l'encontre des doctrines de Platon concernant le mariage et les rapports homosexuels[54], qui avaient donné lieu, entre autres, à la célèbre polémique entre Georges de Trébizonde et le cardinal Bessarion[55] dans les années 1460, se trouvaient en quelque sorte neutralisées une fois pour toutes par ces parades d'enfants angélisés. De nombreuses fraternités dédiées à l'archange saint Michel et aux anges gardiens se constituèrent alors à travers toute

54. Voir à ce sujet, James Hawkins, *Plato in the Italian Renaissance*, New York, 1990.

55. Le cardinal Bessarion, humaniste et ami du platonicien Gémiste Pléthon, publia un pamphlet intitulé *In calomniatorem Platonis* contre l'aristotélicien Georges de Trébizonde.

l'Europe, montrant par là l'ampleur de ce phénomène d'angélisation[56].

Les enfants ou très jeunes adolescents, qui n'avaient pas jusque-là fait l'objet de nombreuses représentations formelles, apparaissent alors en nombre, par exemple et pour la première fois dans une fresque, mondaine justement, non par son thème mais par son auteur très connu : il s'agit de Domenico Ghirlandaio, le peintre sans doute le plus couru de la société florentine. La fresque, exécutée pour la collégiale de la ville de San Gimignano, représente la vie et la mort de sainte Fina en deux épisodes, et fut terminée en 1475[57]. Le panneau des *Funérailles de sainte Fina* montre la cérémonie religieuse de l'enterrement ; le corps de la sainte, allongé sur un catafalque, est recouvert d'un somptueux damas bleu broché d'or. Cette tache de couleur sombre où luisent des reflets de lumière sert à mettre en valeur la blancheur immaculée des vêtements des célébrants de la cérémonie, dont, sur la gauche, les aubes (pour utiliser un terme moderne) des enfants blonds qui portent les cierges, la croix et l'étendard, et qui forment un ensemble processionnel semblable à ceux qu'avait conduits saint Bernardin et que devait conduire Savonarole. Un peu plus tard, le frère de Domenico, Benedetto, devait lui aussi peindre toute une confrérie de jeunes adolescents aux robes d'un blanc immaculé, mais cette fois pour des membres de la cour de France résidant à Aigueperse, les Bourbon-Montpensier et les Beaujeu, montrant par là que l'adoption extérieure de cette mode avait été quasi simultanée avec son apparition en Italie, dans un milieu, il est vrai, tout italianisant.

56. Anne F. Sutton et Livia Visser-Fuchs, « The Cult of Angels in late Fifteenth Century England : An Hours of the Guardian Angel presented to Queen Elizabeth Woodville », dans *Women and the Book, Assessing the Visual Evidence*, éd. par Jane H.M. Taylor et Lesley Smith, The British Library Studies in Medieval Culture, Londres/Toronto, 1996, p. 230-251.

57. Reproduit dans Emma Micheletti, *Domenico Ghirlandaio*, Florence, 1990, pl. 9, 10.

Pour exprimer l'assentiment de la société, qu'il ait été profond ou de façade, à cette nouvelle façon d'approcher le divin, il y avait peu de moyens plus efficaces que l'habillement : se vêtir de tuniques, blanches pour les philosophes comme pour les adolescents, donnant à tout homme une apparence monacale, de robes droites et aplatissantes donnant à toute femme l'apparence d'une jeune fille impubère ; vêtir les anges eux-mêmes, enfin, de robes ecclésiales au lieu de les représenter en séraphins rouges ou bleus – esprits du jour et de la nuit – comme sur les enluminures anciennes. Les incunables imprimés allaient bientôt accélérer le mouvement de diffusion de cette image « platonique », particulièrement en France, où elle serait adoptée avec parfois quelques particularités locales mais sans que le message véhiculé ne subisse de modifications fondamentales.

4. L'évolution du culte marial

L'angélisme néoplatonicien, gommeur des spécificités sexuelles, n'est cependant pas le seul responsable de ce changement fondamental, et bien limité dans le temps, du vêtement des deux sexes. Un autre facteur culturel important qui favorisa la mode d'une attitude platonique vis-à-vis de l'acte de chair et, partant, de la maternité, fut celui de l'évolution du culte de la Vierge Marie. L'exacerbation, à partir de la deuxième moitié du XVe siècle, de la querelle entre tenants et opposants de l'immaculée conception, ne fit sans doute qu'augmenter cette influence.

Tout au long du XIVe et du XVe siècle en effet, le culte de la Vierge ne cesse de se renforcer en Europe, mais il passe par des stades bien différents. Le personnage de la Vierge, perçue d'abord et avant tout comme la mère du Christ, se transforme peu à peu en celui d'une divinité à part entière qui finit par être adorée pour elle-même, indépendamment, ou presque, de son divin enfant. Au tout début du XVe siècle, le développement de la peinture flamande fait de la Vierge Marie le sujet de prédilection de ses artistes, et l'on ne compte plus le nombre de tableaux sur lesquels celle-ci figure. Elle y est quasiment toujours représentée en mère tendrement aimante d'un bel enfant joueur, dont l'humanité se trouve doublement sublimée par cet amour. Parfois, mais plus rarement, l'on trouve des scènes d'Annonciation, où l'enfant à venir est virtuellement présent, ou encore des Pieta, où Marie se transforme alors en mère éplorée et avancée en âge, comme il convient à l'homme adulte et mis à mort qu'est devenu son fils. Parfois encore est représenté le couronnement de la Vierge, souvent lié, picturalement parlant, à la crucifixion de Jésus, comme par exemple dans le célèbre tableau d'Enguerrand Quarton, daté de 1453-1454, aujourd'hui à Avignon. Dans tous les cas, le rôle de mère de la Vierge est mis en avant, qu'elle soit présentée au public comme une jeune maman dont le bébé est âgé de deux ou trois ans à peine, comme une femme prématurément vieillie par le chagrin de la mort de son fils, ou comme une reine mère, resplendissante dans ses habits dorés, nimbée d'une riche couronne et élevée dans les cieux à la droite de Dieu ou au-dessus de son fils crucifié.

Les artistes de cette première moitié du XVe siècle la montrent également en mère nourricière, donnant le sein à l'enfant Jésus, voire offrant son lait maternel à son fils mourant sur la croix, quand elle ne fait pas don de quelques gouttes de lait à un saint particulièrement méritant, comme saint Bernard par exemple. Quant aux scènes de la Nativité où l'on voit Marie adorer son enfant, elles abondent également, mais elles témoignent déjà d'un éloignement physique, dans la mesure où la Vierge s'agenouille devant le petit Jésus. Ces scènes se feront d'ailleurs beaucoup plus fréquentes dans la seconde moitié du XVe siècle.

Vers la fin du siècle cependant, cette image, qui semblait devoir être immuable, se modifie peu à peu, peut-être, entre autres influences, sous celle du renouveau de la querelle entre partisans et adversaires de l'immaculée conception. Car cette querelle est en train de devenir publique et de dépasser les limites du monde clérical, grâce à l'imprimerie. En effet, de nombreux textes résumant les arguments pour ou contre sont alors publiés et circulent largement. À Florence, par exemple, Savonarole écrivit un traité sur cette question où il s'exprimait contre l'immaculée conception, suivant en cela la position de l'ordre des dominicains auquel il appartenait[58] ; Marsile Ficin au contraire croyait au primat de l'intellect, ce qui n'est guère surprenant, et il envoyait à Laurent de Médicis son opuscule contenant une série d'arguments en faveur de cette thèse[59]. Cette question, importante pour l'Église comme pour la masse des fidèles de la Vierge, était débattue avec autant de fougue, semble-t-il, par ses partisans et ses adversaires laïques. Combattue avec force par Luther, elle ne devait être résolue, au sein de l'Église catholique, qu'avec la proclamation du concile de Trente en 1563.

Mais pour l'heure, c'est-à-dire à la fin du XVe siècle, l'image de Marie évolue en conséquence vers celle d'une femme certes, mais angélisée, hiératisée, déifiée même, au point de perdre ce qui faisait son évidente humanité, c'est-à-dire son enfant. À partir de cette époque, on voit Marie d'abord se détourner physiquement de l'enfant, comme déjà lorsque dans le célèbre tableau de Martin Schongauer, *La Vierge au buisson de roses*[60], daté de 1473, elle tendait son visage du côté opposé à celui de l'enfant Jésus dans une attitude qui semble empreinte d'amertume plutôt que de joie, peut-être à la pensée de la souffrance à venir. Plus caractéristique encore de l'approche humaniste vis-à-vis de la Vierge est le tableau de la *Madonne d'Urbino* ou *Sainte conversation* de Piero della Francesca (1472-1474), dont la perspective est basée sur les calculs mathématiques de Piero lui-même. Dans ce tableau, la Vierge semble se tenir debout

58. *Giulio Cattin, Il Primo Savonarola, Poesie e Prediche autografe dal Codice Borromeo*, Florence, 1973, p. 166.

59. Giulo Cattin indique qu'Oskar Kristeller a analysé la lettre de Ficin à Laurent de Médicis sur ce sujet dans son *Il Pensiero filosofico di Marsilio Ficino*, Florence, 1953, *op. cit.*, p. 166.

60. Actuellement exposée à la chapelle Saint-Nicolas de Colmar.

et cependant son enfant est couché sur ses genoux, sans que celle-ci ne le touche ; Jésus est ici offert à l'adoration du commanditaire, Frederic de Montefeltre, bien plus qu'à l'amour de sa mère[61].

Dans les nombreux tableaux de la Vierge que peignit Hans Memling entre 1470 et 1490, l'artiste présente souvent celle-ci tenant l'enfant presque à bout de bras, en position frontale vis-à-vis du spectateur, ce qui a pour effet, en focalisant le centre de l'attention sur lui, de le délier de sa mère. Cette image va se substituer progressivement à celle d'une Marie pleine d'humanité maternelle, de sorte que, après le tournant du XVIe siècle, une représentation de la Vierge allaitant l'enfant Jésus, par exemple, ne se rencontrera plus que très exceptionnellement, pour disparaître définitivement ou presque à partir des années 1520-1530 environ.

Plus importantes encore que la peinture, pour la diffusion de cette image dématérialisée de Marie parmi les fidèles, furent les xylographies la représentant, qui eurent une distribution extrêmement large, et dont on a retrouvé des exemplaires parfaitement conservés, collés à l'intérieur de boîtes ou de coffrets. Il est clair que la dureté du trait inhérente à la gravure sur bois devait donner à l'image xylographiée de la Vierge un aspect statique et désincarné, dans ces productions de tout-venant où le modèle utilisé semble toujours le même. La Vierge s'y montre toute droite dressée en une position hiératisée, souvent entourée de flammes, et tenant l'enfant Jésus auréolé. Beaucoup de ces images ont pour thème le rosaire et y font figurer un entourage de roses ou un chapelet. Le culte du rosaire devait justement grandir en ferveur à cette

61. Elton M. Davies et Dean Snyder, « Piero della Francesca's Madonna of Urbino », in *Gazette des beaux-arts*, Paris, avril 1970, VIe période, t. LXXV, p. 193-212.

époque, grâce à l'imprimerie. En 1470, le dominicain Alanus de Rupe publiait un *De utilitate psalterii Mariae* dans lequel il exprimait sa croyance en l'efficacité des prières à la Vierge. Le pape Alexandre VI devait officiellement approuver cet usage en 1495[62]. De nombreux marchands appartenaient à l'une ou l'autre des confréries qui se constituaient alors autour du culte de la Vierge, notamment celle de « L'arbre sec », dont faisaient également partie leurs nobles clients comme Charles le Téméraire et Isabelle de Portugal par exemple ; on relève en particulier, comme membres de cette confrérie, les noms de tous les grands marchands et/ou aristocrates italiens, tels les Portinari, Arnolfini, Ricasoli, Cavalcanti, etc.[63], ceux-là mêmes qui devaient contribuer à la propagation du néoplatonisme dans sa version florentine. Quant aux marchands allemands installés à Venise et membres de la confrérie du Rosaire fondée à Cologne en 1475, dont les statuts accompagnés de gravures sur bois furent publiés en 1476[64], on sait qu'ils confièrent à Dürer, dont on connaît les préoccupations humanistes, le soin de peindre un tableau sur ce sujet[65].

Il faut également mentionner les représentations de mystères de la fin du XVe siècle, car ceux-ci se placent toujours sous l'invocation de la Vierge[66]. Le rôle de Marie y est presque toujours tenu par un homme, puisque les femmes avaient, en tout état de cause, peu accès à la scène. En 1485, pour le mystère de sainte Barbe, « ... un jeune barbier (*sic*) fit le personnage [de la Vierge] si dévotement que plusieurs personnes pleuraient de compassion[67] ».

62. Marina Warner, *Alone of all her Sex, The Myth and Cult of the Virgin Mary*, Londres, 1976, p. 306.

63. Maryan W. Ainsworth et Keith Christiansen, eds., *From Van Eyck to Bruegel, Early Netherlandish Painting in the Metropolitan Museum of Art*, New York, 1998, p. 34.

64. S. Beissel, *Geschichte der Verehrung Marias in Deutschland während des Mittelalters*, Fribourg-en-Brisgau, 1909, p. 511-564.

65. Actuellement à la Galerie nationale de Prague.

66. Jacques Heers, *Fêtes, jeux et joutes dans les sociétés d'Occident à la fin du Moyen Âge*, Montréal et Paris, 1971, p. 105.

67. *Ibid.*, p. 106.

Dès lors, il était inévitable que le rôle de mère d'un petit enfant attribué à cette Vierge dématérialisée en tant que femme, assise à la droite de son fils adulte et devenue déesse parce que conçue, elle aussi, de façon surnaturelle, devait passer au second rang. Le néoplatonisme ambiant ne pouvait que s'accommoder d'une telle modification du statut de la Vierge, d'autant qu'il y avait largement contribué. Rappelons que de nombreuses légendes sur la naissance d'origine divine de certains grands hommes, tels Pythagore, Platon et Alexandre, avaient circulé pendant toute l'Antiquité, et que celles-ci étaient connues du monde chrétien, notamment à travers l'œuvre néoplatonicienne et ascétique d'Origène. Selon la légende que rapporte Origène, la naissance de Platon eut lieu après une apparition d'Apollon à son père, Ariston, lui enjoignant de ne pas consommer son mariage[68] : Platon serait donc le fruit d'une immaculée conception, au même titre que la Vierge, ce qui explique sans doute, en partie du moins, que les humanistes du XVe siècle le qualifiaient de « divin Platon ».

L'angélisation de la Vierge donc, dans le sens d'un être dénué de caractéristiques proprement féminines, ne pouvait que conforter, chez les femmes comme chez les hommes de cette époque, le sentiment que le salut de l'humanité ne se trouvait pas dans un processus naturel, c'est-à-dire la maternité pour les femmes et la paternité pour les hommes, mais qu'au contraire il fallait le chercher dans le domaine des anges, c'est-à-dire non pas dans la négation du sexe, ce qui eût impliqué la possibilité d'une existence souterraine de ce dernier, mais dans sa disparition complète.

68. Origène, *Contra Celsum*, I. 37, cité par Marina Warner, *op. cit.*, p. 36.

IV

FORMES GÉOMÉTRIQUES ET FORMES SYMBOLIQUES DANS LA CONSTRUCTION DU VÊTEMENT

Avant d'expliquer le choix de deux formes géométriques, le triangle et le rectangle, comme les plus susceptibles de faire la synthèse entre la silhouette et l'esprit du gothique international et du néoplatonisme ficinien dans leur représentation vestimentaire, il convient de poser les bases de ce raisonnement sur une fondation d'abord technique, avant d'être symbolique, celle de l'exécution du vêtement. Sans faire du tailleur un pythagoricien qui s'ignore, rappelons que les outils de son métier, outre les ciseaux et les aiguilles, sont la règle graduée et le compas[1], véritables outils de géomètre et d'architecte, car il n'est pas de couture sans forme ni mesure.

1. Du moins virtuels ; il semble en effet que les tailleurs aient longtemps utilisé des ficelles à nœuds, puis plus tard de longs bouts de papier dans lesquels ils faisaient des coches, pour prendre les mesures ; pour tracer des courbes, ils se servaient sans doute d'un « compas » fait d'un axe fixe et d'un morceau de ficelle ou de tissu enduit de craie.

1. Technicité mathématique de la construction d'un vêtement

La conception et la coupe d'un vêtement relèvent essentiellement du même procédé que la conception et l'exécution d'un bâtiment : il s'agit en effet de construire une structure en trois dimensions : largeur, hauteur, profondeur. Théoriquement, une fois achevée, cette structure devrait pouvoir exister de façon autonome, c'est-à-dire se maintenir debout en tant que telle dans l'espace, puisqu'elle possède les trois dimensions nécessaires à cela ; pratiquement en revanche, le tissu, matériau dont elle est presque toujours faite, ne le lui permet presque jamais, sauf si une étoffe particulièrement épaisse y est employée, comme dans les capotes militaires, par exemple, ou dans certains manteaux de feutre des populations de l'Asie centrale.

Les mathématiques, particulièrement la connaissance, même sommaire, de l'arithmétique et de la géométrie élémentaires sont aussi indispensables au tailleur qu'à l'architecte, que l'un ou l'autre soient chargés de produire des structures simples ou compliquées. Pour dessiner un patron à plat sur l'étoffe, le tailleur doit se livrer à une opération très délicate s'il veut que son vêtement réponde à la fois aux critères de la mode en vigueur et aux mesures de son client. Il lui faut donc traduire des volumes, ceux du corps en question, en un ensemble de figures géométriques mathématiquement cohérentes entre elles pour pouvoir s'assembler correctement à la couture et correspondant, de surcroît, à la forme désirée de l'habit. Cela implique de la part du tailleur une projection dans l'abstrait, soit dans un espace en perspective puisque tridimensionnel, s'il veut réussir cette difficile transposition au concret à partir d'un morceau de tissu plat dont la forme est toujours rectangulaire[2].

2. La pièce de tissu sortant du métier est toujours rectangulaire puisque les métiers ne sont jamais aussi larges que longs, ce qui serait impossible, sauf dans les cas exceptionnels de pièces tissées en très petite taille mais dont on ne pourrait en tout état de cause faire un vêtement.

Le résultat doit former un tout cohérent qui doit absolument aller au porteur auquel il est destiné, tout en modifiant l'aspect extérieur du corps naturel de ce dernier dans le sens souhaité. On voit que le métier de tailleur – comme celui de couturière dans sa version féminine – comporte un aspect de calcul mathématique qui explique, à lui tout seul, pourquoi la silhouette donnée au corps par l'habit s'inscrit toujours, peu ou prou, dans une figure géométrique dont la représentation en plan correspond exactement à sa réalisation en trois dimensions. Cette figure peut ne pas être seule dans le vêtement proprement dit ; il peut y en avoir plusieurs, ainsi le bas d'une jupe ne sera pas forcément uniformément rond ou droit, il peut très bien former des pointes, comme ce fut le cas par exemple dans les habits découpés, voire déchiquetés, des années 1350-1400. Mais, en dernière analyse, l'ensemble s'inscrira dans une seule forme totale qui en aura circonscrit les contours généraux, puisque aussi bien la règle des trois dimensions est la seule applicable à toute structure tridimensionnelle, ce qu'est tout vêtement. Une silhouette rectangulaire dans ses deux dimensions, par exemple, c'est-à-dire où la largeur des épaules est égale à celle de la taille et des hanches, formera un cube rectangulaire dans ses trois dimensions (1), tandis qu'une silhouette triangulaire, c'est-à-dire où le différentiel entre les épaules et la taille est très marqué, formera une pyramide triangulaire en trois dimensions, soit un tétraèdre (2) ; c'est-à-dire que, même lorsqu'elle seront repré-

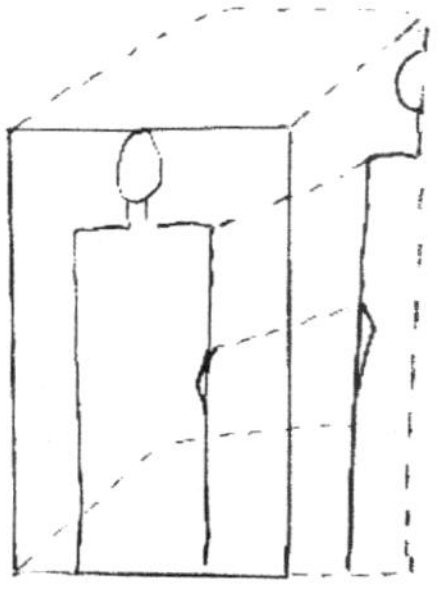

1

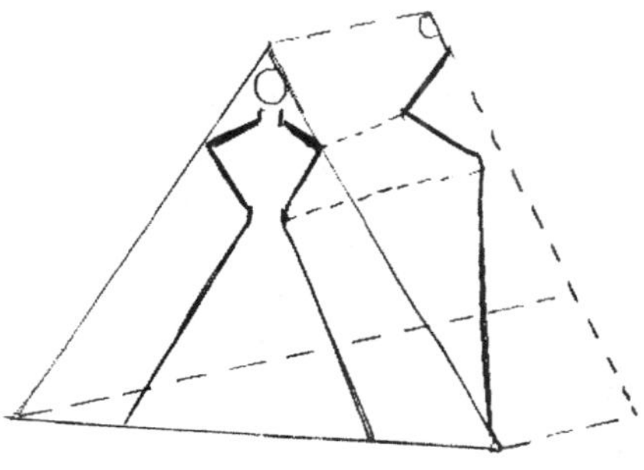

2

sentées de profil, donc en deux dimensions, ces silhouettes auront la même forme que de face. Il n'est pas possible en effet de prolonger une structure bidimensionnelle en trois dimensions autrement qu'en projetant ses dimensions existantes ; de sorte que si une silhouette rectangulaire devait paraître triangulaire en profil par exemple, cela impliquerait forcément l'ajout d'une structure triangulaire séparée, ce qui est pratiquement impossible car cette structure ne serait plus soutenue par le corps, elle s'effondrerait, devenant alors informe, à moins d'être faite d'un matériau solide, ce qui dans le vêtement est pratiquement impensable sauf dans le cas de constructions hors normes comme les costumes de théâtre.

Un exemple plus immédiatement parlant, par comparaison, de la silhouette rectangulaire de la fin du XVe siècle est celui de la silhouette « cubique » des années 1920 (1), qui appelle instantanément à l'esprit une vision de l'esthétique Arts déco de cette période, encore très présente dans l'inconscient collectif ; cette silhouette est en effet, comme celle des années 1470-1500, basée elle aussi sur un effacement de la poitrine, des hanches, de la taille et des fesses, chez les femmes mais aussi chez les hommes, attributs essentiellement sexuels qui sont au contraire mis en valeur dans les deux sexes par la silhouette triangulaire ou pyramidale des années 1870 par exemple (2), ou encore celle des années 1950, silhouette que l'on appelait alors la « silhouette trapèze » (3).

2. Aperçu historique du métier de tailleur

Historiquement, le métier de tailleur, ou de faiseur de vêtements spécifiques comme les pourpoints, les chausses ou les doublets, est bien répertorié dès le XIIIe siècle, du moins pour Paris. Étienne Boileau, dans son *Livre des métiers*, fait état d'une dizaine de professions consacrées à la fabrication d'habits et de parures de toutes sortes. En réalité, le livre d'Étienne Boileau ne nous renseigne pas tant sur l'art du tailleur que sur

1

2

3

les dates auxquelles remonte la constitution des diverses corporations et sur les rivalités constantes entre les unes ou les autres sur le point de savoir qui avait le droit de faire quoi. Mais la seule apparition de corporations ne constitue pas en soi une preuve de la non-existence du métier de tailleur au cours des périodes antérieures. Si l'on s'en tient à la seule logique de construction d'un vêtement, le plus simple soit-il, on est obligé de reconnaître qu'il y faut des spécialistes, à moins d'imaginer que tout un chacun serait ou aurait été capable de le faire, alors que tout indique que la majorité des gens, hier comme aujourd'hui d'ailleurs, éprouveraient sans doute quelque difficulté à construire, d'abord par l'abstrait ensuite par le concret, une structure tridimensionnelle, sans y avoir été préparés par un apprentissage ou aidé par des instructions précises. Car, en effet, un vêtement comme la toge, réputé simple et considéré comme typique de la période romaine, par exemple, ou encore la chlamyde des anciens Grecs, sont en réalité des pièces aussi construites que n'importe quelle autre puisqu'il y faut plusieurs morceaux de tissu de différentes formes et dimensions, certains coupés en biais pour faire l'arrondi du bas, et plusieurs coutures pour l'exécuter ; il ne s'agit en aucun cas d'une simple écharpe drapée autour des épaules. Quant aux « tuniques » masculines romaines, elles sont encore beaucoup plus compliquées, si l'on en juge par les modèles qui sont parvenus jusqu'à nous à travers la statuaire notamment, avec leurs manches fantaisie et leurs jupettes plissées ; il en est de même pour le chiton des femmes de la Grèce antique qui constitue une manifestation d'un savoir couturier de la plus grande complexité[3]. Loin d'être des robes longues sans forme donc, comme ont tendance à le répéter les partisans d'un apparition tardive de la mode, ces vêtements sont tout sauf de coupe sommaire[4]. Même sans tenir compte des conventions esthétiques dans la représentation des vêtements de l'Antiquité grecque et romaine, où la part des tissus flottants joue le grand rôle plastique que lui reconnaîtra Alberti au XVe siècle dans son *De pictura*[5] et dont il préconisera l'usage aux artistes de la Renaissance, la grande diversité des vêtements de l'Antiquité, y compris la plus haute, apparaît bien vite à un examen même superficiel des innombrables sources iconographiques de l'époque que sont les

3. Voir, par exemple, la statue de Jules César du musée du Capitole à Rome, ou encore les peintures murales de Pompéi.

4. Les plis et les drapés qui caractérisent les vêtements de l'Antiquité, outre leur possible exagération dans le rendu sculpté ou peint, sont en tout état de cause le fruit d'une science de la coupe, du plissé aussi très certainement, qui ne peut être que le résultat d'une technique très élaborée, technique qu'une couturière moderne, madame Grès, s'était essayée, de façon très convaincante d'ailleurs, à imiter dans ses robes du soir. Ses patrons, conservés au Musée des arts décoratifs de Paris, démontrent bien la difficulté de réaliser de semblables vêtements.

5. *De pictura* (1435), traduction de J.-L. Schefer, Paris, 1992.

vases peints, les statues, les bas-reliefs et les peintures murales. On ne peut donc en conclure que le métier de tailleur n'existait pas alors, ou plutôt on peut en conclure qu'il existait bel et bien pour que cette diversité vestimentaire reproduite puisse avoir été concrétisée.

Il semble qu'aucun traité de l'art du tailleur ne soit parvenu jusqu'à nous, avant celui, extrêmement tardif par rapport à la durée d'existence probable de ce métier, de François-A. de Garsault, publié dans la *Description des arts et métiers* de 1769[6]. L'auteur y fait d'abord l'historique des corporations, indiquant que les « tailleurs de robe » furent érigés en corps de communautés par Philippe le Bel, qui leur donna des statuts en 1293 ; ceux-ci furent suivis de nouveaux statuts et lettres patentes sous Charles IV en 1323, conférant aux membres de la corporation le titre de « maîtres tailleurs pourpointiers[7] », les « maîtres chaussetiers », qui faisaient les chausses, étant réunis en corps de maîtrise par Philippe VI en 1346[8]. On constate, par ailleurs, que les représentations de tailleurs à leur ouvrage, assis sur leur table pour coudre, ou debout devant leur comptoir pour couper les grands morceaux d'étoffe, se font plus fréquentes qu'auparavant dans les manuscrits enluminés des XIVe et XVe siècles, ainsi que dans les incunables illustrés ; mais cela est également vrai de toutes les autres professions manuelles qui ne sont guère jugées dignes de figuration avant cette date.

Garsault, quant à lui, mentionne l'existence d'un ouvrage intitulé *Le tailleur sincère*, composé par Benoît Boulay, maître tailleur faubourg Saint-Germain, en 1671, et qui aurait présenté quelque 108 habits « pour tous états et conditions, jusqu'à un habit de pauvre[9] », ce qui semble devoir confirmer

6. François-A. de Garsault, « Art du tailleur », dans *Description des arts et métiers, faites ou approuvées par l'Académie des sciences*, Paris, 1769, t. II « Les arts de l'habillement », (Slatkine reprints, Genève, 1984).

7. *Ibid.*, p. 2.

8. *Ibid.*

9. *Ibid.*, p. 3. Malheureusement, aucun exemplaire de cet ouvrage n'a pu être localisé dans les bibliothèques françaises.

que même les pauvres avaient besoin d'un couturier ! Cependant, dans la mesure où elles respectent certaines règles déjà exposées plus haut – la concordance obligatoire entre les pièces pour pouvoir les assembler par exemple, la prise de mesures du corps à revêtir –, les méthodes employées par les tailleurs n'ont sans doute guère changé depuis l'Antiquité, seules ayant changé les formes des vêtements eux-mêmes. Garsault fournit des indications qui pourraient au demeurant être valables pour n'importe quelle époque, y compris la nôtre, lorsqu'il parle, dans son chapitre VII, de « prendre la mesure » en ces termes : « Dans le temps que le tailleur prend la mesure, il doit encore observer ce qu'il ne peut marquer sur le papier ; c'est la structure du corps, comme les épaules hautes ou avalées, la rondeur et la tournure du ventre, la poitrine plate ou élevée, etc., afin de travailler en conséquence[10]. » S'ensuit une liste complète de toutes les mesures que doit prendre le tailleur pour pouvoir couper le vêtement à la taille et à la corpulence du client.

Garsault décrit également la difficulté qui se présente à tout tailleur, celle de la largeur des étoffes vis-à-vis de la coupe du modèle désiré ; il donne, ce faisant, une preuve supplémentaire de la complexité mathématique de tout ouvrage de coupe, complexité qui peut certes être plus ou moins importante selon le style choisi, mais qui demeure cependant, quelque simple que puisse être ce dernier, puisque le tissu brut se présente toujours comme un rectangle jamais assez large pour couvrir le corps en un seul morceau. Le problème que Garsault évoque est exactement le même en 1769 qu'il aurait été en 1369 par exemple – époque à laquelle les vêtements étaient beaucoup plus extravagants qu'au XVIIIe siècle –, ou au cours des années étudiées ici, c'est-à-dire celles de la fin du XVe siècle, où la mode était au contraire plus simple d'aspect : « Avant de décrire la manière de tracer à la craie et de tailler tout vêtement, il est bon d'observer préalablement que

10. *Ibid.*, p. 14.

parmi les étoffes qui servent à l'habillement, plusieurs étant de largeurs différentes, on pourrait être embarrassé de savoir la quantité d'aunes que l'on doit employer, si on n'avait pas une règle générale de proportion... s'il manque deux doigts ou environ, c'est-à-dire, un pouce et demi, ce sera une diminution d'un demi-quart sur trois aunes ; qu'aussi si on a besoin de trois aunes de long sur une aune de large, et que l'étoffe ait un pouce et demi moins de l'aune sur la largeur, on sera obligé de rapporter un pouce et demi sur la longueur, et de prendre trois aunes demi quart de long ; enfin il faut ajouter en longueur ce qui manque en largeur[11]. » On voit que ces calculs ne sont pas à la portée de tous, et encore ne s'agit-il ici que de tissus unis ; lorsque l'étoffe utilisée est à poils, comme le velours, tissu très en usage au XVe siècle par exemple, il faut absolument que le poil soit tourné vers le bas lors de la coupe pour permettre à un éventuel vêtement de dessus de glisser le long du poil et non pas d'être retenu en amas disgracieux par le poil dressé qui formerait brosse. Quant au décor, lorsqu'il y en a, il constitue une difficulté supplémentaire, car les motifs ornant les divers morceaux d'un habit doivent également s'accorder entre eux. Cette préoccupation d'une utilisation juste de l'étoffe résulte également bien entendu d'une préoccupation économique, le coût des tissus restant très élevé jusqu'à l'avènement de l'ère industrielle et même plus tard pour les étoffes riches. Il fallait gâcher le moins de matière possible, mais, lorsque ce facteur de prix devint moins important, le métrage nécessaire à la fabrication d'un vêtement n'en resta pas moins aussi fondamental puisque les tissus sortant du métier ne se présentent pratiquement jamais de façon à pouvoir être utilisés tels quels, et que leur transformation en vêtements ne s'opère qu'à l'aide de ces calculs relativement savants.

Malgré cette spécialisation requise, et le long apprentissage qu'elle nécessite pour la maîtriser, il faut attendre le XIXe siècle pour que se multiplient les ouvrages traitant de l'art

11. *Ibid.*, p. 15.

du tailleur comme d'une science des proportions, et faisant des praticiens de ce métier de véritables mathématiciens, doublés de physiologues, voire de philosophes[12].

Ceux ou celles qui exerçaient le métier de tailleur ou de couturière, sans se considérer comme des savants, du moins avant le XIXe siècle, ces praticiens de la coupe et de la couture savaient pourtant bien faire des calculs relativement complexes impliquant un certain degré d'éducation intellectuelle et pratique. Par ailleurs, ils étaient sans doute parfaitement conscients, par la force des choses, que leurs opérations étaient destinées non pas seulement à produire un vêtement quelconque dont la seule fonction aurait été de couvrir un corps, mais aussi à donner consistance au reflet d'une mode vestimentaire dans le miroir de laquelle se reconnaissait la société de leur temps, avec tous les éléments signifiants que cela comportait. C'est donc dans cet aspect de son savoir que la géométrie technique du tailleur rejoint la symbolique géométrisée du philosophe, et singulièrement celle du philosophe néoplatonicien.

12. Voir en particulier W.E. Walker, *The Tailor's Philosophy of Science complete in the Art of cutting in which the unerring Principles of Science are fully attained and laid down as a Basis for the full Development of the Proportions of the Human Body*, Londres, 1839, ainsi que F.A. Barde, *Traité encyclopédique de l'art du tailleur*, Paris, 1834, et Louis Huant, *Physiologie du tailleur*, Paris, s.d.

V

LA MODE ET LA SILHOUETTE

1. Définir la mode

Avant de pouvoir identifier une influence quelconque sur la mode, il est essentiel de proposer une définition précise de ce que l'on entend par le mot mode, alors même que, a priori, il semblerait inutile de l'expliquer. Tout le monde sait, ou croit savoir, ce qu'il désigne, soit le plus souvent et en l'absence de toute autre précision, la mode vestimentaire. Mais dès que l'on y ajoute un verbe : « c'est la mode », le champ d'application du terme couvre pratiquement toutes les activités humaines manifestes et non manifestes, sensibles et intelligibles, visibles et non visibles, des plus triviales aux plus importantes : des vêtements, gestes, couleurs, destinations de voyage, formes d'expression littéraires ou artistiques, etc., aux courants de pensée politique, philosophique ou religieuse.

Si l'on utilise la formule « c'est à la mode », celle-ci recouvre le même champ quasi universel d'application que ci-dessus, mais en y apportant une nuance temporelle : « c'est à la mode en ce moment », qui souligne la précarité inhérente à cette mode-là. Enfin, lorsque l'on passe au pluriel avec « les modes », il s'agit de désigner un comportement tout à la fois vestimentaire et social, voire intellectuel, partagé par toute une société dans un lieu et à un moment donnés qui sont ceux d'un passé plus ou moins lointain, voire d'un endroit plus ou moins éloigné ; il y a comme une vague notion de désapprobation dans le terme « les modes », que l'on accompagne souvent d'un qualificatif comme celui « du temps » ou « de là-bas », ce qui permet une distanciation où entre l'indulgence agacée pour les erreurs ou les fautes de goût commises par les anciens ou les étrangers.

On trouve parfois la forme « de mode », accolée à un substantif, par exemple dans « homme de mode », expression indiquant à la fois la soumission quasi totale de ce sujet à la mode et sa capacité à la créer, ainsi que, par extension, son transport hors des normes du reste de la société dans laquelle il opère. On ne trouve pratiquement jamais les mots « femme de mode », car le sujet femme n'est pas, encore aujourd'hui, envisagé comme capable de faire la mode, mais seulement de la suivre, ou encore de la subir. En réalité, le terme « de mode » est donc impropre à la mode puisqu'il implique une exceptionnalité qui est l'antithèse même de la mode.

Pour parler de la mode vestimentaire en général, il faut cependant, pour être compris, s'en tenir à la forme du féminin singulier. La meilleure démonstration de la pérennité de cet usage est bien l'ouvrage de Roland Barthes, *Le système de la mode*, qui n'a pas eu besoin d'un titre plus précis pour faire comprendre à ses lecteurs potentiels que l'on y parlerait de la seule mode vestimentaire féminine[1].

Pour ce qui concerne la situation de la mode dans l'histoire, donc dans la société, la difficulté est plus grande. En effet, la théorie que la mode aurait été inventée vers le milieu du XIVe siècle seulement est soutenue par certains auteurs depuis quelques années, de sorte qu'elle est aujourd'hui, semble-t-il, peu contestée. Cette théorie, dans ses grandes lignes, est la suivante : « On sait que l'apparition du costume

1. Paris, 1967.

pour les hommes… véritable révolution vestimentaire… date du milieu du XIVe siècle. Sous l'influence des modes aristocratiques, les vêtements deviennent plus ajustés, répudiant des formes vieilles de plusieurs millénaires. De cette époque date également la nette différenciation du costume des deux sexes, et du même coup naît la mode… elle n'intéresse à vrai dire qu'une très faible partie de la population, l'aristocratie et la bourgeoisie[2]. » On retrouve cette théorie dans le sous-titre d'un autre ouvrage récemment publié, *L'invention du corps de mode à la fin du Moyen Âge*[3]. Selon son auteur, « l'évolution vestimentaire… se dessine nettement autour de 1340… Ce qui frappe en premier lieu, c'est le resserrement du vêtement du buste aux manches, alors que la base demeure encore flottante. Remarquable également, le raccourcissement du vêtement aux environs du genou, qui permet de dévoiler la jambe[4]. » Gilles Lipovestky, pour sa part, avait déjà développé cette théorie dans son ouvrage *L'empire de l'éphémère. La mode et son destin dans les sociétés modernes*[5], où il précise que « la mode au sens strict[6] ne voit guère le jour avant le milieu du

2. Madeleine Lazard, « Le corps vêtu : signification du costume à la Renaissance », p. 77-94, dans *Le corps à la Renaissance. Actes du XXXe colloque de Tours, juillet 1987*, sous la direction de Jean Ceard, Marie-Madeleine Fontaine et Jean Claude Margolin, Paris, 1990, p. 78.

3. Odile Blanc, *Parades et parures. L'invention du corps de mode à la fin du Moyen Âge*, Paris, 1997.

4. *Ibid.*, p. 27.

5. Paris, 1987.

6. Il ne la définit pourtant pas ; il est donc difficile de se faire une idée de ce que serait la mode « au sens strict » ; en effet, dans son introduction, il parle de la mode en ces termes : « Il faut redynamiser, inquiéter à nouveau l'interrogation de la mode, objet futile, fugitif, "contradictoire" par excellence… Car l'opacité du phénomène, son étrangeté, son originalité historique sont considérables : comment une institution essentiellement structurée par l'éphémère et la fantaisie esthétique a-t-elle pu prendre place dans l'histoire humaine ?… Comment penser et expliquer la mobilité frivole érigée en système permanent ?… Comment l'âge de la domination technique, de l'arraisonnement du monde peut-il être en même temps celui de la déraison de mode ? » (p. 12-13). Selon ce concept, la mode serait donc un phénomène impossible à analyser tant il est passager ; ou alors, comme le fait l'auteur, il faut l'analyser d'un point de vue moral, celui de la frivolité et de la déraison.

XIVe siècle. Date qui s'impose d'abord essentiellement du fait de l'apparition d'un type d'habillement radicalement nouveau, nettement différencié selon les sexes : court et ajusté pour l'homme, long et près du corps pour la femme[7]. » Chez tous les auteurs cités, cette interprétation d'une « apparition » du concept même de mode est basée sur l'idée que le vêtement des hommes et des femmes ne subit aucune différentiation majeure au cours des siècles précédents, ni entre les sexes ni entre les formes. Lipovestky le dit clairement : « ... à la même robe longue et flottante, portée à peu près indistinctement depuis des siècles par les deux sexes, se sont substitués d'une part un costume masculin composé d'un pourpoint, sorte de jaquette courte et étroite reliée à des chausses collantes dessinant la forme des jambes ; d'autre part un costume féminin perpétuant la tradition de la robe longue mais beaucoup plus ajustée et décolletée[8]. »

Il est pourtant clair qu'à d'autres périodes, déjà, se font jour de telles modifications par rapport au vêtement « monolithique » de l'Antiquité et du haut Moyen Âge. Il est facile de trouver des exemples d'une mode bien antérieure qui est très éloignée de l'image « longue et flottante... pour les deux sexes ». Ces exemples d'une mode remontant au début du XIIe siècle suffiront à démontrer pourquoi il est nécessaire de se démarquer de la théorie précédente pour établir une analyse historiquement fiable de ce qui est constitutif de la mode.

Ainsi avons-nous, avec les illustrations de la *Bible d'Étienne Harding*, datée de 1109[9], une image précise d'une évolution vestimentaire bien antérieure au XIVe siècle. Dans la série de miniatures illustrant l'histoire du *Martyre des sept frères* par exemple, le bourreau ainsi que les suppliciés sont représentés « en chemise », ou en tout cas sans le caractéristique manteau-cape qui semble être demeuré en usage pendant toute l'Antiquité tardive et le haut Moyen Âge (fig. 9). Il faut souli-

7. *Ibid.*, p. 32.
8. *Ibid.*
9. Dijon, Bibliothèque municipale, ms. 14.

gner le fait que ces manteaux-capes ont largement contribué à entretenir le mythe de l'immuabilité de la mode au cours de cette très longue période, alors qu'un examen un peu plus approfondi des multiples représentations peintes ou sculptées aurait permis de discerner des différences vestimentaires marquées entre les hommes et les femmes sous ces manteaux-masques ; ces derniers, malgré leur apparence de tissu jeté sur les épaules, sont en réalité des vêtements au vrai sens du terme, c'est-à-dire conçus-coupés-cousus[10].

Ce qui est plus intéressant encore dans l'image de la *Bible d'Étienne Harding*, c'est que le roi, comme ses sujets, est représenté sans manteau, et que son vêtement ne montre qu'un motif de broderie ou de tissage en damiers comme signe vestimentaire de son statut exalté. Quant à la silhouette du bourreau en pied, la plus importante en taille de toute l'image, elle montre un homme en vêtement très ajusté à la taille et sur les pectoraux, aux manches longues et serrées, dont l'encolure arrondie et fendue devant (que l'on appelle aujourd'hui « à la Tunisienne ») est strictement la même que celle du vêtement du roi. La taille du vêtement est placée bas et souligne le muscle du ventre à la manière des statues antiques. Pour ce qui est de la partie inférieure du vêtement, elle est très courte et dégage entièrement les jambes ; de plus elle forme des godets assez amples, qui ne peuvent être obtenus que par des découpes savantes, ce que confirme l'image suivante où l'on aperçoit ce qui semble être des panneaux insérés dans l'ampleur du vêtement et cousus au milieu (fig. 10) comme une sorte de jupe-culotte, modèle très compliqué et qui requiert

10. Les fameuses « toges » romaines sont des vêtements qui demandent une coupe et plusieurs coutures pour leur réalisation, comme l'exigent également les capes-manteaux du Moyen Âge ; en effet, les étoffes tissées ne sont jamais assez larges pour permettre l'enveloppement total d'un corps de taille adulte normale ; il faut donc plusieurs morceaux de tissu, donc coupe, donc assemblage, pour former le vêtement le plus simple d'aspect, sans parler de sa forme arrondie au bas, qui ne peut être obtenue que par des coupes en biais et des ourlets. Peut-on parler, dès lors, de non-mode alors qu'il y a manifestement concept ?

un grand savoir-faire de la part du tailleur. Les chaussures de ces personnages des toutes premières années du XIIe siècle sont presque aussi pointues que les poulaines à la mode dans les années 1400-1430. Tous les autres personnages masculins, y compris le roi sans son manteau, sont vêtus de façon identique ou très semblable. Quant au seul personnage féminin représenté, il porte un vêtement long mais dont la coupe de la jupe est exactement la même que celle des hommes (fig. 10). On se trouve donc là devant une image qui répond à tous les critères « d'invention de la mode » attribués à une période bien postérieure : ajustement et raccourcissement pour les hommes d'où différenciation automatique avec les vêtements féminins, ceux-ci restant longs, quel que soit par ailleurs leur ajustement.

Il existe de nombreux exemples de ce type de représentation vestimentaire pour l'époque, dont certains universellement connus. Le premier est celui des personnages de la *Tapisserie de la reine Mathilde* à Bayeux. Si l'exemple précédent était tiré du monde monastique (bien que ne représentant pas des moines), celui-ci provient du monde chevaleresque et militaire. Ce qui frappe dans les personnages que met en scène la tapisserie, c'est l'étroitesse des vêtements des soldats comme celle des vêtements des civils. La broderie, car il ne s'agit pas techniquement parlant d'une tapisserie, a sans doute été exécutée dans le dernier quart du XIe siècle, peu après la conquête de l'Angleterre à Hastings par le duc Guillaume de Normandie en octobre 1066, soit un demi-siècle environ avant la *Bible d'Étienne Harding*[11]. Les costumes présentés y sont remarquablement semblables dans leur coupe et leurs détails à ceux de ce dernier ouvrage, preuve que cette mode très courte et très serrée avait été adoptée dès le XIe siècle. Les serviteurs de Guillaume portent donc un vêtement très collant au haut du corps, dont l'encolure arrondie se prolonge en pointe ouverte sur le devant de la poitrine

11. Voir, entre autres, *La tapisserie de la reine Mathilde à Bayeux*, par Henri Coulanges et Simone Bertrand, conservateur de la *Tapisserie*, Paris, 1969.

(fig. 11) ; le bas est une sorte de jupe-culotte comportant une partie centrale et deux lés arrondis qui bouffent sur les côtés ; cette jupe-culotte s'ouvre facilement sur les cuisses, comme on le voit très précisément sur l'image, lorsque les serviteurs doivent pénétrer dans l'eau. Plus loin sur la broderie, qui est une pièce de toile continue, les chevaliers, portant l'épée au côté et le bouclier, ce qui les identifie comme tels, sont vêtus du même habit, la seule différence étant qu'il est un peu plus long et couvre leurs genoux ; le duc Guillaume assis sur son trône porte lui aussi exactement le même vêtement, ce que l'on voit clairement puisqu'il a rejeté son manteau-cape en arrière. La forme de sa jupe-culotte est d'ailleurs soulignée d'un point de broderie de couleur différente, de sorte que l'on peut en lire, littéralement, la coupe très élaborée. Quant aux fantassins, ils sont protégés d'une cotte de mailles (fig. 12) qui reprend la ligne générale du vêtement des chevaliers, mais dont la culotte ou partie basse est beaucoup plus serrée, ce qui se comprend aisément étant donné la difficulté technique qu'il y aurait eu à y intégrer des godets, sans parler du coût supplémentaire d'une telle opération.

Le deuxième exemple est celui des fresques de l'église de Tavant, en Indre-et-Loire, dont la datation est généralement considérée comme proche du début du XIIe siècle, vers 1125[12]. La fresque représentant deux hommes en marche – peut-être Caïn et Abel – montre deux personnages dont le vêtement est encore très proche dans leur longueur et leur ajustement au corps de ceux de la *Bible d'Étienne Harding* ainsi que de ceux de la *Tapisserie de Bayeux*, avec toutefois quelques différences de détails, qui ne changent rien à la grande similarité de leurs silhouettes respectives (fig. 13). En effet, le haut du corps des vêtements comporte ici une encolure échancrée en arrondi qui laisse voir la chemise du dessous ; le buste est emmailloté dans une bande de tissu très serré, mais la jupe ou culotte reprend exactement le même système de godets donnant aux hanches de l'ampleur peut-être légèrement plus prononcée

12. Paul-Henri Michel, *Les fresques de Tavant. La crypte*, Paris, 1956.

encore. On se trouve, en tout état de cause, devant la même silhouette.

Pour la même époque, c'est-à-dire la première moitié du XIIe siècle, l'on pourrait citer un exemple sculpté également célèbre, celui du portail dit « royal » de la cathédrale de Chartres que l'on date aujourd'hui des années 1145[13] ; les personnages de la frise située au-dessus des statues-colonnes, représentant des hommes du peuple, sont habillés, pour certains d'entre eux, avec ce vêtement serré autour du buste et s'évasant en jupe à lés, cette dernière étant parfois représentée entrouverte, pour la commodité du porteur, comme dans celles des scènes de la *Tapisserie de Bayeux.* Un dernier exemple que l'on peut voir au portail d'une grande cathédrale, celle de Saint-Lazare à Autun, daté du XIIe siècle, est celui de la représentation personnifiée du quatrième temps de la musique ; on y voit un musicien habillé de cette espèce de justaucorps serré, formant une sorte d'emmaillotage, et d'une jupe à lés évasés en tous points semblable à l'habit des hommes de Tavant.

Mais il existe d'autres exemples d'habits masculins ajustés au corps bien antérieurs aux précédents. Ceux des rois mages de la basilique de Saint-Apollinaire-Nouveau de Ravenne, exécutés en mosaïque au cours du VIe siècle, figurent parmi les plus souvent reproduits (fig. 14). À la faveur de leurs manteaux entrouverts, l'on peut constater que les trois rois portent des sortes de chausses ou pantalons extrêmement serrés sous un vêtement de dessus comportant une sorte de jupe divisée en trois parties, dont celle du milieu se termine en arrondi tandis que les côtés s'évasent en biais ; on perçoit mal la forme exacte du haut de ce vêtement, mais on voit nettement qu'il comporte des manches étroites et droites jusqu'aux poignets. Il s'agit à l'évidence d'un vêtement très complexe, dont la décoration est très riche, et qui ne devait être porté que par des personnages au statut exalté. Mais remarquer la nature sociale de ce vêtement n'empêche en rien la constatation lit-

13. Selon Alain Erlande-Brandenburg, séminaire de l'École pratique des hautes études du 26 février 2001.

térale de leur coupe serrée et éminemment masculinisé par le port d'un pantalon, quelque huit cents ans avant l'apparition supposée de la mode.

Jusqu'ici les exemples présentés n'ont concerné que le vêtement masculin, pour d'ailleurs souligner que leur différenciation d'avec celui des femmes avait pris place bien longtemps avant le XIVe siècle. Pour ce qui concerne le costume féminin, il existe peu de représentations datant des siècles antérieurs au XVe siècle[14], et qui seraient très précises, à cause justement de ce fameux manteau-cape dans lequel se drapent les femmes, comme la plupart du temps les hommes, dès que leur représentation est située soit dans un contexte public – ce qui est le plus souvent le cas jusqu'au début de la Renaissance[15] où apparaissent les scènes d'intérieur –, soit dans des endroits où les femmes en particulier ne peuvent pas se montrer dans leurs vêtements d'intérieur. Il existe néanmoins un exemple probant d'un vêtement incontestablement féminin dont la représentation remonte, elle, au XIIIe siècle. Il s'agit de la figure de Salomé, réalisée en mosaïque dans le baptistère de la basilique Saint-Marc à Venise dans les premières années du XIIIe siècle (fig. 15). Salomé s'y montre vêtue d'une robe collante, dont la coupe ne souligne cependant pas la taille mais au contraire l'escamote, tandis que les seins sont placés très haut sous l'encolure arrondie dégageant les épaules ; la jupe semble elle aussi constituée de lés arrondis cousus à partir des hanches pour donner un peu plus d'ampleur et d'aisance à la marche. Les détails mode abondent dans cette représentation : la robe proprement dite comporte des manches serrées jusqu'au coude, mais prolongées jusqu'à

14. En réalité, il en existe beaucoup pour la période de l'Antiquité grecque et romaine, mais les comparaisons avec le vêtement de ces civilisations demanderaient un développement spécifique et qui dépasserait le champ de cette étude.

15. Sauf, bien entendu, dans les manuscrits enluminés où les scènes montrant des femmes dans des tenues que l'on pourrait qualifier d'intérieur – même si les scènes se passent plus souvent à l'extérieur, comme les scènes de chasse par exemple – sont relativement fréquentes bien avant la Renaissance.

mi-cuisse par des coudières garnies de fourrure, la même fourrure ornant la haute fente de côté de la jupe. Les manches de dessous sont serrées jusqu'aux poignets et de couleur contrastante. Puisque l'on ne voit guère le détail des robes féminines de cette époque dans les représentations contemporaines pour les raisons de pudeur évoquées plus haut, la question se pose de savoir si ce genre de robe était porté par toutes les femmes de cette époque, du moins dans sa silhouette générale et sous une forme moins riche d'aspect, ou bien au contraire si l'on se trouve devant une représentation littéralement théâtrale de Salomé qui serait toute ou en partie fantaisiste. Quoi qu'il en soit – et nous avons signalé plus haut la difficulté d'imaginer des costumes futuristes ou passéistes par rapport à une époque donnée autrement que par des détails plutôt que par une silhouette totalement différente – et même s'il s'agit d'une représentation s'inspirant au contraire de costumes supposés être ceux de l'époque de Salomé[16], cette robe peut, à l'évidence, être qualifiée de « sexy », pour utiliser une terminologie moderne et un peu crue mais très parlante. Elle comporte bien les deux critères essentiels d'une mode qui ne serait advenue, selon l'analyse des auteurs précédents, qu'un siècle et demi plus tard, c'est-à-dire la mise en valeur du corps par l'ajustement aux membres et les détails fantaisie, voire extravagants, comme ceux de la manche tombant à terre, extrêmement proche en vérité des coudières si caractéristiques de la mode masculine et féminine du milieu du XIVe siècle. La mode, dit-on, est un éternel retour : en 1350 les manches devaient être celles des années 1200 pour être au goût… du jour.

Il semble donc que la faille de ce raisonnement doive résider dans l'idée que le resserrement du vêtement constituerait

16. L'iconographie de la mode de l'époque d'Hérode ne pourrait guère se faire qu'à travers la peinture, la statuaire ou la céramique romaines. En tout état de cause, si l'on imagine que la robe de Salomé est bien celle de la fille d'Hérode, alors ce serait apporter un argument supplémentaire de taille à la démonstration d'une existence de la mode bien antérieure au XIVe siècle.

à la fois une nouveauté absolue, dont l'apparition se situerait vers le milieu du XIVe siècle, et un critère absolu de mode, par opposition au vêtement flottant, perçu comme unisexe et monolithique. Justement, cependant, le vêtement masculin de la fin du XVe siècle, s'il n'est pas unisexe, est strictement monolithique et couvre tout le corps, de la tête aux pieds. Le prolongement logique de cette hypothèse serait alors que la mode aurait bel et bien disparu à la fin du XVe siècle, pour ne revenir que quelques années plus tard, lorsque le vêtement se resserre de nouveau.

Or la mode n'a que faire du corps ; c'est elle qui le façonne et non pas le contraire. Si le corps est à peine visible dans sa morphologie, ce ne peut être parce que la mode n'existe pas ; ce ne peut être que parce que la mode existe. En effet, le corps, lui, est bien là ; le cacher ou le montrer ne peut être qu'un acte délibéré.

Par ailleurs, la longévité d'une mode n'est pas non plus un signe indicatif de non-mode. Elle est simplement significative d'une vision du monde de la société particulière au sein de laquelle cette mode a cours. Cette vision, qui dépend de facteurs politiques et philosophiques, peut très bien se dérouler de façon constante sur de très longues périodes. La période de l'Antiquité[17], justement, prolongée par ce que l'on a appelé l'Antiquité tardive et le haut Moyen Âge, fournit l'exemple même de cette durabilité d'une forme d'appréhension du monde, donc de la mode vestimentaire à travers laquelle, entre autres moyens, cette appréhension s'exprime. Si l'on admet que le poids du respect de la tradition dans certaines sociétés rend les changements vestimentaires sinon plus difficiles, du moins peu

17. Du moins au niveau de la silhouette générale, car, en ce qui concerne les accessoires et les couleurs, la mode antique est tout aussi changeante que la mode des périodes suivantes. En tout état de cause, la mode antique est loin d'avoir fait l'objet d'une étude détaillée, les quelques ouvrages qui lui ont été consacrés se fondant le plus souvent sur la statuaire plutôt que sur l'examen de la peinture de vases, par exemple, autrement plus parlante et moins formalisée.

fréquents[18], il est malaisé de comprendre pourquoi la durée équivaudrait à un état de non-être pour la mode, sauf à ne concevoir la mode vestimentaire que comme un système de changement permanent. Si changement permanent il y avait, cela devrait au contraire exclure l'idée même de mode, qui a besoin d'un minimum de permanence pour s'imposer, être reconnue, adoptée, puis être détrônée. Or, sans cette permanence temporaire, parfois très courte parfois très longue, il n'y a pas mode.

La théorie de l'invention de la mode pose un autre problème : celui du vêtement « aristocratique » ou « riche » par opposition au vêtement « paysan » ou « pauvre ». Il est clair que les riches étoffes, les somptueux velours, les draps écarlates ne pouvaient être que l'apanage des riches, étant donné leur coût, ce coût étant bien connu par de très nombreux inventaires où les tissus figurent d'ailleurs en grande quantité. On ne peut cependant réduire la mode aux seuls tissus, nonobstant leur rôle de signifiant de la personne vêtue. Si l'on admet que le facteur le plus important dans la mode est celui de la silhouette, le tissu qui habille cette silhouette ne revêt alors qu'une importance secondaire puisque c'est la coupe qui fait la silhouette et non le tissu.

L'analyse du vêtement a longtemps été tributaire d'une conception de la société dominée par la lutte des classes : les différences entre les pauvres et les riches, les travailleurs et les oisifs, se traduiraient par des différences automatiques entre les modes vestimentaires de ces groupes opposés. Or la part de vérité de cette analyse se situe, à l'évidence, aux deux seuls niveaux de la richesse ou de la pauvreté des étoffes et du nombre et de la diversité des accessoires.

Par ailleurs, si l'invention de la mode ne concernait que les riches, il faudrait admettre que les pauvres en seraient restés,

18. Lipovestky, *op. cit.*, p. 29 : « La légitimité incontestable du legs ancestral et la valorisation de la continuité sociale ont imposé partout la règle d'immobilité, la répétition des modèles du passé, le conservatisme sans faille des manières d'être et de paraître. »

en matière d'habillement, à la mode antique, c'est-à-dire au port d'une sorte de cape ou de cette fameuse « robe longue et flottante » ; ou à tout le moins qu'ils seraient dans une situation de retard vestimentaire permanent vis-à-vis des membres des autres classes de la société. Cependant les illustrations des manuscrits, comme celui de la *Bible d'Étienne Harding* ci-dessus, montrent bien qu'il n'en est rien et que les hommes des classes inférieures, comme les femmes dans les exemples qui suivront, possèdent la même silhouette que celle des classes supérieures. Il est possible, bien entendu, que les pauvres soient obligés de conserver plus longtemps que les riches les vêtements ou accessoires démodés, mais ils sont alors perçus comme tels par tous, y compris par les intéressés.

Citons un exemple, celui des illustrations des *Très riches heures du duc de Berry*, tiré de l'époque au cours de laquelle la mode aristocratique se serait développée selon les auteurs cités ci-dessus. Au cours d'une partie de chasse, illustrant le mois d'août, l'un des fauconniers du duc Jean, représenté à pied, tenant un faucon sur sa main droite gantée, et tirant, de l'autre main, une sorte de longue gaule, est vêtu d'un habit dont les bords sont aussi découpés que celui des nobles seigneurs qui eux sont à cheval ; ce serviteur, car les fauconniers ne sont que cela, même s'ils sont appréciés pour leurs services, porte une ceinture exactement au même endroit de son corps que le font ses maîtres, ce qui lui donne instantanément la même silhouette qu'eux[19] (fig. 16). Il ne se différencie même pas de ses maîtres au niveau des accessoires puisque sa ceinture est ornée d'une bourse à la forme très particulière qui est celle que l'on voit portée par de nombreux personnages aristocratiques figurant au manuscrit. Seuls la simplicité apparente du tissu dont est fait son vêtement ainsi que le manque de manteau de dessus le différencient des nobles chasseurs qu'il accompagne. Tout ce célèbre manuscrit comporte d'ailleurs nombre d'illustrations où vérifier cette proximité

19. Paris, 1410-1416, Chantilly, musée Condé, ms. 65, « le mois d'août », fol. [?].

vestimentaire, dans les grandes lignes de la silhouette, entre les classes.

Peut-être ces images ne correspondent-elles pas de façon exacte à la réalité des années 1410 ; sans doute sont-elles des images idéalisées d'événements qui n'auraient même pas eu besoin de se produire pour être représentés. Il n'en reste pas moins qu'elles montrent clairement à tout le moins la non-probabilité d'une différence majeure de silhouette entre la classe dirigeante de l'époque et les subalternes qui l'entouraient, comme l'avaient déjà montré les images de la *Tapisserie de Bayeux* du XIe siècle et de la Bible du XIIe siècle. L'interactivité entre les riches et les pauvres, plus journalière et organique encore au cours des siècles passés qu'aujourd'hui, rendait bien difficiles les possibilités réelles de différenciation majeure entre les classes, les riches s'exposant aux railleries de leurs inférieurs, les pauvres aux reproches de leurs maîtres, si les uns et les autres se départaient par trop exagérément des formules vestimentaires normatives établies par la société.

Cette non-différenciation se retrouve d'ailleurs systématiquement dans les enluminures, peintures ou gravures ornant les manuscrits et les incunables, les différences de classe ou de situation temporelle ou spatiale se faisant toujours à l'aide d'accessoires – bourses, éperons, chapeau, bijoux – ou à l'aide d'éléments de valeur surajoutée – riches tissus à motifs, couleurs éclatantes et/ou diversifiées. Les auteurs de ces illustrations appartenant toujours aux classes moyennes ou inférieures, qu'ils aient été clercs ou civils, on peut imaginer qu'il ne leur aurait pas été difficile de représenter ce qu'ils connaissaient de l'intérieur, c'est-à-dire une silhouette qui aurait immédiatement dénoté l'infériorité. À l'évidence, ce n'est pas ce qui s'est produit, et l'infériorité sociale, intellectuelle ou financière n'est montrée que par la simplicité, voire le délabrement du vêtement et l'absence d'enjolivements, jamais par une silhouette qui lui serait propre.

Car la silhouette que donne le vêtement est une façon de présenter au regard de l'autre une idéalisation du corps du sujet qui doit se conformer aux normes de la mode du moment pour être acceptée. Concevoir une idéalisation de son propre corps habillé en dehors de ces normes serait se mettre d'emblée au ban de la société... ce qui équivaudrait à un suicide social. Il serait facile de démontrer que même l'excentricité vestimentaire la plus outrée, celle des macaronis ou des dandys anglais de la fin du XVIIIe et du début du XIXe siècle, ou bien encore celle des merveilleuses et des incroyables français, ne fait jamais que porter à leur paroxysme les éléments constitutifs de la silhouette qui est à la mode à leur époque, sans jamais remettre celle-ci en question.

La concordance des images anciennes de la représentation du vêtement est grande entre elles. À la fin du XVe siècle, les gravures sur bois, les statues de bois ou de pierre[20], les tableaux, les tapisseries à figures, présentent tous, à travers toute l'Europe, des personnages habillés de la même façon, c'est-à-dire ayant la même silhouette fondamentale. Cela n'exclut pas, bien entendu, les variantes extrêmement nombreuses qu'apportent à ces représentations les détails précis du choix des tissus et de la couleur par exemple, ainsi que les divers accessoires, voire des spécificités régionales plus ou moins grandes ; mais ce sont des variantes de signifié temporaire et non pas de signification – donc de modification – profonde ou permanente.

2. Définir la silhouette

Le rapport de l'homme, ou de la femme, à son corps a pu subir toutes sortes de modifications au cours des siècles, résul-

20. Une fois incorporé le facteur de variante somme toute mineur que constitue le matériau de leur mise en œuvre représentative ; en effet la pierre ou le bois peuvent conduire à forcer ou au contraire à diminuer certains traits du vêtement, mais n'est jamais responsable d'une modification de silhouette profonde, car celle-ci ne correspondrait plus alors à l'intention représentative.

tant d'une perception nouvelle de sa place dans la nature ou de son rapport avec le divin, mais la mode qui a habillé ce corps n'a pas forcément suivi le même cheminement. Car la mode n'a pas tant pour but d'intégrer le corps à un système signifiant que de l'exclure comme élément par trop permanent, donc dépourvu de potentialité signifiante. Ou, pour dire les choses plus simplement, le corps nu ne peut signifier que deux choses : le caractère humain, donc mortel, et le sexe, donc immuable, de la personne à laquelle il appartient. Il est donc inopérant lorsqu'il s'agit d'indiquer une quelconque autre qualité.

Ce n'est donc pas le corps qui peut faire la mode. D'ailleurs la plupart des auteurs qui ont réfléchi sur la mode se sont empressés de l'éliminer. Dans son ouvrage, Roland Barthes analyse non pas, comme il le précise lui-même, le vêtement-image présenté et représenté, mais le seul vêtement écrit ; le corpus qu'il utilise est celui des magazines de mode féminins, d'où le corps réel est nécessairement absent. Au passage Barthes rappelle que, comme l'avait déjà suggéré Hegel, « le corps humain [est] dans un rapport de signification avec le vêtement : comme sensible pur, le corps ne peut signifier ; le vêtement assure le passage du sensible au sens ; il est, si l'on veut, le signifié par excellence[21]... » Pour résoudre le problème du passage du corps abstrait au corps réel des lectrices des magazines de mode, il y aurait trois solutions, toujours selon Barthes : « La première solution consiste à proposer un corps idéal incarné ; c'est celui du mannequin ou de la cover-girl ; ... les deux autres traitements du corps de mode... sont, eux, proprement verbaux. Le premier consiste à décréter chaque année que certains corps (et non d'autres) sont à la mode... La troisième solution consiste à aménager le vêtement de telle sorte qu'il transforme le corps réel et parvienne à lui faire signifier le corps idéal de la mode : allonger, gonfler, amenuiser, grossir, diminuer, affiner, par ces artifices la mode affirme qu'elle peut soumettre n'importe quel événe-

21. *Op. cit.*, p. 261-263.

ment (n'importe quel corps réel) à la structure qu'elle a postulée (la mode de l'année) ; cette solution exprime un certain sentiment de puissance : la mode peut convertir n'importe quel sensible dans le signe qu'elle a choisi, son pouvoir de signification est illimité… dans les trois cas, il y a contrainte structurale, prise en charge du corps par un système intelligible de signes, dissolution du sensible dans le signifiant[22]. »

Ce corps idéal est donc caractérisé non pas par une forme naturelle mais par une forme abstraite, celle de la silhouette, qui prend la forme géométrique que lui dicte la mode et qui varie avec celle-ci. Ce que Barthes ne veut pas envisager, du moins dans cet ouvrage où il n'analyse pas la mode mais son seul langage, et encore le langage de la seule année 1962, c'est la pérennité de la structure de la mode sur plusieurs années, parfois peu, parfois très nombreuses, nécessaire à l'établissement de son impérativité. Toute mode passagère, voire fugace, est en réalité une contre-mode qui essaie de renverser celle établie et y échoue ; ces modes sont concentrées sur l'accessoire, seul capable d'une telle versatilité, et sont elles-mêmes renversées très vite par d'autres tout aussi incapables de s'imposer comme rivales de la mode établie, celle-ci ne pouvant être modifiée en profondeur, c'est-à-dire radicalement, que par une évolution correspondante atteignant tous les niveaux de la société à plus ou moins brève échéance.

Mais si, comme le dit encore Barthes, « il est plus facile de comparer des mesures que des mots (comme l'a fait Kroeber[23]) », il apparaît clairement que les mesures, c'est-à-dire les chiffres, sont plus importantes pour le signifiant projeté du vêtement d'abord, pour l'analyse de ce signifiant ensuite, que les mots, ce que tendrait à prouver, techniquement parlant, l'invention de la machine de mode mise au point par le couturier Thierry Mugler[24] ; il s'agit d'un modèle informatique de silhouette idéale, construit à partir de

22. *Ibid*, p. 262-263.
23. *Ibid.*, p. 300.
24. 1998.

mesures, celles-ci pouvant ensuite être modifiées à l'infini selon les désirs du créateur ou ceux de ses clientes. En effet, d'une part la mode parlée ou écrite est elle-même mode, bien sûr, mais elle ne peut guère qu'accessoiriser le port du vêtement lui-même, et encore d'assez loin, comme une écharpe que l'on agite au vent et qui, bien qu'attachée au bras, vit sa vie capricieuse au souffle de la brise. Il serait aussi vain de tenter une analyse des changements de la mode à travers les mouvements de l'écharpe que de tenter une analyse des mouvements de l'écharpe à travers les agissements du bras qui la tient plutôt qu'à travers la force du vent qui la secoue.

Cette rhétorique du costume qu'analyse Barthes est donc destinée non pas tant à produire le changement qu'à en masquer le manque. C'est, à proprement parler, une rhétorique du camouflage, mais le camouflage du vide, car sa déconstruction ne fait pas plus apparaître la vraie mode portée, avec toutes ses exigences et toute sa signification profonde, que la feuille de vigne, une fois enlevée, ne révélerait le sexe d'une statue, car celle-ci n'en a pas. L'analyse de la mode aujourd'hui semble d'ailleurs se concentrer sur l'idée de l'éphémère, voire plutôt sur le terme, que sur la réalité de ce concept. La silhouette de mode ayant peu changé dans ses fondamentaux au cours des vingt dernières années environ, la variété infiniment nouvelle et perpétuellement infiniment détrônée des accessoires indique justement l'affolement général devant cette indéracinable forme qui fait obstacle au changement. Il faut donc tricher par le biais du langage pour faire passer l'idée d'un changement constant, nécessaire à la psychologie commerciale d'achat, alors que ce changement n'existe qu'aux marges de la mode[25], c'est-à-dire qu'il est peu signifiant.

La vraie mode est celle qui exprime, à travers une forme reconnaissable par tous, une adhésion à un code dont l'une des motivations premières est l'expression de l'attitude courante au sein de la société vis-à-vis de la sexualité, que celle-ci soit affichée ou au contraire refoulée. J.-C. Flügel, auteur de

25. Et encore ces changements sont-ils tout relatifs.

l'un des ouvrages fondamentaux sur la psychologie du vêtement, *Le rêveur nu*, pose le paradigme suivant : « Il est évident pour quiconque s'intéresse au sujet que, de toutes les motivations du port des vêtements, celles qui ont trait à la vie sexuelle occupent une position prédominante. » Et il poursuit : « Il existe un consensus général, que l'on se prononce pour la primauté de la parure ou de la pudeur... La grande majorité qui postule la primauté de la motivation ornementale soutient que le vêtement apparut en grande partie pour répondre au souci de souligner le charme sexuel de son propriétaire et d'attirer l'attention sur les organes génitaux[26]. »

Depuis la parution de l'ouvrage dans l'édition originale anglaise en 1930 et sa traduction en français en 1982, il ne s'est trouvé personne pour contredire cette analyse, même si on parfois jugé bon de la revêtir du synonyme moins brutal de « séduction[27] ». Au contraire, les très nombreuses études consacrées à ce sujet par la suite, dont *Le système de la mode*, se sont unanimement appuyées sur l'approche de Flügel pour pousser plus loin la réflexion sur la symbolique du vêtement.

Mais ce qui fait l'importance de Flügel aujourd'hui encore est qu'il prend en considération le vêtement masculin tout autant que le vêtement féminin. Or il semble difficile à bien des auteurs contemporains de contempler la possibilité d'un homme à la mode autrement que comme une exception. Kroeber, l'un des premiers à essayer une analyse quantitative de la mode féminine, avait pourtant bien montré la voie, non pas toutefois en incluant la mode masculine, mais en réussissant à circonscrire les éléments constitutifs de toute mode vestimentaire à l'intérieur de huit mesures : quatre de longueur et quatre de largeur. Kroeber avait éliminé de ces calculs tout apport superficiel comme les accessoires ou les garnitures[28].

26. Paris, 1982, [1930], p. 20.

27. Lipovestky, *op. cit.*, « La séduction au pouvoir », p. 107-117.

28. A.L. Kroeber et Jane Richardson, « Order in Changes of Fashion », et « Three Centuries of Women's Dress Fashion, A Quantitative Analysis », dans *The Nature of Culture*, Chicago, 1952, p. 332-336 et 358-372.

Ce modèle s'était révélé plein d'enseignements, notamment sur la longue durée, on pourrait presque dire sur la pérennité d'une silhouette féminine quasiment archétypale, et qu'il appelle d'ailleurs « fondamentale (basic) ou idéale ». Les caractéristiques de cette silhouette seraient une jupe longue et ample, une taille anormalement serrée mais plus ou moins placée de façon anatomiquement correcte, et un décolleté aussi généreusement large que haut[29]. Il n'y avait aucune raison de penser que ce modèle d'analyse ne pourrait pas s'appliquer à la mode masculine, et que les conclusions que l'on pourrait tirer d'une telle application ne pourraient pas être comparées avec celles du modèle féminin. C'est ce que j'ai tenté de faire ici, sur une période beaucoup moins longue que celle qu'avaient examinée Kroeber et Richardson, puisque leurs travaux permettaient de conduire cette recherche sur des hypothèses déjà consolidées par eux.

Mais, paradoxalement, alors que les ouvrages de Kroeber, comme celui de Flügel d'ailleurs, font figure de référence obligée dans toutes les études sur la mode, généralement féminine, qui ont suivi, leur méthode ou leur modèle d'analyse n'ont guère été adoptés. Cette attitude pourrait tenir au fait qu'il y a confusion entre ce qui fait la mode dans la permanence temporaire qui est la sienne, c'est-à-dire la silhouette, et ce qui défait la mode dans ce qui est sa momentanéité permanente, c'est-à-dire les détails et les accessoires.

Je pense, avec Kroeber, qu'il existe une silhouette de mode uniformément imposée et uniformément suivie par tous à un moment donné. Cette silhouette obligée ne souffre pas d'exception et ne possède pas de variants à l'intérieur d'une même société, sauf dans ces régions aux marges des grands groupes humains où ne pénètre aucune convention. Car ce paradigme si souvent posé de mode = extravagance paraît être fondamentalement erroné. Si un vêtement est à la mode, il ne peut être hors de celle-ci ; si un vêtement est extravagant, il ne peut pas être à la mode.

29. *Ibid.*, p. 371.

La naissance de la mode, selon la théorie évoquée plus haut, serait due à la découverte ou exposition du corps par les vêtements ajustés et à l'extravagance fondamentale de leur coupe. Si l'on applique cette théorie, il faudrait alors accepter qu'aussi bien les vêtements non ajustés que les vêtements simples, tels justement ceux de l'Antiquité mais aussi ceux de la fin du XVe siècle, notamment pour les hommes, ne peuvent pas être à la mode. Auquel cas personne ne serait à la mode au cours des périodes pendant lesquelles les vêtements ne seraient ni serrés ni extravagants dans leurs formes ou dans leurs coloris. Ce qui reviendrait à dire que, pendant les périodes en question, la société tout entière vivrait dans une sorte d'état de suspension vis-à-vis de la mode, ce qui compliquerait singulièrement l'interaction de ses membres, dénués qu'ils seraient de tout signe d'appartenance à leur propre groupe humain.

Une fois encore, il y a donc confusion entre les accessoires du vêtement et le vêtement lui-même. Les accessoires sont toujours extravagants puisqu'ils n'intègrent pas le vêtement mais lui sont extérieurs ; ils sont donc toujours, par définition, hors mode, puisque temporaires. Ils peuvent prendre n'importe quel aspect à n'importe quel moment, et si règle générale il peut y avoir pour les accessoires – grand ou petit sac, ceintures larges ou étroites, bottes montantes ou ballerines, etc. –, cette règle n'est établie que pour mieux laisser aux porteurs la possibilité de s'en démarquer, signifiant par là leur individualité propre que la mode, elle, ne leur permet pas d'exprimer. D'ailleurs si la mode était fondée sur l'accessoire, elle serait si diversifiée que nul ne pourrait jamais la percevoir dans son exigence immédiate ni dans son historicité. Pour y arriver il faudrait en effet avoir une connaissance parfaite de toutes les possibilités accessorielles. Cela serait théoriquement possible, bien que difficile, pour la période de vie du postulant à cette connaissance. Pour les époques qui ont précédé la nôtre en revanche, cela serait impossible aussi bien théoriquement que pratiquement puisque l'on ne peut être certain que les images qui nous sont parvenues d'un proche ou d'un lointain passé présentent effectivement toutes les possibilités accessorielles qui avaient cours alors. Et si l'accessoire était le signe fondamental de la mode, il s'ensuivrait que seuls les porteurs de ce dernier seraient à la mode.

Ainsi, aussi extravagants soient-ils, aussi chargés de signifiés du moment, les accessoires ne doivent en aucun cas changer la silhouette du porteur, sauf à risquer de rejeter celui-ci aux marges de la société. Lorsque la silhouette à la mode est de forme triangulaire par exemple, c'est-à-dire essentiellement qu'il existe un différentiel important et souligné par la coupe du vêtement entre la largeur des épaules et celle de la taille, comme c'était le cas entre 1450 et 1475 environ, le lâcher de la taille par la coupe ou le manque de ceinture, ou encore le glissement de la taille au bas des hanches, auraient modifié cette silhouette du tout au tout. On peut être certain que personne, homme ou femme, ne s'y serait risqué. Un seul détail comme celui-ci est parfois suffisant pour susciter le rire, comme au cirque lorsque les clowns portent des pantalons maintenus très haut sous la poitrine… La distorsion d'une silhouette par rapport à la norme en vigueur provoque presque automatiquement le rejet du spectateur et constitue pour lui l'un des moyens les plus infaillibles de situer le statut de l'autre à un niveau jugé au mieux étranger, au pire inférieur. Imaginons quels lazzi auraient accueilli l'entrée d'une femme en paniers à la cour de Napoléon Ier, pourtant la plupart des femmes adultes au cours des années 1810 en avaient certainement porté elles-mêmes ou vu porter par leur mère ou par les femmes de la noblesse vingt ans auparavant seulement ; elles en conservaient donc un souvenir très précis, peut-être certaines en avaient-elles la nostalgie et en gardaient-elles quelques-unes dans leurs armoires, et cependant les endosser aurait été tout aussi impossible pour elles que pour Napoléon de porter une veste Louis XVI et des cheveux poudrés. Cette constatation du ridicule qu'entraîne une silhouette démodée, c'est-à-dire dont le signifiant n'est plus compris, est si facile à faire par tout un chacun qu'aucun d'entre nous ne s'aventure à en être l'objet, sauf à vouloir se déguiser, c'est-à-dire à vouloir ne pas être reconnu pour ce que l'on est.

Les accessoires de mode au contraire sont aussi divers que les membres de la société qui les utilisent et, s'ils doivent se conformer à certaines règles signifiantes, ils jouissent d'une totale liberté de signifié. Ils ne constituent donc ni une structure impérative à travers laquelle exprimer une idéologie ni le reflet correct d'une quelconque idée forte de la société dans laquelle ils sont opérants. Puisque les accessoires sont individualisés, ils ne peuvent fonctionner que comme camouflage temporaire, non comme révélateur permanent, du « moi » du porteur. Pendant le court instant où ils sont portés, les accessoires ne font donc pas la mode, ils la défont.

Ainsi, c'est pour éviter cette confusion qu'il fallait commencer par donner une définition aussi précise que possible de ce que l'on entend par les termes de mode et de silhouette.

Si l'on admet donc, avec Kroeber, que la silhouette est le véhicule obligé du passage de la mode, il faut la définir exactement avant de pouvoir la mesurer. Pour cela, il faut commencer par le commencement, c'est-à-dire par repérer les points stratégiques qui la constituent, car tout n'est pas constitutif de la silhouette dans le corps ; ces points sont donc les suivants : la tête, les épaules, la taille, la poitrine et le bassin.

Contrairement à ce que l'on pourrait penser, il n'est pas nécessaire d'inclure les jambes ou les bras dans l'ensemble silhouette, et ceci pour deux raisons. La première est qu'un homme ou une femme qui aurait perdu les deux bras et les deux jambes n'en serait pas moins reconnaissable morphologiquement en tant qu'homme ou que femme : une femme possède des seins, une taille beaucoup plus marquée et un bassin plus large et plus rond que ceux de l'homme. Un seul de ces trois éléments est généralement suffisant pour différencier les femmes des hommes et vice versa. Prenons par exemple l'élément de la taille plutôt que celui des seins, trop évident : une femme qui porte un pantalon serré à la taille n'en paraît pas moins femme, les hommes portant leur pantalon accroché quelque part au bas de leur thorax puisqu'ils n'ont pas de taille véritablement différenciée ; en revanche, un homme qui porterait un pantalon serré à un endroit précis, imitant une taille, paraîtra féminisé.

Deuxièmement, les bras comme les jambes ne sont que des prolongements, les uns des épaules, les autres du bassin. C'est parce qu'il s'agit de fixer des points dont l'emplacement et la fonction sont immuables que ces membres essentiellement mobiles peuvent être écartés de la liste des éléments constitutifs de la mode. Le *Timée* de Platon vient confirmer ce jugement lorsqu'il indique que « ces membres ou "instruments" auraient été fabriqués pour assurer le transport du corps tout entier et de sa partie noble, la tête, en particulier[30] ». Leur contribution à une modification de la silhouette ne peut donc se faire que par le mouvement : lever le bras ou la jambe modifie temporairement la silhouette dans un sens signifié mais non signifiant ; ce sens disparaît dès que le mouvement s'arrête. Cela est particulièrement vrai pour les avant-bras et pour les jambes à partir du genou, ces parties étant les plus mobiles grâce à leurs nombreuses articulations.

C'est pourquoi la longueur des manches, des jupes ou des pantalons par elle-même, pour prendre un exemple facile à visualiser, ne modifie en rien le signifiant de la silhouette dans le temps, à condition que la forme générale des manches, de la jupe ou du pantalon reste la même – étroite et longue, étroite et courte, ou large et longue, large et courte. Les variations de longueur introduisent néanmoins un nombre correspondant de différents signifiés, dont l'importance réside dans l'instant plutôt que dans le temps. Ainsi on peut sans doute affirmer que chez les femmes les jupes courtes comme les manches courtes, parce qu'elles montrent plus de chair, possèdent une valeur sexuelle ajoutée que n'ont pas les manches longues ou les jupes longues. Mais ce ne sont pas ces signifiés-là qui nous concernent ici, car ils sont impuissants, à eux seuls, à exprimer une subordination profonde à la culture ambiante.

30. Platon, *Timée*, traduction de Luc Brisson, Paris, 1992, p. 140, 44d-45a.

L'évidence des images est là pour le prouver, les formes de base de la mode, c'est-à-dire les parties de la silhouette plus ou moins avantagées, plus ou moins effacées, ces parties-là restent en place, littéralement, sur le corps pendant des périodes longues. Barthes le note également : « Comme objet culturel, le vêtement appartient à la longue durée[31]... » Ces périodes vont d'une génération, c'est-à-dire environ 20 ans, à plusieurs générations, c'est-à-dire environ de 40 à 70 ans. À l'intérieur de ces périodes, il se produit des changements constants, principalement dans le domaine des accessoires ou de la couleur, qui peuvent être journaliers dans la mesure où l'on s'habille tous les jours, qui peuvent être de plus ou moins grande ampleur, mais qui ne modifient pas l'aspect général de la silhouette.

Prenons alors un exemple précis de ces deux périodes, délibérément choisies hors du champ temporel de cette étude, pour démontrer que dans la mode, si « l'histoire ne produit pas des formes[32] », les formes évoluent bel et bien avec l'histoire. Pour la période courte d'une seule génération, il existe deux exemples probants, la crinoline (fig. 4, p. 133) et la robe « à la garçonne » (fig. 3, p. 133) : la première, cette immense jupe apparue dans les années 1850 avec l'avènement de Napoléon III, qui devait être portée sur une structure faite d'arceaux de soutien, disparut 20 ans plus tard, en 1870, avec le Second Empire ; la robe à la garçonne des années 1920, portée au cours des années folles, soit de 1920 à 1932 environ, et coupée en rectangle, se démarquait complètement des robes à taille de guêpe qui l'avaient immédiatement précédée. Pour donner à l'apparence corporelle des porteuses cette silhouette cubiste – pour utiliser la terminologie de l'époque appliquée aux nouvelles formes d'art se manifestant alors –, les femmes durent adopter des dessous qui comprimeraient leurs formes naturelles dans le sens désiré par la mode ; les corsets à taille de guêpe de l'époque précédente,

31. Barthes, *op. cit,* p. 198, note 4.
32. *Ibid.*, p. 297.

qui magnifiaient au contraire ces mêmes formes, firent donc place à des gaines escamotant la taille et des soutiens-gorges aplatissant la poitrine (1). Cette mode disparut de la scène vestimentaire internationale qui l'avait universellement adoptée, et ce dans toutes les classes sociales (voir les uniformes des domestiques de l'époque par exemple), presque aussi vite qu'elle y était apparue, avec l'arrivée de la deuxième guerre mondiale.

Pour l'exemple contraire, celui de la période longue, c'est la robe-sac, appelée également robe « à la Watteau » ou « à la française » (2), caractérisée par un grand pan d'étoffe tombant droit du haut du dos jusqu'à terre, qui tient le record de longévité. En effet, ce type de robe représenté pour la première fois dans les années 1710 est de mise sous la régence de Philippe d'Orléans et il perdure sans changement majeur quelque 70 ans, jusqu'à la chute de l'Ancien Régime.

Quels que soient par ailleurs les divers signifiants de ces deux formes, la crinoline et la robe à la française, force est de constater que leur temps de mode coïncide assez exactement avec un temps d'histoire bien précis. Là aussi les analyses de Kroeber sont toujours pertinentes. Il avait en effet pu constater que les

2

variantes les plus extrêmes de la mode féminine, par rapport à cette silhouette fondamentale ou idéale mentionnée plus haut, se produisaient au cours de périodes de changements fréquents dans la mode ; autrement dit : s'il y a variabilité constante il y a extravagance, c'est-à-dire ici qu'il y a éloignement de plus en plus grand des normes de la silhouette idéale[33]. Les deux périodes de plus grande variabilité, donc de plus grands excès, sur les 150 ans étudiés par Kroeber (de 1787 à 1936) coïncidaient avec celle des années révolutionnaires et de la période napoléonienne pour la première, et avec celle de la Grande Guerre et des années suivant le conflit pour la deuxième. La conclusion qu'en tirait Kroeber était double. Premièrement, les facteurs culturels ou historiques, surtout ceux qui sont chargés de tension sociale et d'instabilité, sont donc bien susceptibles d'influencer les changements de la mode ; cependant ils exercent leur influence sur un style de modèle existant, pour le disloquer ou le renverser complètement ; si l'on n'utilise pas ce style de modèle comme référence, l'effet de ces changements ne peut être compris[34]. Mais, en deuxième lieu, Kroeber explique que ce ne sont pas les révolutions, les guerres ou l'instabilité socioculturelle en elles-mêmes qui produisent les jupes courtes ou les tailles hautes ou basses, mais qu'en revanche elles dérangent les habitudes stylistiques de la mode et tendent à les inverser, voire à les renverser, à amener, en quelque sorte, une esthétique contraire à ce qui a précédé[35]. Dès les premières années du Premier Empire, la silhouette de mode se situe à l'opposé

33. Kroeber et Richardson, *op. cit.*, p. 371.

34. *Ibid.* « Generic cultural or historic influences can therefore probably be assumed to affect dress-style changes. Sociocultural stress and unsettlement seem to produce fashion strain and instability. However, they exert their influence upon an existing stylistic pattern, which they dislocate or invert. Without reference to this pattern, their effect would not be understood. »

35. *Ibid.* « The explanation propounded is not that revolution, war, and sociocultural unsettlement in themselves produce scant skirts and thick and high or low waists, but that they disrupt the established dress style and tend to its overthrow or inversion. »

de celle qui avait cours sous Louis XVI, juste avant et même quelques années après la Révolution.

C'est également dans un tel contexte de renversement des modèles esthétiques jusqu'alors dominants que s'est produit le changement de mode radical entre la période du gothique international et celle du néoplatonisme à la fin du XVe siècle.

Pour en revenir à la définition de la silhouette, il n'est peut-être pas inutile de rappeler ici la signification, dans une optique néoplatonicienne, de chacun des éléments constitutifs de la silhouette, et de voir pour cela comment Platon lui-même en décrit les différentes parties dans le *Timée.* D'abord la tête : c'est le siège du visage, donc des yeux. Que ce soit chez l'homme ou chez la femme, le visage, et particulièrement les yeux, sont les premières choses qui frappent le regard de l'autre et le renseignent immédiatement sur le sexe de la personne regardée, lui permettant de former sur-le-champ une appréciation de sa beauté. Platon le dit : « … ce sont les yeux porteurs de lumière qu'ils [les dieux] ont fabriqués en premier lieu[36]. »

La tête est le siège du cerveau ; elle est de forme sphérique « pour imiter la figure de l'univers qui était arrondie[37] ». Cette rondeur de la tête est un facteur de mode important. En effet elle sera accentuée ou au contraire diminuée, dans le sens d'une ovalisation notamment, par la coiffure et/ou par le chapeau, selon les époques.

Platon poursuit sa description de la création de la tête : « Or les révolutions divines qui étaient au nombre de deux, les dieux jeunes, pour imiter la figure de l'univers qui était arrondie, les enchaînèrent dans un corps de forme sphérique, celui que nous appelons la "tête", partie qui est la plus divine et qui règne en nous sur toutes les autres parties[38]. »

La modification ou la conformité de la forme de la tête, par rapport à la norme parfaitement sphérique de Platon, est

36. *Timée*, 45a-45b.
37. *Ibid.*, 44d-45a.
38. *Ibid.*, 44d-45a.

un élément majeur dans la transposition « vestimentaire » (dont la définition est ici étendue jusqu'à la coiffure, sorte de chapeau en vérité) des idées à travers lesquelles une société donnée se reconnaît et reconnaît ses membres. Ainsi les hennins de la période du gothique international finissant, de 1430 à 1465 environ, s'écartent autant qu'il est possible de le faire de cette norme, en étirant le visage féminin vers des hauteurs vertigineuses qui le font ressembler à un clocher d'église. Ce visage terminé en pointe par le haut du hennin fait de la tête un triangle et non plus un cercle. Les visages masculins de la même époque sont d'ailleurs logés à même enseigne : ils sont surmontés de longs et hauts bonnets dressés droit sur la tête, ou encore ils portent une ou plusieurs plumes d'autruche fichées droit sur leur chapeau pour en accentuer encore la verticalité. Cette verticalité essentielle du vêtement de l'époque constitue une expression vestimentaire de l'approche esthétique gothique, tout entière tournée vers l'élongation démesurée, notamment en architecture[39]. Dès le tout début du XVIe siècle, l'apparition, du moins en France, d'un costume féminin au corsage à l'échancrure carrée et amples manches indique déjà un autre idéal où régneront l'ampleur et l'horizontal[40], toutes deux notions marques de la Renaissance par opposition à l'étroitesse et à la verticalité du gothique. L'analyse de Panofsky selon laquelle « … d'un point de vue compositionnel ce changement signifie, de façon générale, la substitution d'un schème triangulaire en faveur d'un schème rectangulaire[41]… » vient confirmer que l'avènement d'une autre ère amène avec elle, littéralement, une autre perspective.

39. Van Thienen, Frithjof W.S., « L'homme et la mode entre 1450 et 1520 », dans *Actes du premier congrès international d'histoire du costume*, (Venise, 1952), Milan, 1955, p. 55-63.

40. *Ibid.*, p. 61.

41. Erwin Panofsky, *Studies in Iconology, Humanistic Themes in the Art of the Renaissance*, New York, 1962, [1939], p. 7 : « … from a compositional point of view this means, roughly speaking, the substitution of a triangular scheme for a rectangular one… »

Les têtes de la Renaissance donc, au contraire des têtes gothiques, qu'elles soient féminines ou masculines, s'approchent au plus près de cette description idéale platonicienne en présentant un aspect aussi rond que possible, tant dans leurs coiffures que dans leurs chapeaux.

Quant au buste ou thorax, toujours selon Platon : « C'est dans la poitrine et dans ce qu'on appelle le thorax qu'ils ont installé l'espèce mortelle[42]. » Le buste est évidemment le siège du cœur, organe vital mais aussi organe sexuel en ce que ses tressaillements fonctionnent comme avertisseur d'amour, avant même que les organes sexuels proprement dits ne réagissent au désir. Cette partie de la silhouette semble donc venir immédiatement après la tête en importance dans la constitution d'une apparence vestimentaire qui s'accorderait avec la tendance générale de la société. Tout au long de la période du gothique international, cette partie du corps s'est inscrite dans un triangle presque parfaitement isocèle, alors que, au cours de la période influencée par le néoplatonisme florentin, elle s'est inscrite dans un rectangle aux proportions pythagoriciennes, c'est-à-dire dont les côtés verticaux mesureraient une fois et demie la largeur des côtés horizontaux.

Le bassin, lui, est « une sorte de mangeoire destinée à permettre au corps de se sustenter[43] » : voilà comment Platon définissait cette partie du corps, comme il le définissait également siège des « parties honteuses[44] ». Il est évident que le bassin, chez les hommes comme chez les femmes, joue un rôle d'une importance proportionnée aux fonctions qu'il recèle et qui sont elles aussi à la fois vitales, celles de la nourriture, et sexuelles, celles de la reproduction. Il est facile d'imaginer combien de modifications profondes pouvaient apporter dans le vêtement des approches différentes du problème de la sensualité (dans le rapport à la nourriture) et de la sexualité (dans le rapport à l'acte reproductif). C'est d'ailleurs dans ce

42. *Timée*, 69d-70a.
43. *Ibid.*, 70b-71a.
44. *Ibid.*, 91b-91c.

domaine particulier de la sexualité, ou plutôt du non-exercice de celle-ci, que ce soit entre les hommes et les femmes ou entre personnes d'un même sexe, que le néoplatonisme a joué un rôle important et qui différait sensiblement à la fois de l'attitude des anciens et de celle de l'Église à ce sujet, en mettant l'emphase sur les relations non charnelles, non reproductrices par définition. Dans les années 1480, cette attitude s'est donc traduite en termes vestimentaires par un gommage total du bassin, chez les hommes et chez les femmes, celui-ci étant occulté par le port de longues « robes » droites, d'égale largeur du haut en bas. La poitrine, chez les femmes, a elle aussi littéralement disparu pour être remplacée par un buste complètement plat, ressemblant à celui d'un homme. De sorte que la silhouette féminine comme la silhouette masculine s'inscrivaient alors dans une forme géométrique quadrangulaire, un rectangle, en parfaite opposition à la forme géométrique triangulaire qui avait eu cours durant les quelque cinquante années précédentes de la période du gothique international.

Pour les pythagoriciens, le nombre d'or était le chiffre quatre. Il ne faut peut-être pas s'étonner par conséquent si une silhouette reflétant les enseignements de l'Antiquité, même aménagés par une interprétation syncrétique, devait s'éloigner du chiffre trois, de la triangularité donc, de la Trinité enfin, qui constituent la définition même du christianisme.

Le rectangle, au contraire, est sans doute la figure qui reflète le plus fidèlement les canons de la beauté antique. Dans le *Timée*, Platon le dit clairement : « Aussi faut-il dire quelles propriétés devraient avoir les corps les plus beaux : être au nombre de quatre[45]... » Or il s'agit des quatre éléments, le feu, la terre, l'eau et l'air, dont Platon parle ici, et c'est à partir de ces quatre éléments que « le corps du monde a été engendré [et que] l'accord qu'il manifeste, il le tient de la proportion géométrique[46]. » Dès lors que ce canon de per-

45. *Ibid.*, 53e-54a.

46. *Ibid.*, 32c-33a ; voir également *op. cit.*, notes 136 et 137, p. 232, sur le problème de la duplication du carré et de la duplication du cube à l'époque de Platon.

fection était adopté par les néoplatoniciens, il s'ensuivait que les corps, qu'ils soient féminins ou masculins, devaient s'y conformer morphologiquement, du moins dans leur représentation idéalisée. Les artistes pouvaient facilement représenter cet idéal, mais, pour les personnes vivantes, devenir un « vivant parfait », selon la terminologie de Platon[47], ne pouvait passer que par un seul chemin : l'adaptation vestimentaire. Car seul le vêtement est un moyen comparable à la peinture puisqu'il peut dessiner un corps parfait, dans des couleurs et avec des proportions conformes à ce qu'avait voulu sinon Dieu lui-même, du moins le Démiurge de Platon, lors de la création.

47. Ce terme ne s'applique pas aux humains en tant que tels, bien sûr, mais au monde entier en tant que création.

VI

LA CONSTRUCTION GÉOMÉTRIQUE DE LA SILHOUETTE, 1470-1500

Il faut parler d'une véritable crise de la représentation du corps à partir des années 1470. En effet, l'influence de la pensée et de l'esthétique du monde antique force la société à se repenser dans sa finalité existentielle et dans son aspect physique.

Cette crise rappelle à bien des égards celle qui se produisit au cours des années de la seconde moitié du XIVe siècle. C'est le *Canzoniere* de Pétrarque qui, l'un des premiers, « reflète un processus de déstructuration du système de cette représentation, en abandonnant certains des fondements sur lesquels repose, depuis saint Augustin et Isidore de Séville, toute description de la personne humaine : la louange ou la critique, la surface et l'intérieur ; le schème "beauté-jeunesse-amour" ; "les proportions requises et la haute taille" ; la "perspective téléologique[1]" ». Mais le poème de Pétrarque est effet, et non

1. Selon René Stella, « La représentation du corps dans le *Canzoniere* de Pétrarque », dans *La représentation du corps dans la culture italienne : Actes du colloque de 1982*, université de Provence, Aix-en-Provence, 1983, p. 64.

cause, de cette mutation. La cause profonde est à chercher du côté du renouvellement même de la pensée déjà proposé par Pétrarque, et dans une large mesure par ses contemporains érudits, au travers de leur nouvelle lecture des sources de la pensée antique, dans le sens d'une compréhension approfondie certes, mais aussi et surtout dans le sens d'une acceptation du message essentiel de cette pensée.

Si cette refonte totale de la forme comme des objectifs d'une représentation écrite du corps prend place un peu plus d'un siècle avant la période qui nous occupe, elle n'en a pas moins un impact direct sur cette dernière. Non seulement parce que la crise de 1470 est tout aussi profonde, sinon plus, que celle des années 1350, qui avait peut-être été précipitée par la tragédie de la peste noire, mais aussi parce que les œuvres de Pétrarque ne rencontrent le succès public qu'à partir de 1470 précisément, avec les débuts de l'imprimerie. Dès lors, la conjonction de ce qui apparaît comme des idées nouvelles aux yeux de ceux qui n'avaient eu aucun moyen de connaître leur existence antérieure, avec la situation nouvelle d'une société en pleine restructuration politique, économique, sociale et surtout philosophique comme l'est la société française – à l'exemple de la société italienne – de la fin du XVe siècle, produit un bouleversement complet de la perception de la personne humaine et par conséquent de son vêtement. Ce bouleversement est facilement identifiable, par rapport à la période qui le précède immédiatement, tant il en diffère, mais il est de même nature et il prend les mêmes formes, à peu de chose près, que celui du XIVe siècle, les mêmes causes dans ce domaine produisant les mêmes effets. Car il n'existerait en réalité que deux façons de voir, donc de vêtir, les hommes et les femmes, dans la civilisation occidentale, non seulement depuis saint Augustin, mais plutôt depuis l'Antiquité : comme des porteurs de symboles de la sexualité ou, au contraire, comme des porteurs de négation de la sexualité. La différence entre ces deux manières de comprendre la place du sujet dans une société humaine tiendrait donc plus à la philosophie régnant dans une société à un moment donné qu'à des considérations économiques, sociales ou politiques. Or les deux systèmes philosophiques qui régissent la pensée occidentale sont essentiellement celui de l'Antiquité, basé sur la pensée de Socrate et d'Aristote[2], et celui du christianisme.

En ce qui concerne l'amour et la sexualité, la pensée de Socrate, telle que nous l'a léguée Platon, et celle d'Aristote ne diffèrent pas sur un point qui paraît aujourd'hui essentiel : la place de la femme. Selon cette pensée, la femme ne joue aucun rôle ou presque dans l'amour et dans la sexualité, son rôle se borne à la reproduction. Dans la pensée chrétienne, la femme joue un rôle de première importance dans un domaine bien précis de l'amour, celui de l'amour maternel : l'amour de la Vierge Marie pour son fils. En ce qui concerne l'amour dans son aspect sexuel, la femme joue également un rôle de premier plan : celui de la tentation constante, ou celui, pourrait-on dire, du diable personnifié. L'important ici est que rien, dans le christianisme, ne peut s'accomplir sans la femme, ni le bien ni le mal. Dans l'Antiquité, au contraire, rien ne peut s'accomplir avec la femme, ni l'amour divin ni l'amour profane.

Il s'ensuit que lorsque dans une société ce sont les idées néoplatoniciennes qui constituent le noyau dur des réflexions de l'élite « pensante », les vêtements dont s'habillent les hommes et les femmes de cette société ont tendance à refléter cette vision masculinisée, mais non pas virilisée, des choses. Et que dans une société où la spiritualité chrétienne constitue la question primordiale, les vêtements ont tendance à refléter cette vision féminisée, mais non pas efféminée, des choses.

Mais cette vision a-t-elle cours dans toutes les classes de la société ou y aurait-il une différence entre le vêtement des élites et celui de tout un chacun ? La différence, telle qu'elle

2. Il est évident que la pensée de beaucoup d'autres philosophes de l'Antiquité a exercé une influence sur l'Occident, mais on peut sans doute admettre que celles de Socrate, Platon et Aristote occupent la première place.

peut être observée sur les documents illustrés d'une de ces époques ou de l'autre, paraît clairement relever plus du degré que de la nature. Tant est puissante la force de ces idées dominantes sur les critères de représentation du corps habillé, sinon sur les critères de l'habillement lui-même qui dépend bien, dans une certaine mesure, des possibilités économiques et des préférences esthétiques de chacun, qu'aucun professionnel de la représentation illustrée – peintres, graveurs, sculpteurs, enlumineurs – ne s'est alors risqué à produire une image sensiblement éloignée de ces critères. Ce sont donc ces images qui deviennent la réalité dans laquelle chacun veut se reconnaître. Car, à s'éloigner par trop de ces critères, on s'exposerait au risque d'être exclu du champ ordinaire de la société, pour se retrouver parmi ceux-là qui sont marqués du sceau de la différence et/ou de la marginalité. Comme le souligne Panofsky à propos du fond et de la forme dans les arts plastiques – théorie qui s'applique ici au fond et à la forme de la présentation du soi par le vêtement –, « … il ne peut absolument pas y avoir un même fond exprimé à des époques différentes et cela pour la simple raison que la forme même qu'il prend à telle ou telle époque participe tellement de son être propre qu'il ne serait plus lui-même dans la forme d'une autre époque[3] ».

En 1487 donc, Léonard de Vinci dessine l'homme de Vitruve, dont les proportions parfaites s'inscrivent dans un carré, lui-même inscrit dans un cercle. C'est aujourd'hui sans doute l'une des images les plus célèbres au monde. À l'époque de sa conception, elle fut également largement diffusée comme illustration du traité de Vitruve, les *Dix livres d'architecture*, dont de nombreuses éditions devaient être publiées partout en Europe à partir de 1486.

Mais il faut peut-être souligner que l'image de Léonard ne constitue pas le commencement, comme on a parfois tendance à le croire, mais au contraire le stade ultime, et sans doute le plus abouti, de cette approche géométrique de la

3. Erwin Panofsky, *La perspective comme forme symbolique*, Paris, 1975, p. 193.

perception et de la représentation du corps résultant directement de la tradition antique retrouvée, celle du *Timée* de Platon et celle du nombre d'or de Pythagore, comme de celle des calculs de Vitruve[4]. Ce modèle d'une pensée esthétique est d'ailleurs déjà sur le déclin[5], parce qu'il arrive à cette matérialisation que constitue son dessin après plus de cinquante ans d'écrits humanistes sur ce sujet de l'harmonie des formes humaines. Pour les humanistes néoplatoniciens, ces formes harmonieuses, miroir de l'âme et condition du rapport social, sont celles du corps masculin[6]. Mais ces corps ne sont véritablement beaux que lorsqu'ils sont illuminés par l'étincelle de la lumière divine ; leur beauté sensible n'est belle que par sa conformité la plus étroite possible avec l'idée que l'esprit divin nous en a imparti. Selon Marsile Ficin : « La beauté, partout où nous la rencontrons... nous plaît et suscite notre approbation, parce qu'elle correspond à l'idée de la beauté qui nous est innée et qu'elle lui convient en tous points... Ainsi, lorsque nous jugeons de la beauté d'une réalité, nous la trouvons belle de préférence aux autres parce qu'elle est dotée d'une âme, d'une raison et d'une forme telles que, par l'esprit, elle satisfait à la formule de la beauté qui réside en notre esprit et que, par le corps, elle correspond à la raison séminale de la beauté que nous possédons de par notre nature et notre âme seconde[7]. »

4. Comme chacun sait, Vitruve est à l'origine de ce schéma, que Léonardo ne fait que reprendre et qu'il nomme d'ailleurs d'après son auteur.

5. En tous cas pour la période qui nous intéresse ; en effet, le calcul des proportions les plus harmonieuses de la figure humaine se poursuit activement jusqu'au XVIIe siècle, voire au-delà, mais dans une optique différente, moins cosmologique s'il l'on veut, et plus physiologique.

6. Gabriel A. Pérouse, « La Renaissance et la beauté masculine », dans *Le corps à la Renaissance*, Actes du colloque de Tours, juillet 1987, sous la direction de Jean Ceard, Marie-Madeleine Fontaine et Jean Claude Margolin, Paris, 1990, p. 66.

7. Marsile Ficin, *Opera*, « Commentaires sur Plotin, *Ennéades*, I. 6 », p. 1574 et 1576 ; cité par Erwin Panofsky, *Idea. Contribution à l'histoire du concept de l'ancienne théorie de l'art*, Paris, 1989 (1983), p. 217, note 133.

D'où, raison dans un corps masculin = beauté : pour être beau il faut que la raison illumine le sujet de l'intérieur et que son apparence extérieure soit la plus proche possible de l'idéal ; or le siège de la raison se trouve dans la tête de l'homme (et non pas dans celle de la femme), et le siège de la beauté se trouve dans les proportions mathématiquement harmonieuses du corps masculin. Les proportions de ce corps se rapprochent d'autant plus de l'idéal que le sujet est jeune, car son corps n'a pas encore été déformé par les excès d'humeur ni par l'inévitable décomposition de la matière qui accompagne l'avancée en âge. Dans ces conditions, il était assez logique pour la mode vestimentaire de prendre un aspect à la fois juvénile et masculin, plutôt que mûr et féminin. C'est bien ce qui devait se produire sous l'influence de cette doctrine à la fois pétrarquienne et platonicienne.

Quelque trente-cinq ans avant l'homme de Vitruve de Léonard de Vinci, l'œuvre d'un autre humaniste et artiste, Léon Battista Alberti, était déjà bien connue en Italie et dans le reste de l'Europe. Les ouvrages d'Alberti traitant de la science des proportions humaines, de la perspective et de la représentation, *De pictura* et *De re aedificatoria*, avaient été diffusés sous forme manuscrite dès les années 1435 pour le premier ouvrage et 1452 pour le second[8]. Ils n'étaient alors appréciés que des spécialistes, mais leur retentissement fut tel sur les artistes italiens d'abord, sur les autres rapidement après, que l'approche esthétique qu'ils préconisaient fut immédiatement traduite en pratique à travers l'architecture, la peinture, la sculpture et l'illustration de manuscrits. Alberti entretenait d'ailleurs des liens d'amitié personnels avec les plus grands artistes de son temps tels Brunelleschi, Ghiberti, Donatello et Luca della Robbia[9].

Cette traduction matérielle des idées d'Alberti, sous la forme d'édifices, de statues, de tableaux ou fresques et d'en-

8. Paul-Henri Michel, *Un idéal humain au XVe siècle. La pensée de L. B. Alberti (1404-1472)*, Genève, 1971, p. 15, 33.

9. *Ibid.*, p. 64.

luminures eut pour effet immédiat d'atteindre un nombre de personnes de tous âges et de toutes conditions bien plus important que celui des érudits susceptibles de lire ses œuvres, sans que ces observateurs ordinaires ne soupçonnent d'ailleurs, le plus souvent, le nom de la personne qui en était à l'origine.

On oublie parfois l'impact déterminant que produisent les structures architectoniques, y compris les détails de leur ornementation peinte ou sculptée, sur les esprits ; ou, pour le dire comme Marie-Christine Pouchelle, que « l'anatomique et l'architectural (ou l'urbain) [sont] alternativement modèles l'un de l'autre depuis longtemps déjà, comme ils le [sont]... jusqu'à aujourd'hui[10] ». Dans les années 1480, Francesco di Giorgio Martini avait donné une théorie illustrée de ce concept avec ses études sur la ville anthropomorphe et les relations entre le corps humain et le plan d'une basilique ou le fronton d'un temple[11]. Rien de plus puissamment évocateur donc qu'un palais ou une église parés de statues, ornés de fresques ou de tableaux ; rien qui ne suscite plus l'envie qu'une de ces riches demeures, qu'elle soit celle du prince ou celle de Dieu ; rien qui ne suscite plus l'émulation d'une forme de beauté que le quidam reconnaît sans mal posséder déjà dans les proportions de son propre corps (dans le meilleur des cas...).

Mais à chacun selon ses moyens : cette imitation d'un goût peut se faire, pour les riches, au niveau de l'édification architecturale ; pour les moins riches, elle peut se cantonner au niveau vestimentaire ; pour les pauvres, l'aspect général de la silhouette, sans les fioritures, est sans doute la seule façon d'y participer. Lorsque la mode était aux hennins démesurés, dans les années au cours desquelles régnait le style dit du gothique international, les membres les moins avertis de la société contemporaine se seraient aperçus de la relation entre

10. *Corps et chirurgie à l'apogée du Moyen Âge*, Paris, 1983, p. 209.

11. Trois illustrations de ces *Codex* sont reproduites par Nadeije Laneyrie-Dagen dans *L'invention du corps* (voir ci-dessous), p. 239, 241.

les clochers pointus de cette époque et les chapeaux des femmes (et ceux des hommes, moins pointus mais dressés tout de même sur la tête), même s'ils n'en tiraient aucune autre conclusion que celle de leur ressemblance, et même si la plupart d'entre eux n'avaient ni les moyens ni le statut social d'en arborer eux-mêmes. Il n'est pas besoin en effet d'être philosophe ou mathématicien pour ressentir instinctivement l'importance de la verticalité dans un environnement où les structures majeures tendent toutes à monter au ciel : il faut donc y porter des chapeaux hauts comme des moulins.

Lorsqu'au contraire la Renaissance remit les coupoles à la mode, il s'ensuivit que la tête des hommes et des femmes, sommet de l'édifice humain, s'arrondit avec elles. Il suffit d'un chapeau plat pour changer du tout au tout l'allure et avec cela changer d'époque. Le badaud qui lève les yeux vers les splendides constructions de la Renaissance comprend que, pour être à la mode, il faut jeter aux orties les dépouilles de l'époque précédente, le Moyen Âge, qui, pour avoir mis longtemps à expirer, n'en est pas moins alors bel et bien mort pour toujours.

L'invention à la Renaissance, donc, d'un corps nouveau, basé sur des considérations métaphysiques, a fait l'objet de nombreuses études[12]. Il est cependant nécessaire d'analyser en quoi consiste cette théorie d'un corps idéal, même si ce n'est pas tant la théorie qui importe ici que le résultat pratique, c'est-à-dire comprendre comment l'idée d'un corps idéal fut transposée en un vêtement qui obligerait le corps vêtu à s'approcher au plus près de cette idéalité.

Ce corps nouveau repose entièrement sur des calculs mathématiques et singulièrement sur ceux de la perspective, en tout cas pour la représentation de son existence. Alberti le précise dans le livre I de son traité sur la peinture, *De pictura* :

12. Citons, entre autres, l'une des plus récentes, celle de Nadeije Laneyrie-Dagen, *L'invention du corps. La représentation de l'homme, du Moyen Âge à la fin du* XIX*e siècle*, Paris, 1997 ; voir le chapitre IV, « Le corps magnifié : la beauté de Dieu », p. 97-146.

« Voulant écrire sur la peinture en ces brefs commentaires, nous emprunterons aux mathématiciens, afin de rendre notre parler plus clair, tout ce qui paraîtra s'appliquer à notre sujet[13]. » La vision perspective du monde est alors, en ce milieu du XVe siècle, en train d'être codifiée selon des règles théoriques précises, proposées justement par Léon Battista Alberti : il s'agit, comme il le dit lui-même, d'ouvrir une fenêtre sur l'espace, cette fenêtre étant une figure géométrique à quatre angles droits, soit un rectangle ou un carré[14].

Il s'agit ensuite de calculer, à l'intérieur de cet espace potentiellement infini, la position relative des objets et des sujets qui s'y trouvent, de façon à ce qu'ils se présentent à notre vue comme s'ils étaient réellement devant nous, comme si notre œil pouvait saisir leur troisième dimension. À travers ce procédé, l'illusion de la réalité représentée confère à qui la voit un plus grand pouvoir de faire sens que la réalité elle-même, puisque la perspective augmente, en quelque sorte, les facultés naturelles : comme par magie, l'œil pénètre soudain au cœur des choses car, à travers elles, il perçoit des objets ou des personnes qui, dans la réalité, ne lui seraient pas perceptibles à cause de leur position trop éloignée ou au contraire toute proche mais cachée par un autre objet ou par une autre personne. Dans ces conditions le corps idéal ne doit en aucune manière faire obstacle à cette vision. Pour l'en empêcher, il n'est rien de mieux que de faire coïncider ses formes avec celles de cette fenêtre quadrangulaire dont parle Alberti, qui constitue à la fois le cadre nécessaire à l'ouverture sur l'infini et les limites mêmes de cet infini encadré. Ainsi tout corps

13. *De la statue et de la peinture traités par Léon Battista Alberti*, traduits du latin en français par Claudius Popelin, d'après le texte traduit en italien et « corrigé en partie » par Cosimo Bartoli, Venise, 1568 ; Paris, 1868, p. 57.

14. Janitschek, ed., *Leone Baptista Alberti, Kleine kunstheoretische Schriften*, s.l., 1877, p. 79 ; cité par Erwin Panofsky, *La perspective comme forme symbolique*, Paris, 1975, p. 38. Alberti dit : « Scrivo un quandragulo [...] el quale reputo essere una finestra aperta per donde io miri quello que quivi sara dipinto » (J'écris un quadrangle... lequel je tiens pour une fenêtre ouverte par laquelle je vis ce qui y sera dépeint).

pourra-t-il être mathématiquement intégré dans le système de représentation en perspective choisi par le représentateur/artiste.

Tous les théoriciens de la perspective qui suivront Alberti, comme tous les artistes, les deux étant souvent les mêmes, n'envisageront le problème de l'harmonie des formes et des proportions humaines ou matérielles qu'à l'intérieur de ce volume quadrangulaire. Dans la plupart des cas, ce volume n'est pas, il faut le souligner, un carré, mais un rectangle. Cela est si vrai que, pour pouvoir inscrire une figure humaine dans un carré, tous les théoriciens et artistes qui s'y sont essayé ont dû faire écarter jusqu'à l'horizontale les bras du personnage représenté, comme le préconisait d'ailleurs Vitruve lui-même[15].

Cette figure de l'homme dans un carré encerclé est celle que reprendront d'abord Cennino Cennini, auteur d'un traité de l'art intitulé *Il libro dell'arte*, rédigé vers 1400, puis Léonard de Vinci dont les figures illustrent l'ouvrage du mathématicien Luca Pacioli publié en 1509, *De divina proportione*.

Mais cette figure ne peut satisfaire tout le monde, car elle fige le corps dans une position occasionnelle et artificielle plutôt que naturelle. En réalité, le corps humain debout, les bras le long du corps et les jambes parallèles – position qui le distingue de façon absolue des autres règnes de la nature –, s'inscrit toujours dans un rectangle et non dans un carré. En effet, que l'on prenne le système proportionnel établi par Vitruve au Ier siècle ou celui d'Alberti au milieu du XVe, il est évident que, pour former un carré, il faudrait que la mesure,

15. Vitruve, *Les dix livres d'architecture*, traduction de Claude Perrault, 1673, revue et corrigée par A. Dalmas, Paris, 1986, p. 79 : « … si à un homme couché, et qui a les pieds et les mains étendus, on met le centre d'un compas au nombril, et que l'on décrive un cercle, il touchera l'extrémité des doigts des mains et des pieds ; et comme le corps ainsi étendu peut être enfermé dans un cercle, on trouvera qu'il peut de même être enfermé dans un carré ; car si on prend la distance qu'il y a de l'extrémité des pieds à celle de la tête, et qu'on la rapporte à celle des mains étendues, on trouvera que la longueur et la largeur sont pareilles, de même qu'elles le sont en un carré parfait… »

en largeur ou en longueur, d'une des parties du corps soit égale à une autre mesure d'une autre partie de ce même corps. Or ce n'est pas le cas ; aucune des mesures de longueur idéale proposées, bien qu'elles puissent être égales entre elles, ne sont égales à aucune des largeurs proposées.

D'ailleurs la largeur est rarement considérée du tout et la longueur idéale, qu'elle soit celle du pied, comme chez Vitruve[16], ou celle de la tête chez Alberti[17], ou celle du gros orteil concordant avec la distance de la bouche au menton chez Léonard[18], ou encore celle d'Albrecht Dürer, différente pour chacun des types physiques choisi comme représentatif par l'artiste allemand[19], est l'unité de base dont un nombre varié de multiples constitue la longueur idéale de chaque partie du corps entier.

Selon Marsile Ficin, qui concevait le cosmos comme un vaste temple composé d'êtres numérico-géométriques – en cela il ne s'éloignait guère de la vision du *Timée* de Platon –, l'architecture était le moyen sensible de reproduire ce monde intelligible. Il va beaucoup plus loin dans ce sens qu'Alberti en échafaudant une théorie à la fois mathématique et spirituelle du temple/cosmos et en proposant un schéma du rapport entre le quaternion pythagoricien, la séquence géométrique correspondante, soit le point, la ligne, le plan et le solide, et

16. *Ibid.* « Le pied a la sixième partie de la hauteur de tout le corps. »

17. Léon Baptiste Alberti, *De pictura* (1435), traduction de J.L. Schefer, Paris, 1992, livre II, p. 163 : « Je conseille [...] que pour mesurer un être animé l'on prenne l'un des membres de cet être animé qui servira à les mesurer tous. L'architecte Vitruve mesure la taille de l'homme en pieds. Je pense, quant à moi, qu'il serait plus digne de rapporter toutes les autres quantités à celle de la tête... », cité par Laneyrie-Dagen, *op. cit.*, p. 120.

18. Léonard de Vinci, *Traité de la peinture,* textes traduits et présentés par André Chastel, Paris, 1987, p. 230.

19. Sur les théories d'A. Dürer à propos des proportions de plusieurs types masculins et féminins, voir les œuvres de Dürer lui-même : *Instructions sur la manière de mesurer* (éd. or. 1525), traduit et présenté par J. Bardy et M. Van Peene, Paris, 1995, et *Les quatre livres d'Albert Dürer, peintre et géométrien tres excellent, De la proportion de parties et pourtraicts des corps humains* (éd. or. 1528), traduction de Loys Meigret, Arnhem, 1631 ; ainsi que Erwin Panofsky, *La vie et l'art d'Albrecht Dürer,* Paris, 1987.

les états philosophiques successifs, soit l'essence, l'être, la vertu, et l'action[20]. Ce système basé sur le nombre quatre n'est pas cependant voué à une seule forme géométrique qui serait le carré ; bien au contraire, Marsile Ficin précise que le temple idéal, ou plutôt sa représentation parfaite dans le monde sensible, doit être plus profond que large, de façon à exprimer la « profondeur inhérente de l'acte de contemplation[21] ». Et de fait bien peu de bâtiments civils ou religieux de la Renaissance, ni ceux d'autres périodes, sont carrés, la topologie se prêtant d'ailleurs rarement à une telle implantation. Pour représenter l'homme comme la ville qui l'entoure, le rectangle est à la fois plus significatif de la spiritualité et plus harmonieusement proportionné que le carré. Le mot *quadrangulo* utilisé par Alberti signifie d'ailleurs le seul fait que la structure géométrique à laquelle il se réfère possède quatre angles droits.

Il y a tout de même une exception à cela. C'est celle du carré parfait qui, selon Léonard, existe « du sourcil à la jonction de la lèvre avec le menton, et de là à l'angle [postérieur] de la mâchoire, et de là à la limite supérieure de l'oreille, près de la tempe [...] dont le côté mesure la moitié de la tête[22] ». Mais cette exception touche une partie du corps qui n'est susceptible d'être changée par le vêtement dans aucune circonstance, du moins dans les sociétés occidentales ; elle est à la fois le siège de l'individualité physique des humains et la partie du corps nécessaire à leur fonctionnement physiologique, de sorte qu'elle ne saurait être cachée ou empêchée de remplir ses fonctions sans risquer la mort psychologique ou corporelle du sujet[23].

20. Voir George L. Hersey, « Marsilio Ficino's Cosmic Temple », dans *Collaboration in Italian Renaissance Art,* Wendy Stedman Sheard et John T. Paoletti, New Haven/Londres, 1978, p. 91-97.

21. *Ibid.*, p. 92, et citation tirée de *Opera omnia,* note 9, p. 96.

22. Laneyrie-Dagen, *op. cit.*, p. 230-231.

23. Dans les sociétés où les femmes sont voilées de la tête aux pieds, la « mort psychologique » de celles-ci nous semble manifeste ; voilées, les femmes afghanes, par exemple, n'existent pas ; quant à leur « mort corporelle », celle-ci se produirait à coup sûr s'il ne leur était pas permis de soulever ce voile pour s'alimenter.

En réalité donc, ce concept d'une proportion idéale, divine dans son essence, du corps humain, devait trouver son application la plus fréquente dans le rectangle plutôt que dans le carré. À cet égard, il n'est peut-être pas inutile de rappeler la théorie pythagoricienne, exposée par Platon dans le *Timée* : « ... deux éléments ne peuvent seuls former une composition qui soit belle ; il faut en effet, entre les deux, un lien qui les réunisse. Or, de tous les liens, le plus beau, c'est celui qui impose à lui-même et aux éléments qu'il relie l'unité la plus complète, ce que, par nature, la proportion réalise de la façon la plus parfaite. Chaque fois que de trois nombres quelconques, que ces nombres soient entiers ou en puissance, celui du milieu est tel que ce que le premier est par rapport à lui, lui-même l'est par rapport au dernier ; et inversement quand ce que le dernier est par rapport à celui du milieu, celui du milieu l'est par rapport au premier, celui du milieu devenant alors premier et dernier, le dernier et le premier devenant à leur tour moyens, il en résulte nécessairement que tous se trouvent être dans une relation d'identité, et que, parce qu'ils se trouvent dans cette relation d'identité les uns par rapport aux autres, ils forment tous une unité[24]. [...] Aussi faut-il dire quelles propriétés devraient avoir les corps les plus beaux : être au nombre de quatre, être dissemblables les uns par rapport aux autres, tout en pouvant s'engendrer les uns des autres lorsqu'ils se disloquent, du moins certains d'entre eux[25]. »

Or une surface qui serait engendrée par quatre éléments « dissemblables les uns par rapport aux autres » ne pourrait être constituée que de triangles scalènes qui, mis ensemble, peuvent former un rectangle mais ne peuvent former un carré ; ou bien encore une surface qui, représentant un corps, serait composée de quatre éléments à trois dimensions « en rapport d'identité les uns par rapport aux autres », pourrait être constituée de triangles isocèles dont l'assemblage serait nécessairement un rectangle plutôt qu'un carré.

24. *Timée*, 31a-32a.
25. *Ibid.*, 53c-54a.

L'exemple le plus typique de ce « rectangle doré » est celui du tableau de Sandro Botticelli (1445-1510), *La naissance de Vénus* (vers 1480) qui, selon Elisa Maillard, est composé selon les règles de construction du rectangle doré numéro 3, « dont la diagonale et le petit côté sont dans le rapport du nombre d'or[26]... » (fig. 8).

Nous reviendrons sur ce tableau et les influences néoplatoniciennes qu'il reflète, ainsi que les prolongements de cette approche esthétique pythagorico-platonicienne rectangulaire sur le vêtement. Mais auparavant il est nécessaire de montrer ici que les théories d'Alberti de « symétrie dynamique[27] » ne s'adressent pas seulement aux spécialistes, mais qu'elles comportent des recommandations utiles, on serait tenté de dire : aux ménagères, et qu'à ce titre elles ont pu influencer la mode tout court, donc la mode vestimentaire tout autant que la mode architecturale.

Alberti le dit lui-même : « La construction d'une vie conforme à la beauté commence au soin que l'homme prend de son mobilier, du moindre objet à son usage, de sa maison, à cet égard, de lui-même. De son corps, puis de son vêtement[28]... »

Car Alberti est l'auteur de plusieurs traités en langue vulgaire sur l'amour et sur la famille qui sont justement destinés à un large public, notamment féminin, dont les membres maîtrisent mal le latin élégant dans lequel le *De re aedificatoria* ou le *De pictura* sont rédigés, ou ne le connaissent pas du tout. Dans son *Della famiglia*, rédigé à Rome entre 1434 et 1441, peut-être pour les membres de la famille florentine des Pazzi, et diffusé à partir de 1451, Alberti utilise la forme d'un dialogue entre deux hommes, Guglielmo et Antonio, pour donner des conseils très précis sur la manière de s'habiller, de se

26. *Les cahiers du nombre d'or, IV, Botticelli*, Paris, 1965, p. 8.

27. Voir, au sujet du nombre d'or, l'ouvrage classique de Matila C. Ghyka, *Le nombre d'or. Rites et rythmes pythagoriciens dans le développement de la civilisation occidentale ; vol. I : les rythmes ; vol. II : les rites*, Paris, 1931.

28. Paul-Henry Michel, *op. cit.*, p. 501.

coiffer et de se maquiller… aux femmes[29]. Outre l'approche habituelle, et à cette époque déjà passablement rabâchée, qui consiste à dire qu'il faut être habillé selon son rang, ni trop richement ni trop chichement, et de façon « honnête », l'extrait ci-dessous montre, a contrario, ce qu'il ne fallait pas faire, notamment pour les hommes : « Guglielmo : Ne me dirais-tu pas de quelle manière avoir la famille bien habillée ? Antonio : Parmi mes toutes premières pensées, la première serait, comme toujours, d'avoir tous les membres de ma famille honnêtement vêtus et comme il convient à chacun. G. : Et comment les habillerais-tu ? A. : Eh bien ! vêtements civils, propres, bien faits et bien coupés ; couleurs gaies, ouvertes, lesquelles leur plairaient le mieux ; bons tissus. Ces franges, ces broderies, ne me plaisent pas portées par des hommes ; par les femmes, si. Il ne faut de vêtements neufs que pour les occasions ; pour les autres jours, vêtements usagés ; à la maison, les vêtements les plus vieux et les plus usés ; le vêtement vous honore, honorons donc les vêtements ; il faut vouloir de beaux habits mais il faut en prendre soin[30]. »

Il semble donc que les franges, les broderies, qui ne plaisent à Alberti que sur les vêtements des femmes, aient été vues plus fréquemment chez les hommes, ce qui nous fournit une bonne indication des pratiques alors en vigueur chez les uns et chez les autres. Quant aux draps de bonne qualité, aux couleurs claires et gaies, aux vêtements neufs pour les solennités seulement et aux robes usagées pour les autres jours, il n'y a rien là de très original. En revanche, l'idée que l'on doit faire honneur au vêtement parce qu'un beau vêtement confère honneur à qui le porte n'est pas nouvelle en soi, mais elle est exprimée ici d'une façon directe, sans périphrase, qui lui apporte une légitimité dont elle ne pouvait guère se prévaloir

29. *Opere Volgari di Leone Battista Alberti,* annotate e illustrate dal Dott. Anicio Bonucci, 5 vol., Florence, 1843-1849 ; « Trattato del Governo della Famiglia, riduzione del terzo libro della famiglia di L.B. Alberti come da lui stesso la prima volta forse per la famiglia Pazzi veniva fatta », vol. V, 1849.

30. *Ibid.*, p. 52.

jusque-là, notamment vis-à-vis des moralistes et de l'Église. Ce faisant, Alberti déclare : l'on est ce que l'on porte.

Plus loin dans le même recueil, Alberti s'adresse directement aux femmes, à travers la personne d'une certaine Amiria, pour donner à celles-ci une justification d'ordre métaphysique à la nécessité du paraître : « Je vous avoue que vos habits, vos vêtements et vos ornements contribuent à votre beauté et lui donnent un grand éclat ; et la beauté est un indice et un signe de votre vertu et de votre humanité[31]. »

Les vêtements et les ornements illuminent la beauté et constituent autant d'indices de la vertu et de l'humanité du porteur. Ainsi, pas de beauté sans beaux habits et, sans beauté, il n'est possible de signifier au monde ni la vertu ni l'humanité du sujet. Rien n'est plus néoplatonicien que ce discours, de la part d'un homme qui n'avait peut-être lu Platon qu'en latin, mais qui n'en fut pas moins l'un des premiers à le qualifier de « divin » et de « prince des philosophes », titre réservé avant lui à Aristote[32]. Malgré ces références savantes, ou peut-être grâce à elles, l'on voit avec quelle facilité cette approche de la beauté vêtue pouvait faire son chemin dans la pensée quotidienne des femmes comme des hommes de cette fin du XVe siècle.

Un peu plus loin, Alberti change de ton et se transforme en chroniqueur de mode et même en véritable « trend-setter[33] », en utilisant un langage et une tournure qui auraient pu figurer sans anachronisme dans le *Système de la mode* de Roland Barthes[34] : je vous aimerais, leur dit-il en substance, avec une coiffure naturelle, les cheveux là où ils doivent être (il fait allusion à la mode de les épiler), non teintés mais au contraire propres et bien peignés avec cependant, de temps à autre, un « certain désordre », ce qui donne un air plus ouvert et plus

31. *Ibid.*, p. 273.

32. *Ibid.*, p. 506, et n. 1, 2 ; Michel indique que Platon est l'un des auteurs grecs les plus souvent cités par Alberti.

33. Terme américain utilisé dans les magazines de mode que l'on pourrait traduire par « personne qui lance une mode ou qui donne le ton ».

34. Paris, 1962.

gai[35]. Autrement dit, Alberti enjoint les femmes de savoir être bien décoiffées. Cette recommandation, qui est suivie de recettes pour donner du brillant aux cheveux à l'aide de diverses substances telles que l'origan, la poudre de grenade, le coquelicot ou le fiel de bœuf, est faite à un moment où les femmes commencent à montrer leurs cheveux, du moins en Italie, après les avoir cachés presque complètement pendant des siècles. Puisque les femmes se découvrent la tête, il faut que celle-ci, « partie qui est la plus divine et qui règne en nous sur toutes les autres[36] », soit couronnée, voire auréolée de lumière, et pour cela il faut des cheveux très blonds et très longs[37]. On sait que les instructions d'Alberti aux peintres dans son *De pictura* étaient très spécifiques concernant les cheveux, comme les vêtements, et furent très suivies. Ainsi : « Le mouvement des chevelures, des crinières, des rameaux, des feuillages, des vêtements plaît dans une peinture[38]. » Puis : « Je veux en vérité que les cheveux exécutent les [...] mouvements dont j'ai parlé plus haut… Il faut que parfois ils tournent, qu'ils se nouent, qu'ils ondoient dans l'air, imitant les flammes[39]… » Cette chevelure ondoyante et couleur de lumière est bien celle de la déesse dans la *Naissance de Vénus* de Botticelli, comme beaucoup d'auteurs en ont fait la remarque. Mais elle constitue alors une nouveauté absolue, non seulement par rapport à la mode du temps d'Alberti, mais aussi par rapport à la mode antique. En effet, si les vêtements sont figurés très agités dans les sculptures ou peintures de l'Antiquité, les cheveux des femmes ne le sont jamais[40], et dans ce domaine Alberti fait preuve d'une originalité totale. Quant aux femmes de la première moitié du XVe siècle, pas un cheveu ne dépassait de leur coiffe.

35. *Timée, op. cit.*, p. 274.
36. *Timée*, 44d.
37. Maillard, *op. cit.*, p. 275.
38. Cité par Michel, *op. cit.*, p. 438.
39. *Ibid.*
40. Voir à ce sujet Roland Martin, *L'art grec*, Paris, 1994 (éd. or. Turin, 1984).

Alberti est bien conscient de ce que cette mode des cheveux au vent n'est pas encore répandue partout puisqu'il évoque celle des grands fronts nus sous le hennin : il y a encore des femmes qui désirent augmenter la hauteur de leur front en l'épilant ou en le rasant, mais cela ne me plaît guère, dit Alberti[41].

Il n'apprécie pas les visages fins et angulaires que produit cette mode ; au contraire il aime un visage rond et ouvert, un front plein et spacieux. Il s'agit d'un idéal de beauté – la rondeur – en opposition parfaite avec celui de la période du gothique international finissant – la triangularité. Cette description reprend, sous une forme simplifiée et dans des termes mondains, celle de la conception de la tête humaine qu'en fait Platon dans le *Timée* : « Or les révolutions divines étant au nombre de deux, les dieux jeunes, pour imiter la figure de l'univers qui était arrondie, les enchaînèrent dans un corps de forme sphérique, celui que nous appelons la “tête[42]”… »

Ainsi Léon Battista Alberti, l'architecte aux constructions inspirées de l'antique, le théoricien de la peinture, le poète de l'amour aux accents pétrarquiens, le conseiller du prince (d'abord de Cosme l'Ancien puis de Laurent le Magnifique), l'humaniste enfin, type idéal de l'homme-artiste de la Renaissance, n'hésite pas à intégrer à sa réflexion le domaine de la mode, parce qu'il le juge, à l'évidence, inséparable de la construction d'une vie conforme à la beauté.

41. Michel, *op. cit.*, p. 276.
42. 44d., p. 139.

VII

LA DÉMONOLOGIE VESTIMENTAIRE DES ANNÉES 1450-1475, OU LA SILHOUETTE TRIANGULAIRE

Pour démontrer le changement radical qui préside à la conception et au port du vêtement dans les années 1470-1500, le meilleur moyen est sans doute de définir les caractéristiques principales du vêtement de la période précédente, celle du gothique international finissant (1450-1470), et d'en présenter des exemples illustrés au travers des peintures, des gravures et des tapisseries de l'époque, de façon à mettre en évidence le contraste entre les deux périodes.

S'il est une image qui évoque immédiatement le Moyen Âge ou le gothique dans l'imaginaire collectif, c'est bien celui d'une femme habillée d'une robe ample à la taille haute et serrée et portant sur la tête un hennin démesuré. Il se trouve que cette image correspond parfaitement à la réalité de l'époque car elle décrit précisément les points les plus importants de la silhouette alors en vogue. C'est l'archétype féminin du Moyen Âge.

Demande-t-on à quiconque, en revanche, de situer visuellement la même époque mais au moyen d'une image qui serait masculine, celle-ci s'avère beaucoup plus floue. Les descriptions vont de celle d'un chevalier portant armure, à la tête ceinte d'un heaume en forme de boîte cachant complètement son visage, à un homme plutôt jeune habillé d'un vêtement court et ajusté découvrant les cuisses, la tête garnie d'un chapeau pointu orné d'une plume genre chasseur, à celle d'une sorte de moine portant longue robe et capuche. À l'évidence, cette image est un amalgame de plusieurs époques et de plusieurs conditions sociales : celle des chevaliers et de la féodalité, devenue quasi mythique dans l'esprit du public qui la situe entre le temps de la première croisade et la Renaissance ; celle du roi Louis XI, la silhouette caractéristique de ce dernier étant déterminée par la forme de son célèbre chapeau à médailles ; ou celle de « Robin des bois », tirée de la version cinématographique des années 1950, c'est-à-dire celle d'un pourfendeur de torts et séducteur de nobles dames ; celle enfin des clercs, mi-laïcs mi-religieux, dont ni la fonction spécifique ni le temps dans lequel ils opèrent n'ont de paramètres fixes aux yeux des non-spécialistes.

Il faut donc s'interroger sur le fait que la vision actuelle de cette époque relativement lointaine coïncide bien, chez ceux à qui l'on demande de la symboliser, avec l'un de ses éléments caractéristiques dès lors que la nature de cet élément est féminin, alors que leur vision se brouille si l'élément symbolisateur est de nature masculine. En serait-il de même pour d'autres périodes de l'histoire ? Il semble bien que non puisque, si l'on essaye de remonter à l'Antiquité, l'image type que nos interlocuteurs nous proposent est peu différenciée : l'homme ou la femme romains ou grecs portent, toujours dans l'imaginaire collectif, des vêtements en forme de tunique, courts ou longs, mais qui tombent en plis harmonieux ; leur silhouette est peu ou prou la même, ce qui est fondamentalement correct. Si l'on avance au contraire dans le temps et que notre questionnement porte sur une époque assez lointaine de la nôtre pour qu'il ne puisse y avoir de documents relativement fiables de la réalité, comme des photos ou des films, mais assez proche cependant pour que le public ait pu s'en faire une idée généralement répandue, le XVIIIe siècle par exemple, l'on s'aperçoit bien vite que l'image qui domine est celle d'un homme et d'une femme qui se ressembleraient par le port de la perruque poudrée et par la richesse et la variété des coloris de leurs vêtements. Cette image, bien que peu nuancée, correspond également à la réalité des faits.

Faut-il en conclure que le Moyen Âge gothique serait perçu comme féminin, tandis que l'Antiquité et le siècle des Lumières le seraient comme neutres, le haut Moyen Âge étant la période masculine par excellence ? Le XIXe siècle étant le plus proche du nôtre et le mieux documenté, la perception générale d'une image qui le caractériserait est évidemment plus précise, plus détaillée et surtout plus multiple, de sorte qu'elle ne nous concerne pas ici.

Avant de démontrer combien cette image féminine de la période du gothique international qui est actuellement répandue semble coïncider avec la réalité des faits reproduits par l'image, tels qu'ils nous sont parvenus de la période même, il importe d'évoquer brièvement le climat de la société de cette époque en ce qui concerne la position des femmes à l'intérieur de celle-ci. Cela est d'autant plus nécessaire que le contraste est grand lui aussi entre ce que l'on peut appeler le processus de démonisation de la femme qui caractérise les années 1430-1470 environ, par opposition au processus d'angélisation typique de la période suivante.

Entendre par démonisation la seule signification habituelle, et moderne, de ce mot, en serait limiter la complexité et la profondeur. Au-delà de ses aspects négatifs, il convient de souligner son étymologie grecque : *daimôn* (version latinisée du mot) englobe, chez les anciens, le double concept de divinité et de destinée, c'est-à-dire qu'ici « démonisation » équivaut à une sublimation par les signes vestimentaires du destin universel des femmes. En effet, l'aspect le plus permanent de la condition féminine, celui auquel nulle d'entre elles ne peut se soustraire (sauf exception médicale), est bien entendu celui de la maternité. Cette maternité passant par la nécessité absolue de séduire l'homme afin d'être fécondée, le *daimôn* des femmes, comme celui dont Socrate se réclame, doit être celui de l'amour. Le pouvoir que ce *daimôn* donne aux femmes est perçu par les hommes de cette société du Moyen Âge finissant comme supérieur à celui que leur procure leur propre *daimôn*, et toute la littérature de cette époque, le *Roman de la rose* au premier chef, constitue une véritable litanie de cette angoisse masculine dans laquelle figurent tour à tour l'allié soumis et l'ennemi révolté de cette irrésistible puissance féminine. Jean de Meun nous en donne d'ailleurs une définition qui, pour avoir été écrite à la fin du XIIIe siècle, n'en demeure pas moins applicable à la société du milieu du XVe, au sein de laquelle la querelle littéraire sur ce point précis du *Roman* produit encore ses derniers éclats. Cette définition est la suivante : « L'amour, c'est une paix haineuse, l'amour, c'est une haine amoureuse, c'est une loyauté déloyale, c'est une déloyauté loyale, c'est la peur assurée[1]... »

Indépendamment de la misogynie affichée de Jean de Meun, dont il est à peine besoin de reproduire la phrase célèbre à propos des femmes : « Toutes estes, serez ou fustes, de fait ou de voulenté, pustes[2] », la conclusion qui s'impose est que, si le *Roman de la rose* est représentatif des sentiments généralement en vigueur dans la société de son temps, l'image de la femme qu'il offre à nos yeux est celle d'un être tout-puissant dont la domination s'exerce sans partage dans le domaine de l'amour et de la sexualité. Myrrha Lot-Borodine l'a bien remarqué, qui, dans son *De l'amour profane à l'amour sacré. Études de psychologie sentimentale au Moyen Âge*[3], exprime ainsi cette conclusion qui s'applique parfaitement non seulement à l'œuvre de Jean de Meun mais sans doute à la grande majorité des hommes de son temps : « Cet aveu d'impuissance résignée met en relief toute la force redoutable de la femme.

1. Guillaume de Lorris et Jean de Meun, *Le roman de la rose,* édition d'après les manuscrits BN 12786 et BN 378, traduction, présentation et notes par Armand Strubel, Paris, 1992 ; Jean de Meun, 4290-4294, p. 280.

2. *Ibid.*, 9160-9161, p. 546.

3. Paris, 1961.

Dans une telle appréciation, si malveillante qu'elle soit à son égard, il n'y a pas de mépris pour le sexe réputé faible et léger : on ne dédaigne pas un adversaire de cette taille ; on lui fait l'honneur, tout en le maudissant, de compter avec lui[4]. »

Or, si l'on condense cette image de la femme du Moyen Âge finissant en un schéma géométrique, celui-ci prendrait la forme d'un triangle, soit le symbole archétypal même du sexe féminin. Ce symbole est si puissant, et il est si exact par rapport à la perception des femmes à ce moment donné, que le corps de ces dernières exprimé à travers leur vêtement doit, pour le transcrire parfaitement, prendre lui aussi la forme d'un triangle. Mais ce qui est tout aussi important est que cette figure géométrique s'applique alors tout autant à l'homme qu'à la femme, comme le démontrent les représentations de l'époque. Ce qui semble vouloir dire que lorsqu'il y a guerre des sexes, avec pour but ultime la réconciliation fructueuse, les combattants partent au combat de l'amour habillés du même uniforme.

Il semblerait donc que les hommes, pour séduire les femmes, doivent adopter non pas un comportement différent, signifié par des vêtements leur donnant une silhouette conforme à la masculinité, mais au contraire porter des vêtements semblables dans leur coupe à ceux des femmes, leur donnant une silhouette triangulaire conforme à l'idéal de la féminité. Dans un chapitre sur « la signification du phallus », Jacques Lacan confirme en quelque sorte cette apparence obligée pour le travail de séduction, en faisant la remarque que « … chez l'être humain la parade virile elle-même [paraît] féminine[5] ».

Pour illustrer cette figure triangulaire, deux tableaux, parmi de nombreux autres exemples de la période dite du gothique international, constituent de véritables archétypes. Il s'agit de deux portraits qui présentent une triangularité affirmée à la fois au niveau de la composition et de la représenta-

4. *Ibid.*, p. 141.
5. *Écrits II*, Paris, 1971, p. 115.

tion vestimentaire. Le premier, que l'on date des années 1450-1455, est la *Vierge à l'enfant* de Jean Fouquet (fig. 1), aujourd'hui au Musée royal des beaux-arts d'Anvers. Le second est un portrait de femme de Roger van der Weyden, vers 1460, actuellement à la National Gallery of Art à Washington (fig. 17).

Dans le premier tableau, non seulement la figure de la Vierge s'inscrit-elle dans un triangle parfait, dont la pointe est constituée par sa tête recouverte d'un voile diaphane évasé, les deux côtés par ses bras recouverts du manteau, et la base par ce même manteau dont elle tient le pan gauche replié en droite ligne sur son ventre, mais son buste lui aussi forme un triangle presque isocèle, inversé par rapport à l'autre, avec les très larges épaules de Marie, sa poitrine ronde aux seins très écartés et sa taille d'une extrême finesse soulignée par un bourrelet porté un peu plus haut que la taille naturelle et qui est une des marques distinctives, lui aussi, du costume féminin des années 1440-1460[6]. De nombreux autres triangles sont d'ailleurs inscrits dans ce tableau, comme on peut le voir sur le tracé que j'ai établi[7] (1).

La Vierge apparaît dans cette célèbre représentation comme une femme de chair, fortement sexuée, à la maternité triomphante qui semble bien peu résulter de l'opération du Saint-Esprit, en dépit de cette triangularité qui évoque également, mais de façon subliminale, la Trinité chrétienne. La mère de Jésus présente une poitrine que l'on dirait gorgée de lait, mais elle ne donne pas le sein à l'enfant, dépeint assez éloigné de cette source nourricière, de sorte qu'il paraît constituer pour la Vierge un trophée conquis et orgueilleusement montré à la vue. L'enfant Jésus pointe d'ailleurs son doigt vers le ventre de

6. Ce bourrelet, qui est en réalité une partie de la jupe remontée sous la ceinture, est caractéristique de la période citée, et constitue de ce fait un élément de datation, car il disparaît presque totalement vers 1460-1465.

7. Dans l'étude du style de Jean Fouquet publiée par Otto Pächt, celui-ci confirme que la perspective de Fouquet est tout entière construite sur un système triangulaire, qu'il voit d'ailleurs comme une tendance intrinsèque de l'art gothique français : « Jean Fouquet, A Study of his Style », dans *Journal of the Warburg and Courtauld Institutes*, IV, Londres, 1941-1942, p. 84-102 ; p. 96.

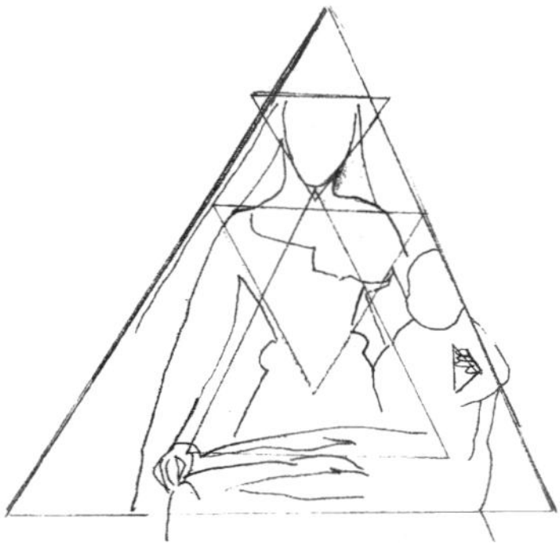

1

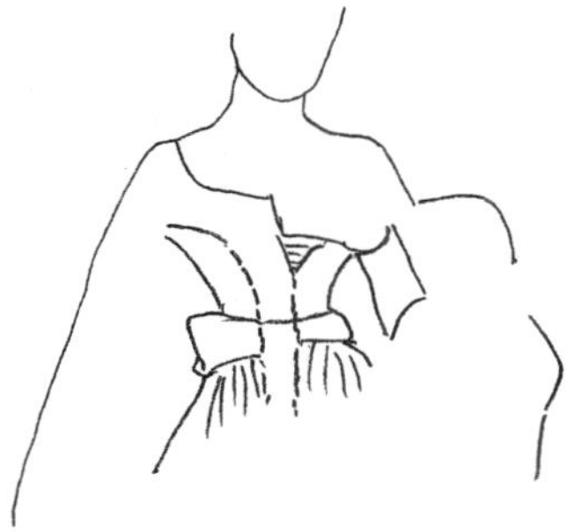

2

sa mère comme pour désigner au spectateur le seul responsable de cet enfantement, suggérant ainsi la terrestrialité incontestée de sa naissance et supprimant, du même geste, toute allusion à l'intervention divine.

Ce beau portrait de femme, que l'on a dit être celui de la favorite de Charles VII, Agnès Sorel, est aussi un portrait de mode. La Vierge y est représentée portant couronne, mais le voile diaphane sur lequel celle-ci est posée est bien fait de cette gaze arachnéenne, ici rayée ton sur ton, alors nouvellement importée du Moyen-Orient et qui formait à cette époque le complément indispensable du hennin. Sous la couronne, à la racine des cheveux, l'on aperçoit la boucle de velours noir, autre accessoire, passablement mystérieux celui-là, de la coiffure féminine du milieu du XVe siècle. La robe de la Vierge, de drap bleu sombre, est portée très ajustée sur le buste ; on aperçoit les aiguillettes de laçage du corsage ainsi que les coutures de côté qui permettent de galber le tissu et de former l'arrondi de la poitrine. Ces coutures se prolongent sur le bourrelet qui ceinture la taille et continuent sur le devant de la jupe, ce qui démontre à la fois la technique de coupe du vêtement et la compréhension de celle-ci de la part de l'artiste (2 avec tracé de la couture). Ce bourrelet figure d'ailleurs sur deux enluminures de Fouquet exécutées vers

1455[8], comme il figure sur de nombreuses peintures de la période. Le bourrelet est maintenu légèrement au-dessus de la taille par une ceinture dorée aux motifs en forme de nœuds plats, ce qui constitue une autre indication, si besoin en était, de datation, puisque les ceintures dorées des années suivantes sont toutes, à l'inverse, composées de mailles. Le manteau de la Vierge est doublé d'hermine, comme il sied à une reine, mais sa couleur blanche, fréquente chez le peintre, est assez inhabituelle pour l'époque[9], quoiqu'elle annonce déjà, par ce biais, la prédilection de la pensée néoplatonicienne pour le corps astral, fait d'une substance blanchâtre et vaporeuse.

Bien que les représentations de la Vierge obéissent tout autant aux canons de la mode de l'époque à laquelle elles sont exécutées, ces canons sont souvent sinon réduits à leur expression la moins outrée, du moins légèrement gommés de façon à ce que Marie ne soit pas trop apparentée à une femme de chair ordinaire. Le tableau de Fouquet fait donc exception à cette règle, mais il nous permet ainsi de saisir l'importance du vêtement dans l'établissement d'une image de femme qui serait à la fois vénérée et désirée. Notons au passage que le culte marial, qui tend à faire de la mère du Christ une divinité à part entière, tour à tour tendre ou altière, souvent divorcée de l'image de son fils, est justement en pleine expansion au moment de la réalisation de ce tableau. La Vierge de Jean Fouquet, dont la date d'exécution se situe à la charnière du gothique et de la Renaissance, est encore et surtout une femme, dont l'enfant vient confirmer, en quelque sorte, le succès de la stratégie amoureuse plutôt que celui de la soumission à la loi divine et éthérée.

Le second portrait de femme est celui d'une jeune inconnue (fig. 17). La composition du tableau est entièrement fondée elle aussi sur la triangularité : celle du visage, dont les

8. Voir François Avril et Nicole Reynaud, *Les manuscrits à peintures en France, 1440-1520*, Paris, 1993, planches du manuscrit 69A, folios 1 et 2vo, p. 136.

9. *Ibid.*, p. 143. Fouquet affectionnait particulièrement la couleur blanche, « couleur de prédilection de l'artiste », selon Nicole Reynaud.

lèvres semblent ébaucher une moue qui a pour effet d'étirer encore le modelé des joues sous le haut front épilé ; celle de la coiffe épinglée sur le dessus du bonnet de façon à former une fente aux bords triangulaires – représentation indéniablement proche de celle d'un sexe féminin et, en tant que telle, porteuse d'une charge érotique assez considérable[10] –, les pans de ce voile retombant en triangles parfaits de chaque côté de la tête ; celle du double décolleté en V de la robe bordé de velours noir et de la chemise de dessous ; celle enfin des mains aux articulations pliées et aux pouces croisés. Sous le voile de la coiffe, dont on aperçoit nettement les épingles de maintien à têtes dorées, on entrevoit le bandeau de velours noir qui se termine par la nécessaire boucle sur le front[11]. La haute ceinture en soie rouge, à la boucle de ferronnerie dorée à motifs d'architecture gothique, est placée immédiatement sous la poitrine : c'est le signe incontestable de la mode des années 1445-1470. Cette ceinture, quasiment toujours rouge, n'est pas seulement un signe distinctif de richesse ou de position sociale, c'est un accessoire obligé qui fait la silhouette et la maintient prisonnière dans une forme précise ; elle n'est dénommée accessoire que parce qu'elle ne fait pas partie intégrante de la robe en ce qu'elle n'y est pas cousue, mais sa présence à cet endroit précis, sinon sa couleur, est indispensable. Il n'est pas un tableau ou une enluminure de l'époque comportant des personnages féminins où ce type de ceinture ne soit mis en évidence. Dans ce petit portrait qui ne montre que le haut du buste et le visage de la belle inconnue, tout le signi-

10. Par comparaison, le calot fendu sur le haut de l'uniforme porté par les soldats américains lors de la seconde guerre mondiale est lui aussi quelque peu évocateur du l'anatomie du sexe féminin. À tel point qu'il est dénommé dans l'argot militaire américain « cunt cap », terme très cru. On se trouve là devant un autre exemple de l'arboration de symboles sexuels féminins par le sexe masculin.

11. Cette boucle, dont on ignore encore aujourd'hui si elle porte en elle une signification autre que celle d'un signe de mode, est jugée si importante par les contemporains qu'elle figure dans toutes les illustrations de l'époque, aussi petites de format et aussi peu détaillées soient-elles.

fiant de la mode du gothique international est bien là, sans qu'il soit besoin de montrer ni le reste du corps ni le reste du vêtement.

Le reste du vêtement de cette époque n'est toutefois pas indifférent en ce qu'il prolonge de façon particulièrement efficace l'idéal de triangularité féminin de l'époque. La jupe doit en effet être coupée en biais pour pouvoir aller d'un seul jet d'une taille étroite à un ourlet ample et rond tout en s'ajustant d'abord aux dimensions du thorax puis à celles des hanches, beaucoup plus larges, avec pour résultat que ni l'estomac ni le ventre ne sont apparents. C'est donc une véritable robe de maternité qui permet à la fois d'accommoder, voire de dissimuler, les dimensions accrues de cette partie du corps féminin durant la période gestatoire et, paradoxalement, de faire paraître enceinte la femme qui la porte même si elle ne l'est pas. L'exemple type de ce costume dans sa totalité et sous sa forme la plus hiératisée est celui que présentent les illustrations exécutées vers 1460 par Barthélémy d'Eyck pour le *Livre des tournois* de René d'Anjou. Les folios 67 vo et 68 notamment montrent l'arrivée au tournoi des nobles dames de la cour de Bourgogne, l'une des plus élégantes d'Europe, dans tous leurs atours[12]. Celles-ci portent leur longue robe légèrement repliée sur le ventre, à la fois pour éviter d'y marcher sur l'ourlet et pour mettre encore mieux en avant cette partie potentiellement importante de leur anatomie, attitude significative qui disparaîtra complètement à la fin du siècle. Mais, en 1460, le maintien des femmes, comme celui des hommes qui s'avancent à leur rencontre de l'autre côté de la pièce, est caractéristique de la remise à la mode de l'amour courtois à la cour bourguignonne et du rapport masculin-féminin de l'époque, fondé sur la séduction.

Les chroniqueurs de la cour de Bourgogne se sont employés à décrire les somptueux costumes des membres de cette dernière, parfois avec des commentaires moralisateurs qui ont

12. Reproduit pl. 127, p. 235, dans Avril et Reynaud, *op. cit.*

l'avantage, sur les simples descriptions des couleurs et des broderies des vêtements de cérémonie, telles qu'on les rencontre chez Olivier de la Marche par exemple[13], de mettre l'accent sur la silhouette dans ce qu'ils y trouvent de répréhensible, et par là de nous renseigner très précisément sur les points importants de cette silhouette vus par un contemporain.

Jacques du Clerc est l'un de ces chroniqueurs. Ses *Mémoires*, écrits entre 1448 et 1467, dénoncent les mœurs de son temps, en particulier vestimentaires. Il décrit en ces termes la mode féminine de l'an 1467 : « En ce temps, les dames et damoiselles ne portaient plus nulle traîne à leurs robes, mais elles portaient bordures de petit-gris et de velours et d'autres choses de la largeur d'un velours de haut. Et elles portaient sur la tête un bourrelet à la manière d'un bonnet rond qui allait en s'amenuisant par-dessus, de la hauteur d'une demi-aune, ou même de trois quarts d'aune, certaines moins, d'autres plus, et des légers couvre-chefs pendant par-derrière jusqu'à terre, et ceintures de soie de la largeur de quatre ou cinq pouces, les tissus et les ferrures larges et dorées, pesant cinq, six ou huit onces d'argent, et larges colliers d'or en leur cou de plusieurs façons[14]. »

Le chroniqueur estime la hauteur des hennins à une demi-aune, soit environ 60 centimètres, voire à trois quarts d'aune, soit environ 90 centimètres ! Il indique que la ceinture mesure

13. Olivier de la Marche, « *Les vœux du faisan* », dans *Splendeurs de la cour de Bourgogne, Récits et chroniques*, édition établie sous la direction de Danielle Régnier-Bohler, Paris, 1995, p. 1132-1163.

14. *Collection des chroniques nationales françaises*, Paris, 1826-1827, t. XV des *Chroniques* d'Enguerrand de Monstrelet, éditées par A.-J. Buchon, p. 139 : « En ce temps, les dames et damoiselles ne portoient plus nulles queux à leurs robes, mais elles portoient bordures de gris et letisses de velours et autres choses, de la largeur d'un velours de haut. et si portoient sur leurs chiefs bourlets à la manière de bonnets ronds et en allant amenuisant par dessus, de la hauteur de demi-aune, ou trois quartiers de loing, aucunes moins, autres plus, et deslies couvre-chiefs par-dessus, pendants par-derrière jusques en terre, et chainnures de soie de la largeur de quatre ou cinq poulx ; les tissus et les ferrures larges et dorés, pesants cinq, six, huict onces d'argent, et larges colliers d'or, en leur cou de plusieurs fachons. »

de quatre à cinq pouces de haut, soit environ 12 à 15 centimètres. Jacques du Clerc avait manifestement un coup d'œil remarquablement précis, car ces mesures semblent bien correspondre à la réalité de l'époque telle que nous la percevons à travers ses images, et n'être en rien exagérées. Cela dit, ces immenses bonnets dressés sur la tête des femmes étaient si bien perçus comme un symbole sexuel, à la fois féminin de par sa forme triangulaire et masculin de par son port vertical et rigidifié, que les moralistes et les satiristes de l'époque ne se firent pas faute de critiquer ou de moquer ce qu'ils percevaient comme un étalage de sexualité outrancier. Un exemple de cette hauteur vertigineuse, chargée de connotations sexuelles, nous est donné dans un manuscrit du *Livre du chevalier des dames*, illustré de dessins coloriés où sont représentées des femmes dont les hennins aussi hauts que leur corps débordent du cadre dessiné de la composition, comme pour mieux montrer le dépassement des bornes que constituent ces extraordinaires – et néanmoins habituelles pour l'époque – coiffures féminines[15]. Sans doute cette mode des hennins aurait-elle été condamnée par ses excès à disparaître, mais ce n'est sans doute pas un hasard si elle commence à perdre du terrain après la mort de Philippe le Bon en 1467, pour disparaître complètement dès après celle de Charles le Téméraire en 1477, qui signale la fin de l'État bourguignon.

Il se trouve que les *Mémoires* de Jacques du Clerc nous fournissent des renseignements aussi précieux pour les modes masculines de 1467 que pour les modes féminines. Il s'étend d'ailleurs plus longuement sur celles-ci que sur celles-là : « En ce temps aussi, les hommes se vestoient si court, que leurs chausses alloient presque jusques à la fachon de leurs fesses, et par-devant tout ce où leur humanité estoit ; et faisoient fendre les manches de leurs robes et de leurs pourpoincts, que on véuit leurs bras, parmi une deliée chemise qu'ils portoient, dont la manche de la chemise estoit large, et si portoient longs

15. BNF, Ms. fr. 1692, vers 1465 selon nous, voir le folio 6 par exemple, ou encore les folios 21 et 13.

cheveux qui leur venoient par-devant jusques aux yeux, et par-derrière jusques au fond du natrel [cou],et dessus leurs testes bonnets de drap de ung quartier, ou quartier et demi de hauteur ; et les nobles et les riches, grosses chaisnes d'or au col, et pourpoincts de velours ou draps de soie, et longues poullainnées [pointes] à leurs solliers, de ung quartier ou quartier et demi de long, et à leurs robbes gros mahoitres [bourrelets] sur leurs espaules pour les faire apparoître plus furnis et plus croisés, et pareillement à leurs pourpoincts, lesquels on fournissait fort de bourre. et ils n'estoient ainsi habillés, si s'habilloient-ils tout long jusques en terre de robbes ; et s'habilloient puis long puis court. et n'y avoit si petit compagnon de mestier qui n'eust une longue robbe de drap jusqu'aux tallons[16]. »

Selon un autre moraliste cité par Charles Langlois, il n'est pas jusqu'aux moines qui ne s'habillent alors à la mode du court et du serré : « De nos jours, les cloistriers écourtent leurs robes. Ils ont l'air d'écuyers et de turpins [archers]. On dirait qu'ils sont de l'ordre du chien courtin, à la queue coupée[17]. » Plus tard, à la fin du XVe siècle, Savonarole fera le reproche opposé aux moines en leur demandant de donner moins d'ampleur à leur habit : « Ô mes frères, je vous le dis, à vous… faites les tuniques d'une moins grande largeur et de drap bien grossier[18]… », preuve que ce n'est pas tant la silhouette elle-même, ni le court ni le long en tant que tels, contre lesquels s'élèvent les moralistes, mais plutôt le fait de l'adoption d'une mode nouvelle, quelle qu'elle soit, ainsi que la soumission, pour les hommes d'Église, aux mêmes impératifs vestimentaires que ceux des laïcs.

Contrairement donc à l'opinion qui semble être répandue sur l'aspect de l'homme médiéval, les exemples suivants permettent en réalité de démontrer que la silhouette masculine

16. Monstrelet, *op. cit.*, p. 139.

17. *La vie en France au Moyen Âge d'après quelques moralistes du temps*, Paris, 1908, p. 130.

18. *Savonarole, sermons, écrits politiques et pièces du procès*, textes traduits, présentés et annotés par Jean-Louis Fournel et Jean-Claude Zancarini, Paris, 1993 ; « Sermon sur Aggée », 1er novembre 1494, p. 66.

gothique est tout aussi triangulaire que la silhouette féminine. Le premier exemple constitue en quelque sorte le pendant du portrait de la Vierge de Jean Fouquet ; c'est celui de Charles VII, roi de France, également peint par Fouquet, vers 1445 (fig. 18). La triangularité de la composition est ici aussi affirmée que dans le tableau de la Vierge, puisqu'elle est immédiatement perceptible à nos yeux grâce au rideau écarté de chaque côté de la tête du roi ; ce rideau est retenu en son milieu, de sorte que le cadre ainsi formé est un losange presque parfait, dans la partie centrale duquel s'inscrivent les immenses épaules de l'habit de Charles VII. À ces épaules larges et revêtues correspondent les épaules larges mais nues de la Vierge. À la taille fine du portrait féminin correspond la taille affinée du portrait masculin ; celle-ci est nécessairement affinée, bien qu'on ne l'aperçoive pas sur le portrait, parce que le différentiel entre les épaules et la taille du roi est nettement suggéré par les plis de son surcot, trois de chaque côté, qui sont disposés en biais. Le bras gauche du roi est d'ailleurs légèrement écarté du corps pour que l'on puisse justement distinguer l'amenuisement du buste que le bas des longues manches aurait autrement caché, ainsi que l'ampleur des hanches de son vêtement, ampleur arrondie due au rembourrage et d'aspect presque grotesque dans sa féminité exagérée. Sous le col de fourrure en V ouvert, l'on aperçoit un autre petit col dressé dont la forme triangulaire suggère qu'il est également ouvert en V.

Le visage du roi, rasé de frais, présente un caractère d'ovalité assez semblable à celui de la Vierge Marie de Fouquet, mais la ressemblance entre les deux tient surtout à ce détail qui est l'absence de tout signe de chevelure, y compris au-dessus des oreilles, ce qui implique bien que le roi était épilé ou rasé à cet endroit, comme le voulait la mode. Quant à son chapeau de castor bleu à larges bords relevés, il est posé légèrement de biais, ce qui accentue le côté ovalisant du visage. La calotte comme les bords du chapeau sont décorés d'un motif de triangles superposés et dorés, probablement fait de passementerie appliquée. Enfin les mains du souverain, à moitié cachées par le poignet fourré de son vêtement, sont également pliées, les pouces croisés, comme celles de la jeune femme du tableau flamand précédent. Le reste de l'habillement du roi est à peine visible, mais ce qui est montré est, ici aussi, suffisant pour comprendre et la forme de la mode contemporaine et sa technique, du moins dans ses éléments signifiants.

On a pu dire que la largeur époustouflante de ces manches masculines des années 1440-1470 constituait une silhouette à l'opposé de la silhouette féminine[19]. Je pense pour ma part qu'il n'en est rien et qu'au contraire les deux silhouettes sont les mêmes. En effet, comme j'ai tenté de le démontrer ailleurs, suivant en cela les analyses de Flügel, ce n'est pas tant la différence absolue de largeur entre les manches des deux sexes qui pourrait donner une silhouette particulière à chacun d'eux que le différentiel entre la largeur des épaules et la minceur de la taille de l'un comme de l'autre. Or, dans les deux cas, le différentiel est marqué de façon exactement correspondante. Dans l'absolu, les manches des hommes sont effectivement plus larges que celles des femmes. Il n'y a pas là d'obstacle à conclure que ces carrures extrêmes indiquent une force masculine supérieure à celle de la femme[20], mais cette interprétation n'est que de degré, elle n'est pas de nature et n'invalide en rien l'évidence de la similitude complète entre les deux silhouettes. Si l'on voulait pousser plus loin l'interprétation du signifié de cette silhouette masculine, on pourrait la qualifier de caricaturale, en ce qu'elle semble porter, sur ses deux jambes minces aux pieds pointus, un énorme symbole du sexe féminin, tel certains déguisements modernes, gonflés comme des ballons, que l'on rencontre dans les allées des parcs d'amusement et qui semblent toujours prêts à s'envoler avec leurs porteurs.

19. Voir à ce sujet Françoise Piponnier et Perrine Mane, *Se vêtir au Moyen Âge*, Paris, 1995, p. 97-100, ainsi que Odile Blanc, *Parades et parures, l'invention du corps de mode à la fin du Moyen Âge*, Paris, 1997, p. 93-95.

Un autre exemple particulièrement démonstratif de cette triangularité de la mode masculine est celui des illustrations figurant au manuscrit du *Champion des dames*, poème composé entre 1440 et 1442 par Martin le Franc et dédié à Philippe le Bon. L'exemplaire de la bibliothèque de Grenoble comporte 179 miniatures exécutées par un artiste inconnu. Ce « plaidoyer passionné pour les femmes », selon l'expression de François Avril[21], est illustré de peintures dont la composition est systématiquement agencée de façon triangulaire, dans son ensemble comme dans ses détails (fig. 19, 20). Cette approche esthétique est sans doute originale, dans la mesure où elle présente un style individualisé, mais elle correspond parfaitement bien non seulement au sujet du livre – la femme – mais aussi à la conception du monde de l'époque, c'est-à-dire au sentiment que les femmes sont plus puissantes que les hommes, dans le bien comme dans le mal. Ici la conclusion de l'auteur est que les femmes sont manifestement des êtres meilleurs et plus nobles que les hommes, et que la meilleure d'entre toutes est la Vierge Marie, à l'immaculée conception de laquelle l'auteur souscrit sans réserve. Dans ces conditions, il n'est peut-être pas si étonnant de se trouver devant une transcription esthétique basée sur la triangularité, symbole de la femme et symbole de la sainte Trinité.

Quant aux vêtements représentés dans ces illustrations, avec la précision particulière que permet le dessin très linéaire de l'artiste, ils sont tous à la mode triangulaire semblable à celle des tableaux contemporains. Les femmes portent bien entendu le hennin à long voile transparent, la haute ceinture, le décolleté largement ouvert en V. Mais les hommes sont tout aussi triangulairement vêtus, que ce soit avec leurs jaques courtes ou leurs longues robes taillées de la même façon : manches montées aux épaules et démesurément élargies, buste resserré en pointe à la taille, celle-ci étant fine et soulignée par une ceinture. Les chaussures des deux sexes sont les poulaines extrêmement pointues de l'époque. Que

20. Piponnier et Mane, *op. cit.*, p. 100.

ces hommes soient des nobles, des clercs ou des jeunes gens, ils ont tous exactement la même silhouette. Le personnage de Malebouche, pourtant habillé en moine (fig. 19) pour mieux médire de la gent féminine, porte un haut chapeau civil sous le capuchon de son habit, son buste est aussi svelte et sa taille aussi étranglée que ceux de Franc Vouloir, ce jeune et ardent défenseur des femmes (fig. 20). Le dédicataire du manuscrit, le duc de Bourgogne Philippe le Bon, est représenté en première page portant un habit long de même forme que tous les autres ainsi qu'un haut chapeau conique ; le personnage du Champion des dames qui le suit est coiffé d'un chapeau de taille si importante qu'il semble heurter le plafond, effet accentué par l'essai de perspective en pointe du peintre. L'aspect entomologique de ces figures masculines est remarquable, avec leur taille de guêpe et leurs jambes de sauterelle formant contraste avec la partie supérieure de leur corps en forme d'ailes de papillon. L'effet d'insecte épinglé des hommes de la cour de Bourgogne se retrouve dans nombre de manuscrits enluminés, et il conviendrait peut-être de s'interroger sur le signifié de cette image qui paraît devoir aller dans le sens d'une comparaison avec le règne animal où le mâle est condamné à la parure, ici d'allure féminine de surcroît, pour séduire les femelles, tout en risquant d'attirer sur lui les prédateurs que sa beauté signale à leur attention.

Il est important de constater que cette mode vestimentaire est transposée telle quelle dans les représentations du corps nu qu'elle habille ; autrement dit, la silhouette de celui-ci correspond à celle des vêtements qu'il porterait. C'est presque toujours le corps du Christ qui est représenté nu par les peintres des années 1450-1470, car ceux-ci répugnent encore dans leur grande majorité à représenter le corps humain dans sa nudité intégrale. Ce corps divin n'est pourtant pas exempt des contraintes de la silhouette imposée par la mode. L'un des exemples les plus frappants, et les plus célèbres, de cette conformité de l'approche esthétique d'un artiste, par ailleurs novateur, est la *Descente de croix* de Roger van der Weyden, conservée aux Musée royal des beaux-arts de Belgique (fig. 21).

Dans ce tableau, le Christ est étendu sur les genoux de sa mère qui a passé un bras autour de sa taille comme pour mieux souligner la finesse de celle-ci, encore accentuée par le dessin triangulaire du buste, exactement comme le ferait un pourpoint à pinces en biais ; les épaules sont représentées très saillantes et très hautes, comme rembourrées, tandis que les cuisses fuselées et les longues jambes aux chevilles très fines évoquent immédiatement les chausses extrêmement collantes que portaient alors les hommes. Quant aux pieds du Seigneur, ils sont dessinés comme s'ils étaient encore enfilés dans des poulaines à bouts pointus ; en effet, le différentiel entre la longueur du gros orteil et le petit doigt est bien supérieur à celui d'une anatomie normale : le pied a été déformé par la chaussure et forme une espèce de triangle. Ce corps-là pourrait endosser sans difficulté les habits de la cour de Bourgogne[22]. Il est bien différent de celui que représenteront bientôt les artistes de la Renaissance italienne : épaules tombantes, thorax carré, taille à peine marquée, cuisses, jambes et chevilles charnues, quelquefois musclées, et pieds courts aux doigts alignés correspondant aux chaussures à bout rond de l'époque.

L'une des illustrations les plus parlantes de la manière d'inscrire le corps masculin dans un costume triangulaire est celle où l'on montre un tailleur de la fin du XVe siècle chez son client[23] (fig. 22). Celui-ci, habillé d'une jupe courte et plissée, et portant poulaines tout comme celui auquel le vêtement est

21. Avril et Raynaud, *op. cit.*, p. 101.

22. Parmi les nombreux exemples de cette approche vêtue du corps nu dans les tableaux de l'époque, on peut également citer comme très représentatif la *Pietà* de Jean Fouquet conservée dans l'église de Nouans-les-Fontaines et récemment exposée à la Bibliothèque nationale. Voir à ce sujet le catalogue de l'exposition *Jean Fouquet, peintre et enlumineur du XVe siècle,* sous la direction de François Avril, Paris, 2003. Dans ce tableau, le corps du Christ possède de larges épaules à la fois saillantes et arrondies, comme si elles étaient rembourrées ; les côtes de son buste, dont la taille est très marquée, saillent en biais comme les pinces d'un pourpoint invisible ; ses pieds joints, vus en perspective, possèdent un très long pouce qui est le reflet exact du pied pointu, vu à plat celui-là, du personnage qui soutient ses jambes.

23. *Livre du roi Florimont,* 1418, f. 92v. BNF, ms. fr. 12566.

destiné, a apporté son mannequin avec lui. Cette figure en bois porte aux épaules deux cercles de rembourrage, peut-être également en bois, destinés à permettre de couper les épaules du vêtement selon la mode et non pas selon le gabarit de celles du futur porteur ; il en est de même du buste du mannequin, rond et rembourré sur les côtes, de sa taille aussi fine que celle d'une cocotte de la Belle Époque, et de ses hanches très arrondies, corollaire inévitable de la taille serrée. À lui seul, ce mannequin fait comprendre la primauté de la silhouette dans la mode et, parallèlement, la technicité du métier de tailleur qui doit pouvoir inscrire le corps de son client à l'intérieur de ces critères impératifs.

Le concept triangulaire de la beauté vestimentaire figure également sur de nombreuses tapisseries de l'époque, comme il est facile de le constater, de nombreuses pièces étant conservées dans les musées français et étrangers. Une tapisserie, connue grâce à un dessin de Roger de Gaignières, présente elle aussi une figure de femme – une dame à la licorne – qui, à l'inverse de celle de la célèbre tenture du Musée national du Moyen Âge et des thermes de Cluny, porte le haut hennin et la haute ceinture[24] (fig. 23). Il est d'ailleurs intéressant de comparer ces deux versions d'un même thème, la dame de Gaignières correspondant au panneau de la vue de la tapisserie de Cluny puisque la licorne repose sur ses genoux dans la même attitude (fig. 2). La différence de composition est grande cependant entre les deux, la première étant strictement triangulaire et plane, avec la pointe du hennin de la dame comme sommet, et l'écartement de l'*hortus conclusus,* ou jardin enclos, comme base. La seconde s'articule au contraire autour de l'axe vertical décentré que constitue le porte-étendard aux armes du commanditaire ; celui-ci fait office de fenêtre ouverte sur la perspective, encore un peu maladroite il est vrai, de la scène où la licorne est logiquement représentée à une échelle plus grande que la dame à l'arrière-plan.

24. Joseph Guibert, *Les dessins d'archéologie de Roger de Gaignières,* série III, Tapisseries, Paris, s.d., pl. iii., p. 23.

Il se trouve que la publication des premiers livres illustrés correspond à la fin de l'époque du gothique international. Il est donc instructif de comparer les illustrations de cette période, bien qu'elles soient moins nombreuses, avec celles de la période suivante. Un constat s'impose d'emblée : le changement de mode entre les années de la fin du Moyen Âge et celles du début de la Renaissance est immédiatement intégré par les producteurs d'images. Il semble n'y avoir aucun hiatus entre l'adoption des nouveaux habits par les membres de la société – donc de la nouvelle manière de penser le monde – et la représentation de ces derniers par les artistes graveurs.

S'il existe donc relativement peu d'images imprimées de la mode du gothique international, parmi celles qui nous sont parvenues se trouvent cependant deux exemples démonstratifs. Ce sont ceux illustrant la *Légende de Mélusine*, roman en prose composé par Jean d'Arras en 1392-1393 à la requête du duc de Berry[25]. La première édition illustrée de l'histoire de la belle Mélusine est vraisemblablement celle de 1475, publiée par l'éditeur bernois Bernhard Richel, dont les bois furent repris à l'identique, voire achetés, par l'éditeur genevois A. Steinschaber en 1478[26]. Ces mêmes bois, copiés ou empruntés, étaient utilisées pour en illustrer la première édition française, non datée celle-là mais sans doute postérieure de quelques années seulement, publiée à Lyon par Gaspard Ortuin et Pierre Schenck. Ce qui frappe de prime abord, au vu des illustrations de ces trois éditions, est que la silhouette des personnages est bien celle, triangulaire, des années 1460-1475. En particulier l'héroïne, Mélusine (fig. 24), y porte constamment les « cornes », c'est-à-dire ce hennin écarté en une sorte de mitre[27] qui serait portée sur le côté et qui signale à la fois la fin de la mode du

25. *Dictionnaire des lettres françaises*, *op. cit.*, p. 744.

26. W. J. Meyer, *Jean d'Arras. L'histoire de la belle Mélusine ;* reproduction en fac-similé, Neuchâtel, 1924.

27. Il conviendrait peut-être de s'interroger sur cette mode féminine qui reprend, en la détournant littéralement et symboliquement, un accessoire réservé en principe aux princes de l'Église.

hennin droit traditionnel (dont on voit cependant quelques exemples portés par les autres personnages féminins) et son éventuel et prochain abandon total en faveur du chaperon au ras des cheveux. Le décolleté de Mélusine est profondément échancré en V, sa poitrine ronde et ferme est très apparente sous le haut ajusté du corsage, et sa taille, bien que soulignée maintenant d'une ceinture étroite plutôt que large, est placée au-dessus de sa position normale de façon à ce que sa longue jupe à traîne s'évase immédiatement sous la poitrine.

Les hommes sont tout aussi triangulaires d'aspect, que ce soit le mari de Mélusine, avec son haut bonnet de fourrure – probablement du castor – surmonté d'une plume, sa jupette à plis et ses poulaines, ou les paysans travaillant à une clôture sous la supervision de ce dernier (fig. 25). Nous avons là une image de mode qui est bien celle des années 1470. Elle est d'autant plus fidèle qu'elle incorpore dans un dessin, pourtant extrêmement linéaire et peu nuancé, des détails techniques qui prouvent à la fois l'actualité temporelle et la finesse d'observation de l'auteur de ces planches. En effet, les vêtements des hommes, tout en étant encore triangulaires, ne sont plus coupés exactement comme ils l'étaient sur le portrait de Charles VII par exemple : les épaules ne sont plus rembourrées, et le différentiel entre celles-ci et la taille, toujours très fine, n'est plus marqué par des rangées de bourrelets mais par une fente ouverte au milieu de la poitrine sur le vêtement de dessous. Quant à la basque de la jaque, elle descend déjà légèrement plus bas, et les plis qu'elle conserve sur le devant sont détendus par une fente qui dégage le haut des cuisses. Il s'agit à la fois, à l'évidence, d'une évolution mineure de coupe mais aussi d'une représentation d'un costume ordinaire dont on voit bien que la simplicité ne change rien à la silhouette fondamentale, qui est tout aussi triangulaire que l'est celle du roi Charles VII.

Un autre exemple provient de l'un des ouvrages les plus populaires parmi les imprimés illustrés de cette période, le *Speculum humanae salvationis*, publié par le même imprimeur bâlois, Bernhard Richel, en 1476. Parmi les très nombreuses vignettes qui illustrent ce livre à vocation éducative figure celle de la Samaritaine au puits, donnant à boire à un soldat (fig. 26). La poitrine de la Samaritaine est bien mise en évidence ainsi que sa taille haute et serrée. Elle ne porte aucune coiffe, en revanche, et ses cheveux torsadés s'enroulent autour de sa tête pour finir en aigrette, exactement comme ceux de la dame à la licorne sur la tapisserie du musée de Cluny (fig. 2, 3, 6, 7). Il se pourrait donc que cette coiffure exotique et populaire, plutôt que domestique et aristocratique comme l'était alors le hennin, ait été adoptée par la suite dans un mouvement de mode allant, comme c'est plus souvent le cas, historiquement, que le contraire, du bas de l'échelle sociale vers le haut[28].

Cette silhouette n'est manifestement plus du tout à la mode dès les années qui suivent, c'est-à-dire à partir de 1480, puisque les incunables illustrés de plus en plus nombreux qui sont alors publiés ne montrent plus que des personnages à la silhouette que nous avons appelée rectangulaire. Pour illustrer celle-ci de façon plus parlante et pour en retrouver facilement les correspondances avec un univers plus familier à la majorité d'entre nous parce que considérablement plus proche dans le temps, donc susceptible de rappeler un vécu, il suffit de regarder les images représentant la silhouette des années 20 et 30 du siècle dernier (fig. 27). On constate que, si les robes sont courtes et les manches parfois inexistantes, la silhouette présentée a beaucoup en commun avec la forme rectangulaire des vêtements de la fin du XVe siècle[29]. Le contraste avec une forme triangulaire, celle des années 1950,

28. On peut citer, comme exemple de ce mouvement ascensionnel du costume pauvre, celui de la période 1770-1790 au cours de laquelle un costume « de paysan » (bergère) fut adopté par la reine Marie-Antoinette et les femmes de sa cour ; ce costume étant d'ailleurs le même que celui des nobles dames dans les lignes caractéristiques de sa silhouette, quoique présentant moins d'ampleur et fait de tissus non précieux et souvent unis.

29. Cette comparaison, qui s'imposait étant donné la similarité des deux silhouettes, n'implique pas que ce soit la seule possible dans le temps. D'autres périodes de l'histoire de la mode ont connu la rectangularité ou la triangularité, mais il n'est pas possible ici de les examiner toutes ; la période qui nous était la plus proche dans le temps a donc été choisie comme la plus efficace.

qui correspond peu ou prou à la mode triangulaire des dernières années du gothique international, est lui aussi très parlant à cet égard et, pour mieux mettre en lumière cette différence fondamentale entre les deux, il est possible de choisir une image multiple qui, à elle seule, résume et l'époque et la mode en question (fig. 28). Cette mode, lancée par la célèbre maison parisienne Christian Dior, est d'ailleurs aujourd'hui située au niveau de l'icône dans le panthéon sémantique du langage de mode utilisé par les magazines féminins actuels, tant sa silhouette a été et est encore perçue par tout un chacun comme archétypale, alors que ne l'est pas la silhouette rectangulaire des années 1920[30].

30. Le seul couturier qui persiste à présenter une silhouette rectangulaire, Robert Piguet (modèle du milieu, première rangée), preuve qu'il ne s'est pas tout à fait adapté à son époque, devra fermer les portes de sa maison de couture quelques temps après.

VIII

LE NÉOPLATONISME VESTIMENTAIRE OU LA SILHOUETTE RECTANGULAIRE, 1475-1500

1. La dame à la licorne

La fonction essentielle de séduction du vêtement[1] a été mise en évidence par tous les analystes. Mais pour que cette fonction soit assumée pleinement, c'est-à-dire pour que les parties du corps les plus sexualisées soient sublimées par le vêtement, il faut bien entendu qu'il y ait désir de séduction. Et si, pour des raisons culturelles, sociales, voire économiques, ce désir n'existe pas ou, ce qui est la même chose, il n'est pas de

1. Il serait sans doute plus juste de dire que c'est la fonction du corps vêtu que de séduire, le vêtement, à lui seul, n'étant ni objet ni sujet dans le sens psychologique maintenant universellement accepté de ces termes, mais simple « chose ». Il faut toujours souligner cependant, avec Merleau-Ponty, que le désir de séduction comme sexualité agissante, « sans être l'objet d'un acte de conscience exprès, peut motiver les formes privilégiées de [l'] expérience. [...] Il y a osmose entre la sexualité et l'existence, c'est-à-dire que si l'existence diffuse dans la sexualité, réciproquement la sexualité diffuse dans l'existence... », « Le corps comme être sexué », dans *Phénoménologie de la perception*, Paris, 1945, p. 197.

bon ton de montrer qu'il existe ? Ou encore, si le désir de séduction ne s'adresse pas à l'autre, c'est-à-dire à l'autre sexe, s'il est plus narcissique qu'altruiste, s'il cherche non pas la moitié manquante qui doit venir compléter l'être originel, mais seulement son propre idéal, son double, donc forcément représenté par un membre du même sexe ?

La réponse à ces questions semble bien devoir être la suivante : que ce soit parce que la séduction entre les deux sexes n'est pas « à la mode », ou au contraire parce que la séduction entre membres d'un même sexe l'est, le vêtement doit soumettre le corps qu'il habille à un changement morphologique apparent si radical que la différence entre l'un et l'autre sexe en devienne la plus ténue, la moins reconnaissable possible. En effet, si les hommes ne doivent plus séduire les femmes et vice versa, ni les uns ni les autres ne peuvent mettre leurs attributs sexuels en vitrine. Il en va de même si les hommes ne doivent plus séduire que des hommes et les femmes que des femmes, car d'une part la société, en règle générale, ne pourrait approuver qu'une démarche aussi fondamentalement contre-productive, même si elle est largement acceptée par ailleurs au niveau philosophique, puisse être ouvertement affichée à travers le vêtement. D'autre part, une mise en avant provocante des attributs sexuels masculins, destinée à attirer d'autres hommes, prêterait sans nul doute à confusion : les femmes risqueraient de penser que cet étalage leur est destiné ; la même démarche pour les femmes, destinée à d'autres femmes, produirait les mêmes résultats.

Dans le monde néoplatonicien de la fin du XVe siècle, dans ce monde où l'idée de l'amour platonique était largement répandue, la seule situation vestimentaire conforme à cette idée, radicalement différente de celle de l'amour courtois qui l'avait précédée, ne pouvait être que celle de l'angélisme, donc celle de la silhouette rectangulaire asexuée.

L'amour platonique portait en lui deux notions, du moins selon l'interprétation qu'en avait faite Marsile Ficin, une notion de chasteté complète, ou angélisme, qui permettait l'accès à la connaissance, et une notion de profonde amitié à l'antique entre deux hommes, l'un étant de préférence plus âgé, ou plus sage, l'autre étant plus jeune et moins savant. À l'origine les femmes n'étaient pas concernées du tout par cette doctrine qui ne s'adressait qu'aux hommes. Mais à l'angélisme d'un homme la femme ne peut guère répondre que par le même angélisme, et les deux sexes se doivent alors de paraître posséder aussi peu de sexe que les anges eux-mêmes.

On peut considérer comme exemple type de cette silhouette angélique et rectangulaire, dans sa version féminine, celle des différents personnages, tous féminins, des six panneaux qui composent la tenture de *La dame à la licorne* du Musée national du Moyen Âge et des thermes de Cluny. Mais il s'agit d'un exemple de personnage habillé. Or la mode d'une silhouette particulière, dépendante qu'elle est d'un consensus social sur une idée fondamentale – ici celle de l'amour platonique –, ne s'arrête pas au corps habillé. Lorsqu'il faut représenter le corps nu, sa morphologie correspond à la forme générale du vêtement plutôt qu'à la réalité naturelle de la chair. Avant d'examiner l'habit par conséquent, arrêtons-nous un instant sur la nudité.

Pour une silhouette rectangulaire mais nue, donc, l'exemple le plus célèbre que l'on puisse montrer est celui de la Vénus de Botticelli, dont les proportions du corps s'inscrivent dans un des cinq rectangles dorés que comporte le tableau de *La naissance de Vénus*[2], peint vers 1485 (fig. 8). En effet, la silhouette de la déesse s'inscrit bien dans un rectangle, dans la mesure où la largeur de ses épaules est la même que celle de ses hanches, qui sont elles aussi de la même dimension que sa taille. Sans doute Botticelli, dont on connaît l'intérêt pour le néoplatonisme, s'était-il inspiré pour cette œuvre des principes pythagoriciens appliqués à la composition artistique ; peut-être même avait-il lu l'ouvrage de Luca Pacioli, *La divine proportion*, écrit en 1484-1485 ; mais il avait surtout intégré dans ce tableau, comme dans celui du *Printemps*, les concepts néoplatoniciens d'une Vénus plus

2. Selon Elsa Maillard, *Les cahiers du nombre d'or, IV, Botticelli*, Paris, 1965, p. 8.

vierge qu'amante, plus sage que frivole, plus divinité du sublime que déesse de la chair, plus proche de celle du *Banquet* de Platon que de la Vénus des plaisirs de Lucrèce[3].

Un autre tableau de Botticelli montre d'ailleurs la même approche rectangulaire dans la représentation d'un corps féminin ; il s'agit de *La calomnie d'Apelle*, où le personnage figurant la vérité nue, à l'extrême gauche du tableau, est celui d'une femme aux longs cheveux (fig. 29). Le corps de cette femme est tout aussi rectangulaire dans ses proportions que celui de la Vénus, mais il est encore plus déféminisé par une absence totale de poitrine ; sans ses cheveux dénoués, il serait bien difficile de le distinguer de celui d'un homme.

Cette image du corps féminin nu, représenté selon les critères de la silhouette habillée alors à la mode, se retrouve d'ailleurs de façon constante à travers les âges ; ainsi les femmes grassouillettes de Rubens sont-elles aussi débordantes de chair sans leurs robes que dans celles-ci ; ainsi les femmes-guêpes de la fin du XIXe siècle ont-elles la taille aussi fine, les hanches aussi larges et le buste aussi imposant sans leur corset qu'avec celui-ci, comme on le constate facilement au vu de l'iconographie de ces diverses époques.

Nous avons donc un exemple de femme habillée et un exemple de femme nue pour caractériser le vêtement angélique, mais encore nous faut-il un exemple masculin. Comme exemple archétypal d'un corps d'homme nu où l'androgynie est manifeste, celui du *David* de Donatello (v. 1430-1450), semble tout aussi indiqué puisque sa célébrité est au moins aussi grande que celle de la Vénus botticellienne, au point que, comme elle, il est devenu pratiquement inutile de le reproduire pour l'avoir à l'esprit. Cette statue de David a bien servi de modèle à ce qui allait suivre, car elle présente déjà toutes les caractéristiques de cette approche néoplatonicienne qui va féminiser les hommes et masculiniser les

3. E.H. Gombrich, *Norm and Form, Studies in the Art of the Renaissance*, 2 vol., Londres/New York, 1966, vol. I, p. 42 ; André Chastel, « Amour sacré, amour profane », dans *Marsile Ficin et l'art*, Genève, 1996 [1954], p. 134-141.

femmes, non pas à outrance, mais de façon subtile et qui contribuera à la négation des deux sexes. Ce David-là a de petites épaules, une taille marquée, un thorax où pointent deux petits seins bien formés, et surtout un ventre très rond et plein. Il porte les cheveux longs, épandus sur ses épaules, sous un chapeau de jardinier à calotte ronde et garni de feuillages. Selon le mot de Kenneth Clark, cette œuvre transforme « le roi d'Israël en un jeune dieu grec », mais il nous semble que l'homme à la légende virile, le vainqueur de Goliath, le séducteur de Bethsabée, le père de Salomon, soit métamorphosé ici en un mortel éphèbe plutôt qu'en une divinité, légitimant ainsi une approche symbolique et esthétique de la jeunesse masculine, tout empreinte de féminité, à l'opposé de celle qui avait prévalu jusqu'alors. Le *David* est sans doute l'une des premières œuvres plastiques d'esprit véritablement néoplatonicien, de sorte qu'il constitue à la fois un prototype et un archétype, puisque après lui rien ne sera jamais plus pareil dans la représentation des corps nus masculins. Une œuvre postérieure mais manifestement inspirée du David, la figure d'Apollon, peinte par Le Pérugin vers 1480-1490, dans son *Apollon et Marsyas* actuellement au Louvre, peut également servir d'exemple (fig. 30). Contemporain de la Vénus de Botticelli, l'Apollon du Pérugin est composé lui aussi selon les proportions du rectangle doré, et il partage avec la déesse des cuisses à la fois fuselées et arrondies et des jambes longues aux chevilles fines. Pas un muscle ne vient déformer sa silhouette gracile, pas une veine saillante à l'antique ne vient casser le velouté de sa peau. Son bras mollement replié, la main appuyée sur sa hanche reprend la position que Donatello avait donnée à son David, position classique de l'éphèbe antique, mais qui prend ici des proportions encore plus démasculinisées. Par comparaison, les représentations grecques viriles dépeignent effectivement un homme nu dans la même position, mais avec des muscles ventraux très marqués, des mollets fortement dessinés, des attaches épaisses et de larges mains ouvertes ou au contraire des poings serrés dans une position militante.

Avant d'examiner les corps féminins habillés, voyons ce qu'il en est des habits masculins. Le costume typique des hommes de cette époque est dérivé, et ce n'est pas un hasard, du costume des clercs. Au lieu du pourpoint très ajusté à la taille, au devant rembourré, aux épaules enjolivées, que portaient les civils dans les années 1440-1470, le vêtement à la mode dans les années 1470-1500 est une sorte de tunique, généralement tombant jusqu'aux pieds, mais assez fréquemment courte, selon l'âge et la condition sociale du porteur : courte pour les jeunes et les serviteurs, longue pour les puissants et les anciens et, ce qui est une nouveauté, longue pour les intellectuels patentés comme Marsile Ficin et ceux qui, comme Laurent de Médicis, désirent se faire reconnaître comme tels plutôt que comme des représentants, aussi éminents soient-ils, de leur catégorie sociale. Cette tunique est assez ample mais elle ne l'est pas plus au haut qu'au bas ; elle comporte souvent des gros plis plats sur le côté, de sorte que sa forme de boîte, de cube presque, en est accentuée. Elle est parfois portée avec une ceinture, mais celle-ci ne serre absolument pas la taille, elle ne fait guère qu'infléchir légèrement la ligne droite de l'ensemble à cet endroit. La ceinture existe surtout pour que l'on y suspende la bourse plate à rabat brodé ou en tapisserie, souvent ornée de pompons, qui contient le nécessaire, du moins on l'imagine, car elle est toujours représentée si plate qu'il semble bien qu'elle ne puisse rien contenir du tout. On a là d'ailleurs un exemple parfait de l'accessoire qui est à la mode mais qui ne la fait pas à lui seul, car, si la bourse est obligatoire, elle ne l'est qu'à un certain endroit, tout autre emplacement devenant un modificateur de la silhouette ; sa forme en revanche est fréquemment modifiée dans les dernières années du XVe siècle : elle est d'abord… rectangulaire, comme la silhouette qu'elle accompagne, mais bien vite elle s'allonge ou s'arrondit, se boursoufle ou s'étale, etc., selon les humeurs de son propriétaire, sans jamais changer de place, ce qui vient confirmer que sa position sur le corps est plus importante que sa forme ou ses dimensions.

Sur les représentations de l'époque, la coiffure des hommes est conforme à ce que l'on appellerait aujourd'hui la coiffure page, c'est-à-dire les cheveux mi-longs pendant de chaque côté du visage mais laissant celui-ci bien dégagé, les cheveux du haut de la tête étant coupés au ras du front ou en petite frange droite. Cette frange était réservée, semble-t-il, aux plus jeunes et/ou aux subalternes (d'où l'expression, qui ne date que XIXe siècle, de coiffure-page ?). Les cheveux sont le plus souvent blonds – ils sont fréquemment décolorés – chez les jeunes (chez les femmes ils le sont toujours) ; ils ne sont bruns ou noirs que lorsque l'homme est d'âge mûr. Les perruques blondes étaient d'ailleurs de mise pour les participants aux processions ou cérémonies publiques ; lors de l'entrée solennelle du roi Louis XII à Paris, le 11 juillet 1498, par exemple, « tous ses gens en armes… estoient tous… beaux fils, belles perruques jaunes et longues[4] ». Les jeunes gens « sans barbe » qui accompagnent le cortège des nymphes dans *Le songe de Poliphile* portent « … la perruque longue, crêpée et blonde[5]… » Ces longs cheveux blonds épars accentuent l'aspect angélique des membres du sexe masculin à la fois par leur dimension et par leur couleur[6].

Le chapeau masculin de l'époque est rond, presque en forme de calotte cléricale, mais avec des bords tout de même, roulottés d'abord, puis un peu plus tard relevés. Il se porte bien enfoncé sur les cheveux. Un autre chapeau était alors très en vogue ; c'est celui que porte Laurent de Médicis lui-

4. Bernard Guenée et Françoise Lehoux, *Les entrées royales françaises de 1328 à 1515*, Paris, 1968, p. 258.

5. Francesco Colonna, *Le songe de Poliphile*, traduction de l'*Hypnerotomachia Poliphili* par Jean Martin (Paris, Kerver, 1546) ; présentation, translittération, notes, glossaire et index de Gilles Polizzi, Paris, 1994, p. 152.

6. Le Metropolitan Museum of Art de New York conserve, dans la collection Maitland F. Griggs (43.98.8) un *cassone* où sont dépeints une assemblée de jeunes et riches Siennois, dont les cheveux, aussi bien chez les hommes que chez les femmes, sont tous d'une blondeur lumineuse ; le style de ces coiffures est exactement le même pour les hommes que pour les femmes, mi-longs et crêpés, ce qui suggère qu'il s'agit de perruques.

même (fig. 31). Il s'agit également d'un couvre-chef rond mais qui est constitué de deux parties distinctes : une calotte emboîtant la tête et un long rectangle de tissu assorti ; on enroule celui-ci autour de la calotte et on laisse retomber le surplus droit sur l'épaule. Cette coiffure est inspirée de celle de Dante, ou du moins c'est une coiffure semblable que Raphaël fait porter à Dante dans la fresque du Parnasse de la Chambre de la signature au Vatican, à ce détail près que le pan du chapeau de Dante retombe sur sa nuque. C'est donc un chapeau de poète, on dirait aujourd'hui un chapeau d'intellectuel, et si ceux qui le portèrent alors à Florence ou à Paris n'étaient pas tous poètes ou clercs, du moins en avaient-ils l'air aux yeux de leurs concitoyens. Une gravure florentine de l'époque montre d'ailleurs un maître et quelques élèves habillés de la tunique droite et du chapeau à pan qui constitue l'uniforme obligé de ce groupe de pairs[7] (fig. 32).

On voit que cet habit d'allure presque monacale ne révèle absolument rien du corps de celui qui le porte et qu'il n'est pas le moins du monde sexué. Lorsqu'il est porté avec le chapeau à pan retombant, on serait même tenté de dire que ce costume projette au contraire l'image d'un homme qui veut manifester son manque d'agressivité par le simple effet de cette espèce de drapeau en berne que constitue son chapeau. En effet, la manière la plus simple, la plus ancienne et la plus efficace qu'a l'homme d'exprimer l'agressivité, qu'elle soit sexuelle ou guerrière, est de rehausser sa stature à l'aide d'ornements quelconques dressés sur sa tête : plumes, chapeaux, casques, cimiers, etc. Si donc ce chapeau à la Dante ne fait pas un ange de l'homme qui le porte, il ne peut certes en faire un séducteur triomphant.

La recherche psychanalytique a depuis longtemps mis en évidence non seulement la motivation sexuelle de ces ajouts mais aussi, dans certains cas, la fonction de symbole des organes sexuels eux-mêmes qu'ils assument. Dès lors qu'on

7. Illustration de *Regulae*, Florence, atelier de Nicolaus Perottus, vers 1490.

accepte cette explication, il s'ensuit que le contraire, c'est-à-dire tout ce qui tend à rabaisser la stature d'un homme, en attirant le regard vers le bas par exemple, ici en laissant pendre le bout de l'écharpe enroulée sur la tête, ne peuvent signifier qu'une intention de déni de la sexualité, voire de rejet de la masculinité dans ce qu'elle a de phallique. Mais il est vrai que ce genre de chapeau ne semble avoir été adopté que par certaines catégories d'hommes à certains moments seulement. Ainsi l'on peut voir représenté, par Robinet Testard vers 1496-1498, l'auteur du *Livre des échecs amoureux moralisés*, Évrard de Conty, vêtu d'un long manteau droit en drap gris bordé de noir et portant un chaperon noir « à la Dante » au large pan retombant sur la nuque. C'est d'ailleurs le portrait d'un homme âgé qui est l'auteur d'un livre vieux d'un siècle auparavant ; cependant son costume correspond parfaitement à celui d'un « intellectuel » de la fin du XVe siècle, c'est-à-dire qu'il tombe droit des épaules aux pieds, à l'antique. En revanche, le costume du personnage de Déduit, fils de Vénus et symbole de l'amour charnel, est représenté par Testard à la mode du temps auquel il est supposé avoir existé, mais revu et corrigé par les critères esthétiques de l'époque à laquelle le livre a été illustré. En effet, au lieu des poulaines pointues qui auraient été de mise pour Déduit (fig. 33), celui-ci porte des sabots ronds qui s'accordent particulièrement mal avec ses chausses collantes brodées d'or au niveau de la jarretière – représentation plus ou moins correcte des chausses en vogue au milieu du XIVe siècle, et qui disparaissent complètement au XVe puisque l'on ne pourrait de toute façon plus les voir sous les longues tuniques –, et, au lieu d'être très serré à la taille, son pourpoint décoré de motifs de plumes de paon forme une sorte de plastron coupé droit devant. Au lieu d'être haut et rond ou drapé, son bonnet est plat, tandis que ses cheveux sont longs et bouffants le long de son visage, au lieu d'être courts et pratiquement invisibles sous son chapeau. Cela démontre assez combien il est difficile, voire impossible, à des illustrateurs, même assez âgés pour en avoir gardé le souvenir, de donner un rendu authentique à des vêtements démodés et de concevoir une silhouette triangulaire lorsque celle qui a cours au moment où ils dessinent est rectangulaire. Par ailleurs, la jeunesse et la sexualité triomphante de Déduit sont mises en avant par le port d'une sorte de dague très courte à pommeau orné de deux boules, l'ensemble formant un contraste sans ambiguïté avec l'aspect de vieillard chaste d'Évrard de Conty.

Puisque le portrait d'homme triangulaire était celui du roi Charles VII par Fouquet, il était logique de mettre en parallèle, comme type d'homme rectangulaire, le portrait d'un autre roi, Charles VIII, petit-fils du précédent (fig. 34). Bien qu'exécuté après la mort du roi, advenue en 1498, le tableau présente un aspect typique de la fin des années 1490 en ce qui concerne l'habillement masculin. La composition du tableau est strictement rectangulaire, la tête du roi étant pratiquement aussi large que ses épaules. Cet effet est encore accentué par le bonnet rectangulaire que Charles VIII porte sur une coiffure au carré dont les cheveux, tous d'égale longueur, encadrent les joues et contribuent à casser l'angularité de son nez. Comme pour renforcer encore ce parti pris, ce bonnet noir est orné d'un carré rouge brodé situé un peu sur le côté du chapeau, comme l'exigeait alors la mode, mais qui constitue en réalité le centre mathématiquement exact du tableau.

L'on n'aperçoit guère les vêtements du roi, mais un détail frappe tout de suite dans l'opposition parfaite au tableau de Charles VII qu'il constitue : les épaules de Charles VIII ont perdu toute l'ample rigidité qui caractérisait celles de son grand-père et elles sont devenues si basses et si molles qu'on n'en distingue plus ici les contours. Le contraste entre les deux portraits ne saurait être plus grand : le premier pourrait être qualifié de viril tant la composition hiératisée, le dessin du buste et celui de la tête nue sous le chapeau projettent instantanément l'idée du pouvoir, indépendamment même de l'expression du visage, alors que le second pourrait être qualifié de mièvre, tant ce carré rouge, apposé comme une étiquette sur la tête du jeune roi, fait de lui un spécimen plutôt qu'un symbole, quelle qu'ait été par ailleurs la réalité plus ou moins virile de l'un ou l'autre de ces deux hommes.

Il en est de l'homme rectangulaire des années 1475-1500 comme de l'homme triangulaire du gothique international : il présente une silhouette vêtue qui est la même que celle des femmes de son époque.

Pour ce qui concerne les femmes habillées donc, l'exemple choisi pour sa célébrité autant que pour sa représentativité est celui de *La dame à la licorne*. L'ensemble de ces six panneaux de tapisserie conservé au Musée national du Moyen Âge et des thermes de Cluny a fait l'objet de nombreuses études depuis son entrée au musée en 1882. Alain Erlande-Brandenburg, ancien conservateur en chef du musée, qui a apporté une contribution définitive à ces études, en a récemment fait la synthèse dans son ouvrage *La dame à la licorne*[8]. Rappelons brièvement ici l'historique de cette tenture à partir de ce livre.

La dame à la licorne est une suite de six panneaux probablement commandée par un certain Jean IV Le Viste, dont l'écusson figure sur chaque panneau, entre 1484, date à laquelle celui-ci prit les armes pleines de la famille, et 1499, date de sa mort. C'est plus probablement entre 1495 et 1499 que se situe la date de cette commande, étant donné le style des costumes. Les Le Viste étaient des marchands drapiers de Lyon dont les principaux membres exercèrent à Paris des fonctions importantes, Jean IV Le Viste ayant été nommé président de la Cour des aides le 4 décembre 1489, après une belle carrière favorisée par Louis XI et qui avait commencé avec le poste de conseiller au Parlement. On ne sait pas où la tenture a été tissée ; on a longtemps voulu y voir une production des ateliers itinérants des bords de la Loire, mais cette hypothèse est maintenant peu soutenue, et le consensus semble s'être fait autour d'un atelier bruxellois. Pour ce qui est de l'artiste qui en aurait donné les cartons, Alain Erlande-Brandenburg y voit la main du Maître de Moulins[9] ; Nicole

8. Paris, 1993.
9. *Op. cit.*, p. 22-23.

Reynaud quant à elle l'attribue au Maître des *Très petites heures* d'Anne de Bretagne[10].

La tenture, qui a été acquise par l'État en 1882 après le rapport de Prosper Mérimée en 1841, provient du château de Boussac, où son existence est signalée dès 1814. George Sand, qui l'avait vue au château, l'a fait figurer dans plusieurs de ses romans.

Selon une hypothèse autour de laquelle s'est établi un large consensus et qui a été développée par Alain Erlande-Brandenburg, la tenture représente une allégorie des cinq sens ainsi que du libre arbitre. Cette théorie, qui s'appuie sur le contexte intellectuel et artistique de l'époque, voué au néoplatonisme et à l'allégorie dynamique plutôt qu'à la symbolisation statique, s'est imposée sans grande difficulté. En bref, les cinq premiers panneaux représenteraient les cinq sens, soit la vue, l'ouïe, le goût, l'odorat, le toucher, transposés sous la forme d'une femme dont l'activité ferait allusion à chacun d'entre eux. Le dernier panneau, intitulé « À mon seul désir », signifierait le libre arbitre par lequel tout être humain a le choix de se détacher des plaisirs que procurent les cinq sens ; la dame s'y défait de son collier doré, signifiant par là qu'elle entend mener la vie de chasteté et de renoncement, seul désir du bon chrétien, préconisée à la fois par les moralistes du temps et par les adeptes du néoplatonisme, et mettre ainsi en pratique ce libre arbitre dont se réclamaient les philosophes et moralistes anciens. Cette explication a convaincu la grande majorité des historiens du Moyen Âge et de la Renaissance depuis maintenant une génération, tant elle correspond à la réalité de cette fin du XVe siècle, même s'il en est encore un certain nombre pour proposer des interprétations toutes différentes avec plus ou moins de crédibilité. Curieusement, l'oiseau qui figure au panneau du goût sur le poing de la dame (fig. 4) a fréquemment été confondu avec un faucon, dont pourtant il n'a ni la couleur brune ni la caractéristique queue en éventail ; on le désigne actuellement

10. Avril et Reynaud, *op. cit.*, p. 265.

comme une perruche, ce qu'il n'est pas non plus. Il s'agit d'un perroquet, dont la couleur bien verte, le bec recourbé et la queue effilée appartiennent clairement et uniquement à son espèce[11] (fig. 4) ; d'autres perroquets figurent d'ailleurs sur nombre de tapisseries de l'époque, y compris sur celle de la Vie seigneuriale, dans le même musée. Au reste, la présence de ce perroquet n'est pas indifférente ; en effet, elle pourrait ne pas être sans rapport avec les *Épîtres de l'amant vert* [12], poème d'inspiration néoplatonicienne écrit en 1504-1505 pour Marguerite d'Autriche par l'humaniste Jean Lemaire de Belges, et que celui-ci accompagne d'un envoi au peintre Jean Perréal dans l'édition imprimée à Paris. Il s'agit de lettres que compose avant de mourir, puis d'outre-tombe, le perroquet vert de Marguerite, amoureux de sa maîtresse. Ce poème évoque le voyage du perroquet aux « infernaulx palus » guidé par Mercure, ce qui lui donne l'occasion d'évoquer toutes les légendes de la mythologie grecque, d'Actéon à Persée et Andromède, Orphée et Eurydice, etc. Ces *Épîtres* constituent un exemple supplémentaire de cette préférence pour les amours mortes et les écrits « célestes » qui caractérisent l'époque. Le mari bien-aimé de Marguerite d'Autriche, Philibert le Beau, duc de Savoie, venait de mourir subitement en 1504, et ce poème correspond assez bien à une forme pétrarquisante – le titre de l'édition parisienne est *Le triomphe de l'amant vert* – et à un fond néoplatonicien de la notion de retrouvailles après la mort d'un être aimé avec un être vivant[13], d'autant que le perroquet est symbole de fidélité.

11. Je remercie vivement M. Romain Cuccia, d'Uzès, spécialiste des perroquets, pour les précisions qu'il a bien voulu m'apporter concernant la variété exacte du perroquet de la tenture et pour avoir attiré mon attention sur le fait que les perroquets sont les seuls volatiles à saisir leur nourriture – ici les « perles », sans doute de la pâte d'amande, du panneau du goût – avec leurs pattes, alors que les faucons, comme tous les rapaces, ainsi que les perruches, ne la saisissent jamais qu'avec leur bec.

12. Jean Lemaire de Belges, s.d., début du XVIe siècle, BNF, Res-Ye-1389.

13. Le nom de Jean Perréal a été évoqué comme auteur possible des cartons de la tapisserie de *La dame à la licorne* ; celui-ci, à l'évidence, était lié au milieu humaniste puisqu'il avait pour ami non seulement Lemaire de Belges

Il est peu d'objets de cette époque, celle des années 1490-1500, qui offrent à nos yeux une image de la mode féminine aussi parlante que celle des six panneaux de la célèbre tenture. En effet les personnages y sont exclusivement féminins d'une part, et d'autre part ils sont représentés quasiment grandeur nature ; enfin le matériau même dont ils sont faits est un « tissu » dont la technique est celle d'une tapisserie. Il s'agit donc d'une triple image de mode dont le pendant moderne serait non pas le simple magazine de mode, statique et miniaturisé par rapport à la réalité, mais plutôt une scène de théâtre, étant donné la taille et le mouvement allégorisé de ses figures, voire un arrêt sur image du cinéma, ou encore des poupées grandeur nature, sorte de mannequins de vitrine en deux dimensions. On imagine avec quelle facilité pouvait s'établir le processus d'identification entre ces personnages féminins et les femmes qui avaient alors l'occasion de les regarder, car elles pouvaient y contempler leur propre reflet comme dans un miroir. Il faut souligner également l'exceptionnalité d'une représentation exclusivement féminine dans la tapisserie, comme d'ailleurs dans les autres arts décoratifs de l'époque, ce qui est paradoxalement toujours passé sous silence par les historiens de la tenture. À moins en effet que le sujet choisi ne mette en scène des saintes ou des allégories de la vertu, voire des muses, les représentations de l'époque comportent toujours des hommes. Cet éloignement physique entre les hommes et les femmes montre à lui seul le contexte néoplatonisant de la tapisserie de *La dame à la licorne*, par opposition à celui d'un amour courtois qui ne saurait faire abstraction du sexe masculin. Au-delà de cette évidence iconographique, il faut rappeler que Marsile Ficin faisait de

mais aussi le Lyonnais Pierre Sala, qui lui dédiait son *Livre d'amitié* inspiré de Pétrarque : *Le livre d'amitié dédié à Jehan de Paris par l'escuyer Pierre Sala…* publié pour la première fois d'après le manuscrit de la Bibliothèque nationale par Georges Guigne, Lyon, 1884. Pierre Sala était également lié à l'humaniste Symphorien Champier, néoplatonicien fervent et propagateur de la doctrine ficinienne en France ; voir Pierre Fabia, *Pierre Sala, sa vie, son œuvre avec la légende et l'histoire de l'Antiquaille*, Lyon, 1934, p. 1.

l'usage approprié des cinq sens et de la raison la recette, en quelque sorte, pour atteindre à la connaissance du divin ; le traitement esthétique de la tenture répond parfaitement à cette directive, ce qui fait que, même si d'autres niveaux de lecture n'en sont pas pour autant exclus, *La dame à la licorne* est aussi représentative du climat néoplatonicien que l'est, par exemple, *La nef des folles* de Symphorien Champier, ouvrage justement consacré à la diffusion de la théorie des cinq sens selon Marsile Ficin.

Du point de vue de la mode, ce qui frappe d'emblée dans cette tapisserie c'est la différence majeure entre la silhouette de la dame et de sa suivante et celle des femmes de toutes conditions décrites et illustrées dans la partie précédente traitant de la période du gothique international. Ici, la morphologie de l'une comme de l'autre, telle qu'elle est non pas révélée mais imposée par la coupe de leur costume, en fait des femmes rectangulaires par excellence. La dame et sa servante sont des femmes graciles, aux épaules de la même largeur que les hanches, à la taille à peine marquée, au ventre absolument plat, et qui montrent une absence quasi totale de poitrine. Cette apparence a pour résultat immédiat d'enlever à leur représentation tout caractère féminin dans le double sens de la sexualité et de la maternité potentielle.

L'absence de symboles visibles de féminité fait donc de cette silhouette, au niveau du signifié, une expression non seulement d'une désexualisation, mais même d'une véritable asexuation. L'image projetée est celle d'un être dont la fonction sur terre – la fonction de chair – n'apparaît pas clairement et immédiatement. La comparaison avec un ange paraît donc s'imposer et devoir suggérer que la dame et sa suivante présentent toutes deux une silhouette angélisée, en opposition totale avec la silhouette « démonisée » des femmes de la cour bourguignonne qui les précédèrent immédiatement dans le temps.

On a parfois considéré que les habits des personnages de *La dame à la licorne* pouvaient ne pas être représentatifs de leur époque. En réalité il n'en est rien, comme on peut le constater facilement grâce aux exemples figurant ci-dessous et tirés des nombreux incunables illustrés publiés à la fin du XVe siècle, comme on pourrait le faire également sur les autres tapisseries de l'époque, elles aussi très nombreuses. Non seulement la coupe des vêtements est-elle parfaitement à la mode des années 1490-1500, ce qui est le plus important pour la silhouette, mais les tissus et les accessoires – ici les bijoux – le sont tout autant. Il ne s'agit donc pas d'une représentation idéalisée, bien qu'elle puisse ne pas être entièrement réaliste dans la mesure où aucune image ne l'est jamais par définition. Brièvement, la coupe des robes de la dame et de sa suivante se caractérise par une ligne droite, sans ampleur frontale dans la jupe, et par un corsage au décolleté carré légèrement remontant en son milieu. Les manches sont toujours très serrées aux épaules, puis serrées au poignet ou au contraire très élargies. Les cheveux blonds, enroulés autour de la tête en une torsade qui se termine par une sorte de plumet dressé, sont couverts d'un chaperon aux affiquets d'or, ou encore épandus sur les épaules.

Il est important de souligner ici, et on le verra en détail, combien sont grandes les similitudes entre les costumes des personnages féminins de la tenture et les descriptions des vêtements et des coiffures des personnages féminins d'un des plus célèbres incunables à figures de la fin du siècle, le *Poliphile des songes* de Francesco Colonna, publié par Alde Manuce à Venise en 1499[14].

14. Francesco Colonna, *Hypnerotomachia Poliphilii* ou *Le songe de Poliphile*, traduction de Jean Martin, publié à Paris par l'éditeur Kerver en 1546 ; voir l'édition présentée, translittérée et accompagnée de notes, d'un glossaire et d'un index, par Gilles Polizzi, Paris, 1994. La rédaction du *Songe* se situerait, selon Polizzi, entre 1467, date du récit, et 1499, date de l'édition Aldine, mais il penche plutôt vers une date postérieure à 1480, la composition se prolongeant sans doute jusqu'aux années qui précèdent l'édition ; voir p. x. Il semble plus probable que les descriptions des costumes doivent dater en effet de la fin des années 1480-début des années 1490, car elles ne correspondent pas exactement aux images qui les illustrent dans l'édition Aldine, ces bois ayant d'ailleurs été copiés en contrepartie dans l'édition de Kerver.

Nous avons déjà vu le pourquoi de cet angélisme et le contexte historique dans lequel il a pu se développer. Il va sans dire que le comment et le quand d'un tel changement ne se sont pas plus manifestés d'un jour à l'autre que le pourquoi ; cependant force est de constater que l'évolution de ces changements majeurs dans la mode fut très rapide. Pour essayer de retracer brièvement ce processus et le situer dans le temps, il est un tableau qui illustre à la fois l'ancien costume, au moment où il s'achemine vers sa propre disparition, et le nouveau, au moment où il est encore en quelque sorte à l'essai par la société qui va bientôt l'adopter.

Il s'agit du *Triptyque Portinari* d'Hugo van der Goes. Ce tableau célèbre, aujourd'hui conservé aux Offices de Florence, a été exécuté entre 1473 et 1475 par le peintre flamand pour le compte du marchand et banquier représentant les intérêts des Médicis à Bruges, Tommaso Portinari. Le volet droit du triptyque est le plus intéressant ici, car l'on y voit Maria Baroncelli, l'épouse de Tommaso Portinari, ainsi que leur fille, qui semble âgée d'une dizaine d'années (fig. 35). Maria porte le vêtement typique de son époque, de sa situation sociale, et du lieu géopolitique où elle se trouve. Mais, bien que l'allure générale de sa robe soit semblable à celle des dames de la cour de Bourgogne, certains détails montrent déjà l'évolution prochaine vers une silhouette moins pointée vers le haut qui correspond, vestimentairement parlant, à l'effondrement de la maison de Charles le Téméraire. L'échancrure du corsage, quoique encore en V, comporte un large rabat qui fait paraître les épaules tombantes et, au lieu de montrer une peau nue, elle ne révèle qu'une sous-robe noire et austère à col montant. Le hennin, fort long, est porté basculé vers l'arrière, ce qui a pour effet d'introduire une certaine horizontalité : enfin il n'est plus porté seul au ras du front, toujours épilé cependant, mais il repose sur un chaperon de couleur noire, sous lequel dépasse encore la boucle de velours ou de lacet noir. Ce chaperon donne un arrondi au haut de la tête et, en emboîtant chaque côté du visage, amorce le mouvement vers la silhouette rectangulaire. Chez

Maria Baroncelli, le chaperon sert de support stabilisateur au hennin, mais bientôt il deviendra une coiffure à part entière et qui perdurera sous des formes plus ou moins agrandies ou rétrécies jusqu'à une date récente (comme dans les voiles d'infirmières jusqu'aux années 1950 par exemple), alors que le hennin, lui, sera abandonné au début des années 1480 pour ne jamais revenir.

L'inventaire après décès de Maria Baroncelli n'a pas été conservé, semble-t-il, mais, en revanche, celui de Gabrielle de la Tour, comtesse de Montpensier, dressé en 1474, contient une liste de ses coiffes et apporte donc une confirmation précieuse, et précise, du genre de chapeaux que possédaient les femmes appartenant à de riches et puissantes familles. Dans cette liste on trouve mention de « chaperons du temps passé… découpés », « chaperons rond de velours noir sans cornette », « grands chaperons hauts de Hollande », « coiffes de fil d'or, de soie noire et de fil d'or », « bonnets bas de velours noir ou rouge », etc.[15].

Cette liste est pleine d'enseignements. Tout d'abord elle confirme que la notion de démodé, dans toute l'acception du terme, existe bel et bien et que la « mode du temps passé » est perçue comme telle par les clercs de notaire et les experts, marchands pour la plupart et toujours masculins, qui sont chargés de dresser l'inventaire, même s'ils sont peut-être aidés dans cette tâche par les femmes de la maisonnée. Selon cette liste, la comtesse possédait plus de chaperons ronds ou bas et de coiffes – donc basses par définition – que de « hauts hennins de Hollande ». La conclusion qui s'impose est qu'en 1474 les hennins étaient déjà en passe d'être démodés. Cette date, qui coïncide exactement avec celle de l'exécution du *Triptyque Portinari*, démontre à l'évidence le caractère instan-

15. Publié par A. de Boislisle, « Inventaire de la comtesse de Montpensier (1474) », dans *Annuaire-Bulletin de la Société de l'histoire de France*, Paris, 1880 ; inventaire des chaperons, p. 28 ; inventaire des coiffes, p. 16. La transcription de Boislisle utilise aussi bien l'orthographe moderne de certains mots que l'orthographe originale.

tané de la mode représentée : le hennin de Maria Baroncelli est sur le point de basculer à terre, entraînant dans sa chute la silhouette si typiquement triangulaire de son époque.

Il n'est sans doute pas possible de situer avec une précision absolue l'abandon de ce hennin, pièce maîtresse de la silhouette gothique, mais il semble que les années 1475-1480 doivent donc constituer le point de non-retour. Ce terme de démodé revient souvent dans les chroniques et les inventaires de la fin du XVe siècle, confirmant par là que cette mode n'était certes plus de mise mais qu'elle n'était pas assez ancienne pour avoir été complètement oubliée ; et cela confirme également que la mode qui suivit était à la fois fondamentalement différente et acceptée par tous, sans regrets pour l'ancienne. En effet, si certaines modes ont pu durer plus longtemps qu'elles ne durent aujourd'hui, il n'en reste pas moins vrai que, lorsque le changement se produit, il est tout aussi radical que de nos jours et il prend place tout aussi rapidement. Ainsi, en 1480 comme aujourd'hui, ce qui était indispensable hier devient impensable demain. On conçoit aisément qu'il n'y aurait rien eu de plus ridicule que d'arborer un hennin et des voiles hauts comme un moulin à l'époque des chaperons, et l'on peut être certain qu'aucune femme ne s'y serait risquée.

L'abandon du hennin entraîne à court terme l'abandon de la silhouette en triangle, comme l'abandon du corset après la guerre de 1914-1918 entraîna l'abandon de la silhouette en 8 en faveur d'une silhouette, rectangulaire elle aussi, à la sexualité féminine cachée ou niée à tel point que la seule coiffure qui allât avec ces toilettes fut celle « à la garçonne ». De même, dans les années 60 du XXe siècle, la révolution dite sexuelle, qui faisait des femmes les égales des hommes devant la sexualité, produisit une mode où les jambes des femmes étaient certes découvertes à un point jusque-là impensable, mais où l'abandon du soutien-gorge, le port fréquent du pantalon accroché aux hanches, et l'idéal de minceur extrême contribuèrent à imposer une silhouette androgyne dont les effets continuent de s'exercer aujourd'hui ; parallèlement la mode des cheveux longs pour les hommes, au cours de la période « hippie », contribua encore plus à brouiller les distinctions entre sexes, de sorte qu'il était parfois difficile de distinguer l'un de l'autre.

Voilà pour le hennin du Moyen Âge, mais qu'en est-il du reste ? Là encore, le *Triptyque Portinari* nous fournit un exemple daté de la mode qui s'amorce. La fille des Portinari, Maria, y est représentée aux côtés de sa mère, agenouillée comme elle ; mais sa coiffure et sa robe sont déjà bien différentes ; elle ne constitue pas une simple réplique, à une échelle plus petite, de sa mère. Au contraire, elle s'en démarque fortement en portant un chaperon bas, une simple pièce d'étoffe, semble-t-il, en velours ou en drap noir, posé sur ses cheveux dénoués, dont une mèche pend de chaque côté du visage comme pour le fixer dans les limites d'un cadre ; le reste de ses cheveux blonds est massé sur l'arrière et donne à sa tête un aspect singulièrement carré. Son front n'apparaît pas rasé, même si la boucle noire en tissu dépasse encore du chaperon. À gauche de sa tête, un gros bijou à pendentif de perles est épinglé sur le chaperon. Quant à sa robe, elle possède un décolleté carré souligné de deux bandes verticales, ce qui suffit à la différencier totalement de celle de sa mère, et qui suggère l'interrogation suivante : l'évolution de la mode féminine adulte ne passe-t-elle pas d'abord par un essai, en quelque sorte, sur les adolescentes, étant entendu que la période de l'adolescence, pour les deux sexes d'ailleurs, commence et finit beaucoup plus tôt à l'époque qu'aujourd'hui ? Il est certain que le décolleté carré, la ligne droite des jupes, sont particulièrement seyants pour les jeunes filles pubères dont le corps n'est pas développé. Mais si la jeune Portinari n'est encore qu'une petite enfant, c'est bien sa robe et sa coiffure que l'on va retrouver sur les femmes de l'époque suivante, notamment sur celles de la tapisserie de *La dame à la licorne*, sur les portraits ou les tableaux ou encore sur les illustrations des incunables.

Parmi d'autres tableaux, il en est un qui est l'œuvre du Maître de Moulins, artiste auquel Alain Erlande-Brandenburg a d'ailleurs attribué le carton de la tapisserie de *La dame à la licorne.* Il s'agit du portrait présumé de Marguerite d'Autriche (fig. 36) qui aurait été exécuté vers 1495, lorsque cette princesse était âgée de quinze ans, âge auquel la majorité des filles de la noblesse étaient déjà mariées ou en passe de l'être.

La ressemblance de sa silhouette gracile avec celle de la dame à la licorne est frappante. Marguerite porte une robe de velours rouge à décolleté carré et couture au milieu qui aplatit sa poitrine jusqu'à l'oblitérer. Sa coiffure est composée d'un bonnet souligné d'un rang de perles qui laisse voir la naissance de ses cheveux ; il est recouvert d'un chaperon noir orné d'affiquets et d'une résille de fils d'or, semblables tous deux à ceux de la dame et de sa suivante dans la tapisserie de la licorne, et proches également de la coiffure que portait la petite Maria quelque vingt ans auparavant dans le triptyque des Portinari. La rectangularité de ce portrait est rendue manifeste par le parti pris du peintre, qui a positionné son modèle contre un montant de pierres rectangulaires, ce qui contribue à l'enfermer dans cet espace rigide en même temps qu'à mettre en valeur, par son opacité, la lumineuse clarté du visage de la jeune fille. Cette fenêtre ouverte en rectangle sur le monde extérieur, qui dans le même temps emprisonne ce qu'elle montre dans une forme géométrique, relève de l'esthétique albertienne, et finalement néoplatonicienne, même si l'on ne sait rien des sentiments de son auteur, le Maître de Moulins, à cet égard.

Une seconde œuvre du Maître de Moulins actuellement au Louvre, représentant Marie de Bourgogne et sainte Marie-Madeleine[16], fait également office d'exemple d'un aspect asexué mais pour une femme d'âge apparemment avancé. La robe de velours noir de Marie de Bourgogne recouvre en effet un buste absolument plat qui ne doit rien, à l'évidence, à la jeunesse du modèle, puisque ses traits sont bien ceux d'une femme mûre ; quant à Marie-Madeleine, en devenant sainte elle a perdu ses attributs de féminine beauté, et le peintre l'a

16. Reproduit dans Erlande-Brandenburg, *op. cit*, p. 22.

représentée ici portant une robe à l'encolure carrée, la poitrine sanglée par deux bandes qui semblent être en cuir ou en métal et qui lui donnent l'air de porter une armure ou une pièce d'estomac.

Cette « pièce d'estomac/armure » est peut-être d'ailleurs une réalité vestimentaire de l'époque. La description faite par un chroniqueur contemporain du Maître de Moulins, Olivier de la Marche, semblerait devoir en apporter la preuve de l'existence. Dans son *Paremens des dames*, rédigé vers 1496[17] et orné de nombreuses miniatures, l'auteur expose ses idées sur la chasteté comme sur l'érotisme mais aussi sur la mode ; il constitue d'ailleurs une précieuse source de références dans ce domaine. Le peintre qui a illustré ce manuscrit a donné à son principal personnage féminin une silhouette uniformément mince et plate – rectangularisée – comme celle de la dame à la licorne, et les vêtements qui l'habillent sont exactement de la même coupe, y compris avec ce détail si caractéristique de l'encolure carrée remontant au milieu. Cet effet d'aplatissement du buste semble donc bien produit par une pièce d'estomac, pour utiliser un terme dont l'usage est plus tardif que la fin du XVe siècle mais qui a l'avantage d'être descriptif ; Olivier de la Marche lui-même emploie le mot pièce : « La pièce couvre le cœur et la forcelle, le beau du corps et les nobles parties[18]… » Du point de vue technique, l'usage d'une pièce en carton ou en parchemin, voire en lin ciré, serait bien nécessaire en effet pour maintenir le tissu de la robe aussi plat, ainsi que pour former l'arrondi ou la pointe du milieu, cette forme étant particulièrement difficile à réaliser dans des tissus tels que les velours unis ou brochés que portent les personnages. Cela expliquerait l'effet de planche de ces vêtements, mais cette maigreur élégante n'appartient ici, à l'évidence, qu'à la pucelle dont parle Olivier de la Marche car, pour ce qui est de sa suivante, le peintre lui confère, au fil des pages illustrées, une poitrine de plus en plus généreuse qui

17. BNF, ms. fr. 25431.
18. *Ibid.*, fol. 12.

finit par déborder carrément de son corsage, pourtant exactement de la même forme que celui de sa maîtresse. Cela conduit à se demander si cette silhouette rectangulaire, représentative qu'elle était de ce climat néoplatonicien un peu « snob », était considérée inaccessible ou indésirable pour les subalternes, qui n'avaient d'ailleurs vraisemblablement pas accès à la philosophie, et si l'on se devait parfois de montrer que ces robes ne convenaient pas aussi bien à la morphologie des servantes qu'à celle des maîtresses.

Le texte d'Olivier de la Marche insiste beaucoup sur la différence entre la mode d'antan et celle d'aujourd'hui, c'est-à-dire des toutes dernières années du XVe siècle. Comme les clercs de notaire de la comtesse de Montpensier, il désigne lui aussi les chapeaux comme le signe de mode par excellence, en commençant par ceux que l'on porte par « le temps qui court » :

« Jay veu atours de diverses manières
Les chapperons dont dames sont parées
sont de velours de damaz ou satin
en différence des bourgeoises louées
qui ont leur testes descarlate atournées…
« Le chapperon pour embellir les gestes
nous fault parer selon le temps qui court
d'afficquetz d'or de chaînes de paillettes
pour embellir et estre joliettes
c'est la manière maintenant de la cour[19]… »

Ces affiquets d'or ornent également le chaperon de Marguerite d'Autriche et celui de la dame à la licorne, dans le panneau de l'ouïe (fig. 3). Ce passage illustre à la fois la différence de forme entre les cornes et les hennins du temps passé, dont il n'est plus fait mention, avec les chaperons à la mode des années 1490-1500, ainsi que celle entre le drap, fût-il écarlate c'est-à-dire d'excellente qualité, des bourgeoises, et la soie et le velours des nobles dames.

19. *Ibid.*, fol. 32.

Cela est d'ailleurs conforme aux lois somptuaires de l'époque qui, promulguées dès 1450 sous le règne de Charles VII alors à peine installé sur le trône, font interdiction aux « personnes quelconques » de porter des draps d'or, d'argent, de soie ou de velours cramoisi. Comme le souligne le texte de la déclaration royale, il y aurait, à enfreindre ce règlement, risque de confusion entre les « princes et nobles hommes » et les « bourgeois, marchands ou gens de métier ». À ces derniers, il est en outre défendu de porter des vêtements dont la forme et la coupe imitent celles des habits de velours ou de satin de la noblesse car, toujours selon la déclaration officielle, « il faut porter le patron de son état[20] ». Comme toujours en pareil cas, les lois somptuaires constituent un révélateur de ce qui se fait, plutôt qu'elles ne rapportent ce qui ne se fait pas ; elles viennent donc confirmer que la mode est suivie par tous et que la couleur et l'étoffe des vêtements importent moins, au fond, que leur coupe pour déterminer la position sociale du porteur. Pour autant, la coupe est dépendante à un degré non négligeable des qualités techniques du tissu employé.

Il est donc important de résumer le rôle des tissus dans l'appréciation de la mode d'une époque, car ils constituent un élément fondamental dans la consolidation d'une silhouette. En effet, leur légèreté ou leur lourdeur, leur couleur unie ou leur décor tissé contribuent à modifier la perception des formes dans lesquelles ils sont taillés. Une étoffe légère, donc souple, pourra être ajustée, faire des plis, se prêter à une coupe compliquée, mais pourra tout de même faire montre, au travers de sa légèreté, de la réalité du corps physique qu'elle enveloppe, ne serait-ce que par intermittence. Si au contraire l'étoffe utilisée dans la confection des vêtements est lourde, donc rigide, la coupe sera nécessairement très simple ; si de plus les motifs utilisés pour son décor sont de très grande taille, les habits cousus n'en seront que plus éloignés de la réalité physique du corps et imposeront plus facilement encore

20. Voir Anne Kraatz, *Velours*, Paris, 1995, p. 24.

leur propre dynamique esthétique à la personne qui les porte[21].

C'est cette dernière situation qui prévaut à la fin du XVe siècle. Les inventaires comme les images de l'époque indiquent ou représentent précisément la qualité des étoffes les plus couramment utilisées alors. Il s'agit de velours unis ou brochés d'or, de moire unie, de damas de soie, de drap de laine et de mousseline de lin ou de coton. Le plus significatif de ces tissus, parce que le plus lourd, le plus cher et le plus fréquemment représenté, est le velours broché d'or à motifs de grenades (fig. 37). La plupart des robes de *La dame à la licorne*, par exemple, en sont faites, comme le sont celles des personnages féminins nobles figurant aux illustrations des incunables. Ce tissu confère instantanément à celui ou à celle qui le portent une importance sociale de premier ordre : sa lourdeur, parfois plus apparente que réelle, leur donne du poids, sa rigidité de la rectitude, l'or de son décor broché de la richesse, et la taille gigantesque de ses motifs de la stature. Techniquement parlant, c'est un velours au poil de soie, sur une trame et une chaîne parfois de soie elles aussi, mais souvent de lin, avec des motifs brochés en fils d'or enroulés sur une âme de soie ; c'est dire qu'il s'agit d'une étoffe très chère de par la qualité et la quantité des matières utilisées ainsi que par le savoir-faire nécessaire à son tissage[22].

L'Ancien Testament fait mention explicite de la couleur et du décor des tissus dont l'arche qui contient les tables de la loi

21. Certains tissus, notamment les velours dits à la grenade, ne sont pas nécessairement aussi lourds que la grandeur de leurs motifs le donne à penser, par une illusion d'optique qui associe taille élevée et lourdeur ; en effet, si ceux-ci sont tout soie, chaîne et trame, ils seront beaucoup plus légers et plus souples que les étoffes où les motifs sont les mêmes mais où la chaîne principale est de lin ou de chanvre et seul le poil est de soie ; ce sont ces derniers qui sont utilisés en garnitures d'ameublement, en dais ou en vêtements ecclésiastiques. Lorsqu'ils y sont intégrés, les fils d'or ou d'argent ajoutent cependant toujours un poids non négligeable à l'ensemble.

22. Kraatz, *op. cit.*, p. 154-156, pour une explication technique de la fabrication du velours.

doit être recouverte et que doivent porter les prêtres, en précisant que ces étoffes doivent être décorées de motifs de grenades : « L'éphod sera entièrement faite de pourpre… Tout autour de l'ourlet, il y aura des grenades, tissées de fils pourpre et d'écarlate et de lin fin… avec des clochettes dorées ; d'abord une clochette dorée puis une grenade et ainsi en alternance tout autour de l'ourlet de la tunique[23]… »

Il est donc impossible de surestimer l'importance symbolique, mais aussi économique, sociale et esthétique de ce velours broché « à la grenade ». On peut se demander si la mode du retour aux sources bibliques – en réalité un mouvement de pensée profond faisant partie intégrante de la philosophie néoplatonicienne de l'époque – qui constitue l'autre facette de la mode du retour aux sources antiques, n'a pas contribué au développement rapide et intensif de ce genre de tissu, réservé auparavant à l'élite princière ou ecclésiastique. Posé à l'origine sur l'arche sacrée, ce tissu avait acquis de ce fait une sorte d'aura céleste que pouvaient facilement s'approprier ceux qui le portaient. Ajoutons à cela que la grenade avait été érigée en symbole de l'Église chrétienne, la couleur rouge de son jus évoquant le sang des premiers martyrs tandis que ses graines représentaient la multitude des chrétiens réunis au sein de l'Église.

À la fin du XVe siècle, le motif principal du décor de ce velours est donc une sorte de grenade insérée à l'intérieur d'une ogive polylobée, et positionnée à intervalles réguliers le long d'une tige ondulante. Les proportions de ce motif sont si importantes que l'on n'en voit souvent qu'un seul sur la hauteur totale d'un vêtement, ces proportions gigantesques constituant en elles-mêmes un signe de la valeur ajoutée de ce tissu dans le sens de la richesse bien sûr, mais aussi de l'importance attachée par le porteur au signifiant de spiritualité ajoutée, qu'elle ait été réelle pour lui ou seulement affichée, de ce décor particulier.

23. *Exode*, 28 : 31-35.

La manufacture extensive de ce tissu aurait commencé dès 1348 à Constantinople[24], ville dans laquelle des tisserands d'origine seldjoukide durent tirer profit de la grande tradition textile de leurs prédécesseurs byzantins et venir fournir les ateliers du sultan Mehmet II en main-d'œuvre hautement qualifiée, après la prise de Constantinople par celui-ci en 1453. Peu après, cette manufacture devait se développer sur une échelle importante en Italie, particulièrement à Venise, dont les rapports commerciaux avec la Porte sont bien connus et qui avait, par ailleurs, dès le début du XIVe siècle, accueilli en son sein la première vague de tisserands émigrés de Lucques. Ceux-ci étaient spécialistes de la soie et possédaient une grande compétence technique héritée elle aussi de l'Orient. Cependant, à la même époque, les soyeux lucquois s'établissaient également en grand nombre à Florence, où il existait déjà une tradition tisserande mais lainière. Quant à Milan, il y aurait eu quelque 15 000 personnes occupées à la fabrication du velours dès 1474[25].

Mais, plus intéressant que d'essayer de situer avec précision l'origine géographique de ce tissu emblématique de la fin du Moyen Âge, est de retracer l'évolution sociale de sa fabrication. En effet son utilisation peut être divisée en deux périodes finalement bien distinctes et qui correspondent d'assez près, chronologiquement parlant, à la division établie entre la silhouette triangulaire et la silhouette rectangulaire.

La première période qui va d'environ 1400 à 1450-1460 montre que ce riche tissu à la grenade est d'abord réservé aux personnages royaux, aux ecclésiastiques de haut rang, aux personnages célestes – anges, prophètes, saints et saintes – et à la Vierge Marie. En témoignent les très nombreux tableaux et manuscrits à peintures de l'époque. Cela est d'ailleurs en accord avec la tradition biblique. Au cours de cette période, le tissu est relativement peu souvent façonné en vêtement coupé ; plus fréquemment il habille les murs ou les estrades

24. Kraatz, *op. cit.*, p. 15.

25. Malaguzzi-Valeri, *La Corte di Lodovico il Moro*, Milan, 1917, p. 156.

devant ou sur lesquelles trônent les rois, les princes ou encore la Vierge, alors que les évêques ou les cardinaux de l'Église s'en servent comme chape, c'est-à-dire comme d'un vêtement qui en est bien un, structurellement parlant, mais qui n'est pas ajusté au corps.

Dans la seconde période au contraire, celle allant de 1460 à 1500, ce tissu est porté en vêtements de coupe très élaborée par tous les membres de la noblesse, hommes ou femmes, ainsi que par ceux de la riche bourgeoisie, comme on le constate dans l'imagerie des décennies correspondantes, cette ubiquité étant d'ailleurs corroborée par les inventaires. La tendance atteint son apogée vers 1490. Parallèlement, si les personnages célestes comme les anges, les saints ou les saintes en sont encore souvent revêtus, en revanche son association à la Vierge Marie se relâche peu à peu jusqu'à disparaître quasi totalement à la fin du siècle.

Quant aux couleurs préférées de la partie velours de ce tissu, pour les deux périodes, le rouge est le plus fréquent, mais le bordeaux foncé tirant sur le prune ainsi que le violet sont appréciés – ce sont les couleurs que spécifie le texte biblique – ou encore le bleu et, moins fréquemment, le vert.

Les représentations de ce tissu sont si nombreuses qu'il suffira d'en citer quelques-unes parmi les plus connues ou les plus spectaculaires. Pour la première période et pour la couleur bleue, la miniature de Simon Marmion illustrant *Les grandes chroniques de France*, vers 1455, est l'une des plus parlantes par la précision du dessin et la vivacité de la couleur[26]. On y voit l'évêque de Toul, Guillaume Fillastre, portant une chape de velours bleu vif – on dirait bleu roi aujourd'hui – broché d'or au décor de larges médaillons polylobés et de bandes ondoyantes de la même couleur, quoique d'un dessin légèrement différent, que le panneau accroché au mur, derrière le personnage de Philippe le Bon, duc de Bourgogne, recevant l'ouvrage des mains de Guillaume Fillastre. Il se trouve que cette image est une illustration parfaite de l'utili-

26. Reproduit dans Kraatz, *op. cit.*, p. 23.

sation contemporaine de ce tissu, c'est-à-dire qu'il sert à la fois de signifiant et de signifié pour l'homme d'Église, et de signifié seul pour l'homme de cour. Sa présence sur l'un comme sa situation proche de l'autre indiquent instantanément à l'observateur la situation sociale des deux personnages en question – membre de l'Église, membre de l'aristocratie –, la situation hiérarchique à l'intérieur de la situation sociale – prince de l'Église, prince de la cour –, la situation financière aisée (qui ne va pas automatiquement de soi) à l'intérieur de la précédente, enfin leur position idéologique – autorité spirituelle pour l'un et temporelle pour l'autre. Dans ces conditions, il est évident qu'aucun autre personnage autour d'eux ne peut porter ce tissu, et aucun d'entre eux ne le porte. La fonction de ce tissu, où l'or est toujours présent, est d'ailleurs renforcée, à la cour de Bourgogne justement, par le fait qu'à cette époque le noir est la couleur du vêtement aristocratique par excellence, le contraste rendant le message de puissance et de rang exceptionnels fourni par le riche brocart encore plus explicite.

Quant à la couleur bleue de cet exemple, elle est relativement peu fréquente alors pour ce tissu, mais elle est ici plus qu'appropriée pour deux figures emblématiques de la symbolique qui lui est attachée, c'est-à-dire d'un concept qui engloberait « loyauté, justice, sagesse, science, fermeté et amour fidèle[27] », toutes notions dont sont investis, théoriquement du moins, les princes et les prélats.

De plus, le bleu de Simon Marmion est ici aussi dense que doit l'être, selon Michel Pastoureau, la couleur des habits de ces princes et de ces prélats, car cette intensité est une composante essentielle du signifié de cette dernière, et s'il n'est pas en revanche aussi « étincelant » qu'il devrait l'être selon Pastoureau, c'est qu'il est traité par le peintre en aplats gradués qui traduisent avec une singulière efficacité le velours du

27. Pour la symbolique des couleurs et particulièrement celle du bleu, voir Michel Pastoureau, *Figures et couleurs. Études sur la symbolique et la sensibilité médiévales*, Cahiers du Léopard d'or, Paris, 1986.

tissu, jusqu'à en indiquer, particulièrement dans l'étoffe suspendue, les différentes hauteurs du poil. Enfin l'aspect terne de la partie brochée d'or du tissu – dû à la fois sans doute au goût du peintre et à la qualité du pigment – renforce la valeur absolue du bleu, couleur qui, selon Goethe, « dans sa pureté la plus grande… est en quelque sorte un néant attirant[28] ».

Comme exemple de ce tissu dans la couleur rouge, la plus fréquente pour les deux époques, on peut citer une miniature de Jean Fouquet peinte vers 1453 dans le célèbre livre des *Heures d'Étienne Chevalier* exposées en permanence au musée Condé ; elle représente la Vierge Marie assise sur une estrade surmontée d'un porche gothique dont les marches sont recouvertes d'un panneau de velours à grands motifs rouges sur fond or[29]. Mais il en est ici comme pour le duc de Bourgogne tout à l'heure : la présence de ce tissu riche et lourd signale la condition socialement exaltée de la Vierge, par rapport à son autre condition, spirituellement exaltée celle-là, qui est signifiée par son vêtement d'une couleur bleu foncé unie. La lourdeur, particulièrement bien rendue ici, amène toujours une certaine raideur dans le tissu et implique également un degré d'autorité morale ou sociale. Notons cependant que le tissu est ici étendu aux pieds de la Vierge, comme une sorte de tapis rouge, plutôt que suspendu derrière elle, indication d'un statut encore plus exalté ou, au contraire, utilisation avant-gardiste de ce tissu comme simple élément décoratif[30] ? En revanche, dans le retable peint également vers 1453 par Enguerrand Quarton, *Le couronnement de*

28. Johann Wolfgang von Goethe, *Le traité des couleurs*, Paris, 1993 [1810], p. 262.

29. Jan Bialostocki, *L'art du XVe siècle des Parler à Dürer*, Paris, 1993, reproduit p. 181. Le manuscrit se trouve au musée Condé de Chantilly.

30. Fouquet, qui avait été en Italie, a-t-il vu ce tissu déjà utilisé dans ce sens uniquement décoratif, effet de sa dévaluation symbolique qui culminera un peu plus tard avec les fresques de la *Camera dei Sposi*, exécutées pour les Gonzague à Mantoue par Mantegna entre 1472 et 1474 ? Celui-ci y utilise le velours à la grenade non seulement dans les costumes de ces personnages mais également en tissu théâtralement décoratif : suspendu à une tringle sur lequel il est drapé comme un rideau qu'on lève devant la scène.

la Vierge, actuellement au musée de l'hospice de Villeneuve-lès-Avignon, Marie apparaît entièrement vêtue d'une robe de ce velours rouge broché d'or, tissu qu'elle est la seule à porter dans cette représentation, où son rôle de reine des cieux, à la connotation plus temporelle, occulte son rôle de mère du Christ[31]. Le fait que ce tissu soit devenu vêtement contribue à renforcer le caractère régalien de son personnage, dans le sens d'une autorité non plus tant morale, comme dans le précédent exemple, que hiérarchique.

À partir des années 1470 commence la deuxième période d'utilisation de ce velours au cours de laquelle la mode, tant féminine que masculine, se l'approprie sans en changer ni les éléments ni la taille du décor. Comme le dit Olivier de la Marche :

> « Robe nous faut qui sera de drap d'or
> de couleur pourpre et qui vault un trésor
> tout le meilleur de Lucques ou de Venise[32]. »

Le port de ce tissu signifie alors deux choses : l'une est le désir de passer pour une personne dont le niveau de vie est élevé et qui peut, de ce fait, légitimement prétendre à occuper une place de choix dans la société, quelle que soit par ailleurs l'origine ou l'ancienneté de ses revenus. À la fin du XVe siècle, comme aujourd'hui d'ailleurs, le signifié de cette mode-là n'est plus la réalité du pouvoir hiérarchique, spirituel ou financier, mais seulement l'expression de sa recherche, facilitée tout de même par l'accès à des ressources qui, elles, sont bien réelles mais qui peuvent parfaitement être plus limitées que ne l'imaginent ceux qui n'ont aucun moyen d'y accéder. Le deuxième signifié du port du velours à la grenade est celui déjà indiqué : par la référence aux sources originelles du christianisme qu'il constitue, il signale la connaissance par le porteur de cette filiation à la fois historique et métaphysique.

31. Reproduit p. 76 dans Michel Laclotte, Dominique Thiébaut, *L'école d'Avignon*, Paris, 1983.
32. *Op. cit.*, fol. 24.

Cet excès de signifié finit inévitablement par produire une dévalorisation de la symbolique de ce tissu, dans les toutes dernières années du XVe siècle, qui explique sans doute pourquoi l'on assiste d'abord à une surenchère dans la richesse des accessoires qui l'accompagnent chez les membres de la noblesse, notamment des bijoux, et parallèlement à l'apparition d'autres signes identificateurs d'une spiritualité dont l'autorité se base sur ses origines antiques. Les personnages de saintes, en particulier, sont alors fréquemment représentées portant un casque aux réminiscences stylistiques athéniennes, quoique cet accessoire devienne rapidement d'une extrême complication ornementale plus maniériste que classique. Quoi qu'il en soit, ce port du casque par des femmes, outre qu'il fait sans doute allusion à la déesse et vierge Pallas, apporte à leur image un signe de virilité certain à une époque où les hommes, au contraire, s'ingénient à paraître dévirilisés.

La Vierge, elle, apparaît désormais vêtue d'une simple robe de couleur unie et foncée la plupart du temps, avec un manteau assorti, surtout si la robe est bleue, ou au contraire de couleur contrastée, souvent d'un beau rouge, le drap rouge écarlate[33], c'est-à-dire de laine tondue de la meilleure qualité et du prix le plus élevé, et cela alors même qu'un peintre comme Hans Memling continue à la représenter à plusieurs reprises devant un panneau de ce sempiternel tissu à la grenade, qu'il peint d'ailleurs si admirablement qu'on le croirait réel.

Le tissu à la grenade disparaîtra complètement des garde-robes aristocratiques ou ecclésiastiques vers le milieu du XVIe siècle. Mais, parmi les raisons qui ont entraîné la diffusion de ce tissu dans la société civile, après qu'il eut été réservé à l'Église et à la royauté, il en est une, d'ordre économique, qui fut probablement déterminante, dans la mesure où le bien-être accru de cette fin de siècle le permettait. Il s'agit de la dis-

33. Comme je l'ai déjà signalé, le qualificatif d'écarlate n'indique pas automatiquement la couleur rouge, ce n'est pas un terme uniquement chromatique.

ponibilité et du bon marché de l'or, qui est l'une des composantes essentielles de cette étoffe et sans doute la principale raison de son succès.

Par ailleurs, partout en Occident mais peut-être surtout en France et en Italie, le dernier quart du XVe siècle voit s'amorcer la fin de la longue phase de dépression qui durait depuis le XIVe siècle[34]. La conjonction de ces deux facteurs, d'une part le prix modéré de l'or, d'autre part la prospérité retrouvée après la fin de la guerre de Cent Ans et la chute de l'État bourguignon, qui font de la France un royaume beaucoup plus puissant par son étendue géographique et donc par ses ressources en hommes et en matières premières, constitue la base logique sur laquelle se développe une industrie du luxe à une échelle encore jamais égalée. C'est également à partir de ces années que sont mis en place les fondements de la théorie du mercantilisme, qui ne dit pas encore son nom, avec Louis XI qui, le premier, dès les années 1460, essaye alors, sans grand succès il faut bien le dire, d'implanter une véritable industrie des textiles de luxe en France qui puisse concurrencer celle des villes italiennes, à Tours notamment. Cela souligne, s'il en était besoin, l'importance économique de l'industrie textile qui occupe partout, dans les pays producteurs comme dans les pays consommateurs, la première place en termes de main-d'œuvre occupée à y travailler ou à en commercialiser les produits, comme en termes de pourcentage du produit national brut de tous les pays ou régions concernés.

Les raisons économiques de ce succès du velours broché à la grenade ne sont toutefois pas les seules à avoir été déterminantes. Même dévalorisée par sa multiplication quotidienne sous forme de vêtement ou de tenture, la symbolique religieuse de ce tissu, comme l'origine ancienne de son décor tiré de l'Ancien Testament, se prêtaient facilement à une traduc-

34. Pour les fluctuations de prix et l'approvisionnement en or durant cette époque, voir l'ouvrage de Vittorino Magalhaes-Godinho, *L'économie de l'Empire portuguais aux XVe et XVIe siècles*, Paris, 1969.

tion tangible de l'esprit de synthèse néoplatonicien entre la tradition chrétienne issue du Nouveau Testament et la tradition hébraïque : la grenade/symbole institutionnel de l'Église chrétienne et la grenade/symbole sacralisé de l'éphod des prêtres du Temple. Si bien que le port de ce velours pouvait signifier, aux yeux de qui savait le percevoir, outre l'évidence de la richesse, l'appartenance à un groupe de *cognoscenti* qui avaient compris l'importance d'un retour aux sources de la religion les plus anciennes et les plus spécifiquement ritualisées au niveau du décor de l'apparence, et qui le faisaient savoir en se montrant parés de ce symbole de la divinité, démesurément agrandi de surcroît et nimbé de l'auréole de lumière, symbole elle aussi de la connaissance du divin, produite par l'éclat de l'or dont il était garni. Ainsi suffisait-il en quelque sorte de porter ce tissu pour acquérir une stature tant physique, à cause de la rigidité de l'étoffe, que morale, à cause de son décor codifié, tout cela dans le cadre d'un système de pensée à la mode.

Les autres tissus figurant parmi ceux que portent les personnages de *La dame à la licorne* n'ont pas la même valeur emblématique que le riche velours broché d'or, même s'ils sont d'une importance économique égale, voire supérieure, dans la mesure où il s'en fabrique alors des quantités beaucoup plus grandes. Le velours uni, par exemple, est aussi un tissu de prix car il est souvent à cette époque entièrement fait de soie, chaîne, trame et poil. Le damas de soie est une autre étoffe dont la popularité est alors grandissante ; la tente d'un des panneaux de *La dame à la licorne* en est fait (fig. 7). C'est un tissu de soie dont le décor ton sur ton est produit par le changement de direction des points de liage, ce qui fait apparaître les contours des motifs en mat sur fond brillant ou vice versa. Le damas est un tissu à la technique très ancienne originaire de Chine. Ce sera le tissu de prédilection des années 1500 ; il est un peu moins apprécié pour les vêtements de la fin du XVe siècle que le velours. C'est un tissu très souple, et c'est peut-être pour cela qu'il est moins employé alors, dans la mesure où la mode rectangulaire fait appel de préférence aux tissus lourds et rigides.

Quant à la moire qui semble être, dans la tenture de *La dame à la licorne* en tout cas, une étoffe un peu moins prestigieuse, puisqu'elle est portée comme robe de dessous par la dame (fig. 2) et comme robe de dessus par la suivante (dans les quatre panneaux où elle figure, fig. 3, 4, 5, 6), les débuts de sa production restent assez mal connus. On en trouve mention sous le nom de « marematì », que l'on pourrait traduire par « ondés », dans la liste des produits de l'*Arte della seta* que donne Benedetto Dei en 1472[35].

On sait pourtant que la moire était déjà à la mode quelque 150 ans avant la date de fabrication de la tenture à la licorne. En effet, en 1343, lors d'une inspection conduite par les agents de l'autorité de Florence, la Signoria, dans les maisons privées pour débusquer les étoffes et les bijoux défendus par les lois somptuaires, on trouva dans les coffres des dames de nombreuses robes interdites, dont certaines étaient en moire de soie[36]. Il semble néanmoins qu'à la fin du XVe siècle la moire n'ait plus été un tissu si luxueux puisqu'on le trouve porté en doublure des robes de la dame plutôt qu'en robe de dessus, et, lorsqu'il est utilisé pour un vêtement de dessus, il l'est souvent pour des personnages subalternes dans la hiérarchie sociale de l'époque, hommes ou femmes, c'est-à-dire des suivantes ou des serviteurs.

Après cette description du rôle des tissus dans l'établissement d'une silhouette rectangulaire, qu'il a semblé important d'évoquer, nous en venons aux représentations de cette silhouette en commençant par les livres de dévotion illustrés, dont l'importante diffusion les place au premier rang des propagateurs de mode dans les incunables de l'époque.

35. Luciano Banchi, *Arte della Seta nei Secoli XV e XVI, Statuti e Documenti*, Sienne, 1881, p. 125.

36. Iris Orico, *Le marchand de Prato*, Paris, 1959, p. 257. Voir également, toujours pour la première moitié du XIVe siècle, les comptes de la cour de Philippe le Hardi, où figurent de nombreuses mentions de « marbré » de laine et non pas de soie, selon Christian de Mérindol, « Signes de hiérarchie sociale d'après le vêtement, méthodes et recherches », dans *Le vêtement*, *op. cit.*, p. 182-227.

2. Les incunables

Si les livres de dévotion ne font pas fondamentalement partie d'un climat intellectuel à la mode, dans la mesure où les textes qu'ils contiennent sont souvent établis depuis longtemps, en revanche la sélection des textes et la façon dont ils sont illustrés, lorsqu'ils le sont, dépendent tout autant de l'atmosphère culturelle du moment que n'importe quel autre moyen d'expression.

C'est donc parce qu'ils sont représentatifs du goût artistique dominant de cette époque qu'ils ont été placés dans ce chapitre, avant les livres illustrés au contenu profane. Ils ont d'ailleurs été systématiquement mis en parallèle avec l'iconographie de ce que l'on peut considérer comme l'archétype de la période, c'est-à-dire la tenture de *La dame à la licorne.*

Au premier rang de ces livres figure *La légende dorée,* suivie par les livres d'heures, véritable fonds de commerce de certains éditeurs, tels Simon Vostre et son imprimeur Pigouchet, à Paris. *La légende dorée,* ouvrage de référence sur la vie des saints, du dominicain italien Jacques de Voragine, occupe une place à part dans la production, pourtant abondante, des livres illustrés de la fin du XVe siècle, de par sa diffusion extensive et le nombre d'éditions publiées ; 79 d'entre elles sont conservées à la Bibliothèque nationale. Ce fut, selon Claudin, le tout premier livre illustré publié en France, précisément le 18 avril 1476, à Lyon, soit neuf mois avant le premier livre illustré imprimé à Paris[37]. Les éditions de la Bibliothèque nationale sont presque toutes illustrées de bois gravés représentant chacun un saint ou une sainte subissant leur martyre ou accomplissant leur œuvre de charité. Ces nombreuses illustrations, de nature très linéaire au demeurant, font appel à un seul critère esthétique fondamental, celui d'une composition rectangulaire à la fois pour l'ensemble de l'image et pour la

37. A. Claudin, *Histoire de l'imprimerie en France au XVe et au XVIe siècle,* 4 vol., Paris, 1900-1914 ; vol. I, p. xiii.

silhouette des personnages représentés. Deux d'entre elles, parmi beaucoup d'autres, sont parfaitement caractéristiques. Elles sont tirées d'une édition probablement sortie du célèbre atelier d'Antoine Vérard dans les années 1490. La première image est celle de sainte Catherine d'Alexandrie[38] (fig. 38). Celle-ci porte sa robe repliée sous son bras en une sorte de rectangle, trait caractéristique de la mode des années 1490, et qui répond de toute évidence à des règles très strictes ; en effet, le pli sous le bras est toujours représenté de la même façon rectangulaire de sorte qu'il ressemble à un livre, au lieu d'être ramené sur le devant du ventre pour augmenter les proportions de celui-ci et mettre l'accent sur sa maternité virtuelle, comme le faisaient les femmes au cours de la période du gothique international. Ce geste se retrouve dans plusieurs autres représentations gravées, mais également dans un tableau d'un maître flamand de la fin du XVe siècle ; dans le tableau en question, qui représente une scène de l'histoire de Joseph et de la femme de Putiphar[39], une servante se tient, les yeux baissés, derrière sa maîtresse ; sa robe au décolleté en pointe remontante, son chaperon noir garni d'affiquets dorés, sa chaîne d'or à grosses mailles, sont extrêmement proches de ceux de *La dame à la licorne* mais, en outre, elle tient le pan de sa robe de velours plié sous son bras, toujours dans ce même geste significatif (fig. 39).

La seconde illustration, tirée de *La légende dorée*, représente saint Macaire, qui passa six mois tout nu dans le désert pour se repentir d'avoir tué une puce qui le piquait. On voit donc

38. L'édition moderne dont sont tirées ces illustrations est celle de la traduction en trois volumes, accompagnée d'une notice, due à un certain G.B., qui fut publiée à Paris en 1942 ; sainte Catherine est reproduite au vol. III, p. 65.

39. Maître bruxellois dit de « Joseph et la femme de Putiphar », Gemäldegalerie, Berlin, inv. 539B. Le physique des personnages féminins de cette série de quatre panneaux est si proche de celui des dames de la tenture à la licorne qu'ici encore il faut se demander si l'auteur des cartons de la tapisserie n'a pas eu connaissance de cette œuvre, voire s'il ne s'agit pas du même.

le corps nu du saint homme[40] (fig. 40), et force est de constater qu'il pourrait représenter celui d'une femme, avec ses épaules arrondies, sa poitrine que le saint semble vouloir cacher d'un bras pudique, ses hanches épanouies, son ventre replet, ses cuisses grassouillettes et ses jambes fuselées. La taille du saint est à peine marquée cependant, et toute sa silhouette placée au beau milieu de l'image donne à celle-ci, avec la ligne de fuite des arbres, une perspective de fenêtre ouverte, exactement comme celle dont Léon Battista Alberti avait préconisé l'usage et qui est la marque stylistique de la Renaissance par opposition au gothique. Non seulement saint Macaire dans cette image est-il nu, ce qui constitue évidemment une grande nouveauté pour la représentation d'un tel personnage, mais encore il est dépeint à l'antique, comme une statue dans un paysage.

Bien que les livres de prières proprement dits, ou livres d'heures, ne contiennent pas, en règle générale, d'exégèse ou de commentaires sur des points de doctrine, les illustrations qui y figurent servent à commenter le texte de façon sans doute tout aussi efficace pour le profane. Ces illustrations sont toutes exécutées dans une veine qui va dans le sens précis d'une angélisation des personnes qu'elles mettent en scène. Les femmes, en particulier, présentent une silhouette dénuée des caractéristiques morphologiques les plus élémentaires pour l'identification des sexes. Le costume et la longueur des cheveux sont les seules choses qui les distinguent des hommes.

Émile Mâle d'abord, puis Geneviève Souchal, avaient souligné en leur temps la relation étroite entre l'imagerie des incunables provenant des ateliers parisiens, tels celui, justement, de Vostres/Pigouchet, et le dessin de la tapisserie de *La dame à la licorne*[41]. Dans les *Heures à l'usage de Rome*, imprimé pour Vostre par Simon Pigouchet et daté de 1498,

40. G.B., *op. cit.*, vol. I, p. 26.

41. Émile Mâle, *L'art religieux de la fin du Moyen Âge en France*, Paris, 1908, p. 287-293.

par exemple, figure une planche représentant Bethsabée au bain entourée de ses servantes (fig. 41). La ressemblance entre cette planche gravée et les tentures de la licorne, du point de vue vestimentaire comme du point de vue de la morphologie des femmes qui y sont représentées, est si frappante qu'elle constitue une preuve à tout le moins de la correspondance exacte des dates entre la réalisation de l'une et de l'autre, c'est-à-dire vers 1498[42]. La servante de gauche en particulier semble bien avoir servi de modèle (ou vice versa ?) non seulement pour l'une mais pour toutes les servantes qui figurent sur quatre des six panneaux de *La dame à la licorne* ; Geneviève Souchal avait d'ailleurs identifié le modèle original de la servante de la gravure comme provenant d'une enluminure des *Heures de Séguier*[43].

Mais, outre l'aspect général de la planche justement mis en rapport avec la tenture par ces auteurs, nombre d'autres détails mode figurent sur les deux objets, la gravure et la tenture. On remarque notamment la similitude des robes aux décolletés carrés remontant légèrement au milieu, les surjupes dont la fente est retenue par un ou plusieurs gros boutons (que l'on retrouve dans tous les panneaux de la tenture sauf la vue, où ne figure que la dame), les longues manches étroites à poignets retournés, enfin et surtout la coiffure « en aigrette » qui est la même que celle que portent à la fois la dame, dans les panneaux de la vue et de l'ouïe, et la suivante dans le panneau intitulé « À mon seul désir » (fig. 2, 3, 7). Quant à la Bethsabée du bois gravé, elle porte la même coiffure de cheveux enroulés autour de la tête et maintenus par un serre-tête de fleurs, probablement en émail ou en métal précieux, que celle de la dame du panneau « À mon seul désir » (fig. 7). La servante de la planche, qui tend à sa maî-

42. Nicole Reynaud identifie d'ailleurs l'auteur de ces planches comme étant le maître d'Anne de Bretagne, actif à la fin du XVe siècle, auquel elle attribue également les cartons de la tenture de la dame à la licorne, sans en apporter la preuve formelle ; Avril et Reynaud, *op. cit.*, p. 265.

43. Souchal, *op. cit.*, p. 45 ; les deux y sont reproduites ; le graveur a copié l'enluminure en contrepartie et avec de légères modifications.

tresse un miroir dont la forme et l'ornementation, sont exactement semblables à celui que tient la dame dans le panneau de la vue, se tient dans la même position de génuflexion de la jambe droite que la suivante dans le panneau du goût (fig. 2, 4). Ses compagnes, elles, de l'autre côté de la fontaine où se baigne Bethsabée, présentent à celle-ci l'une un plat rond garni de friandises, l'autre une coupe ; un plat rond du même modèle est devenu, dans le panneau de l'odorat, le récipient sur lequel sont disposées les fleurs dont la dame se sert pour tresser sa couronne (fig. 5).

La bordure qui orne le bas et le côté de la planche gravée comporte également des éléments semblables à ceux de la tenture de la licorne. La bordure est divisée en rectangles, chacun décrivant une scène de la vie de Bethsabée. Le premier en partant du haut montre une femme – peut-être une sibylle car elle lève le doigt comme pour annoncer quelque chose – qui porte un pan de sa robe replié sous son bras, exactement comme le fait la dame dans les panneaux du goût et « À mon seul désir » (fig. 4, 7), dans le même geste de mode vu chez sainte Catherine ; son buste complètement plat est orné d'une rangée de boutons, autre signe de mode, car les boutons réapparaissent dans les années 1490 justement. En effet, alors qu'au milieu du XIVe siècle on les trouvait partout sur les costumes masculins – le pourpoint dit de Charles de Blois en est l'un des plus fameux exemples[44] – comme sur les costumes féminins, en particulier le long des coutures de devant et sous les manches, les boutons disparurent vers 1380, avec les changements de la mode, pour ne revenir que quelque cent ans plus tard. Comme accessoires de mode, les boutons n'ont de raison d'être que sur une partie plate du vêtement ou du corps car, positionnés dans des fronces ou des plis ils y seraient noyés et quasiment invisibles. On ne voit

44. Le pourpoint, orné de 32 boutons sphériques sur le devant, actuellement au Musée historique des tissus de Lyon, est reproduit au catalogue de l'exposition *Les fastes du gothique, le siècle de Charles V*, Paris, 1981, no 342, p. 399-400.

donc les boutons que lorsque le corps est naturellement plat, comme sur la poitrine des hommes, ou artificiellement aplati, comme ici chez les femmes à la silhouette rectangulaire.

J'indiquais plus haut les nombreuses correspondances entre les descriptions des costumes dans le *Songe de Poliphile*, ce manifeste de ce que l'on pourrait appeler le néoplatonisme vulgarisé[45], et les personnages de la tenture de *La dame à la licorne*. La coiffure en houppe, en particulier, est très précisément mentionnée à plusieurs reprises dans cet ouvrage qui met en scène, outre le héros principal Poliphile et l'objet de son amour Polia, nombre d'autres nymphes et personnages divins ou semi-divins, tous chastes, encore qu'ils ne soient pas chrétiens, en particulier les nymphes représentant les cinq sens ainsi que leur reine, Eleuthérilide, qui symbolise le libre arbitre. La coiffure de cette dernière est décrite en détail par l'auteur, et elle se présente comme un composite de la coiffure à la houppe des panneaux de la vue et de l'ouïe et de la coiffure en diadème mitré du panneau du toucher de la tenture de la licorne (fig. 2, 3, 6) : « Elle était vêtue d'un drap d'or trait, et sa tête atournée d'une mitre ou diadème de soie cramoisie, comme si à haute dame appartenait… ses cheveux… départis en grève, et ondoyant sur ses tempes, divisés par derrière en deux tresses… chacune ramenée aux deux côtés par-dessus les oreilles, et nouée au sommet de la tête avec un bouton de fines perles… duquel sortait le bout de ces cheveux en lieu de houppe… Au milieu de la mitre, droit au-dessus du front, était attaché un riche fermaillet de pierres et de pierreries[46]. » Plusieurs mentions sont faites de cette coiffure et d'autres détails vestimentaires présents chez les per-

45. Dans la mesure où il est écrit en langue vulgaire et où il mêle le culte des Antiquités à la fois grecques, latines, hébraïques et égyptiennes, dans un esprit parfois plus antiquaire que proprement antiquisant, à des considérations sur l'amour qui sont plus érotiques que métaphysiques, le *Songe* de Colonna ne peut être comparé à un livre proprement d'inspiration ficinienne ; il est bien tout imprégné de néoplatonisme, mais celui-ci est d'ores et déjà plus de forme que de fond.

46. Colonna, *op. cit*, p. 99.

sonnages de la tenture ; ainsi, lorsque Poliphile rencontre sa bien-aimée Polia, celle-ci se présente à lui vêtue d'une robe « … fendue aux deux côtés des hanches, depuis le haut jusques à bas, fermé à trois boutons… Son col était longuet et droit ressemblant albâtre, et se montrait tout découvert, pour ce que sa robe était échancrée sur la poitrine… entrant entre les mamelles en manière de cœur[47]. » Les fentes boutonnées se retrouvent à la fois chez la servante et chez la maîtresse dans les panneaux de l'ouïe, du goût, de l'odorat et du toucher (fig. 3, 4, 5, 6), tandis que le haut de la robe en forme de cœur – c'est-à-dire avec la pointe en haut puisqu'elle « rentre entre les mamelles » – correspond exactement à la forme du haut de la robe de la dame dans les panneaux de la vue, de l'odorat et de « À mon seul désir », ainsi que sous une forme un peu plus écartée, dans le panneau du goût (fig. 2, 5, 7). Les coiffes garnies de paillons ou de galons d'or, telles qu'en porte la dame des panneaux de l'ouïe et de l'odorat (fig. 3, 5) figurent également au costume des nymphes du *Songe* : « Elles avaient paré leurs têtes de riches guirlandes, ou chapelets de pierreries, et coiffes de fil d'or, entrelacées à carreaux ou lacs d'amours à rosettes… Aucunes avaient les cheveux tout tressés et liés autour de la tête… quelques-unes les avaient entortillés en la tête, serrés de rubans garnis de perles… ou les avaient départis en deux cordons ramenés sur le haut de la tête où ils étaient liés ensemble avec un gros bouton de perle, dont ils sortaient en manière de houppe[48]… » Les bijoux que portent toutes ces belles nymphes sont longuement décrits, de sorte qu'ils semblent particulièrement ressemblants à ceux que porte la dame dans la tenture, l'abondance de perles et de gros cabochons de rubis, d'émeraudes et de saphirs en étant la caractéristique constante. Toutes ces correspondances de vêtements, de coiffure – si originale celle-là – et de parures sont assez frappantes pour que la question puisse être posée de savoir si l'auteur du carton de *La dame à*

47. *Ibid.*, p. 143.
48. *Ibid.*, p. 303.

la licorne avait eu connaissance de l'ouvrage qui, semble-t-il, avait circulé sous forme d'éditions privées avant d'être imprimé par Alde Manuce[49].

Mais les détails seuls ne font pas la silhouette, comme cela a été dit ici à plusieurs reprises. Ils indiquent seulement une concordance des temps dans la mode vestimentaire, qu'il paraît utile de mentionner. Pour ce qui concerne la silhouette elle-même, les quelques exemples suivants, parmi les très nombreux qui existent, pour illustrer cet aspect physique rectangulaire chez les hommes et chez les femmes représentés, montrent bien qu'il ne s'agit pas d'un phénomène isolé.

La danse macabre des femmes, provenant de l'atelier de Philippe Pigouchet et publié à Paris entre 1488 et 1500[50], montre la sarabande des divers états féminins : la nouvelle mariée, la femme enceinte, la vieille dame, la pucelle ou la théologienne, la riche bourgeoise ou la pauvresse. Celles-ci présentent la même silhouette dénuée de toute indication spécifiquement féminine (fig. 42), et leurs vêtements sont pratiquement les mêmes, à quelques légères différences près, que ceux de *La dame à la licorne*. De nombreuses versions de ces danses macabres furent publiées jusqu'au tournant du XVIe siècle.

Un exemple typique de silhouette masculine rectangulaire est publié le 2 mai 1497 chez Guy Marchant, dans le célèbre *Kalendrier des Bergers*[51] (fig. 43). La longue tunique des hommes comporte une couture sur le milieu du buste, tout comme les robes des femmes, et l'un d'entre eux (le troisième à partir de la gauche) porte un chaperon à bavolet que l'on croirait féminin. La couleur des « robes » des quatre personnages est indi-

49. En particulier, on sait que Léonardo Crasso, juriste de Vérone, en avait fait imprimer une édition privée, à ses frais, et l'avait dédiée, dans une inscription en latin, au duc d'Urbino, Guidobaldo da Montefeltro, peut-être quelques années avant l'édition de Manuce ; voir, à ce sujet, J. W. Appell, *Reproduction of the Woodcuts of the Dream of Poliphilus, called Hypnerotomachia published in Venice in 1499*, Londres, 1888, p. I.

50. Reproduit par A. Claudin, *op. cit.*, t. II., p. 49.

51. *Ibid.*, p. 363.

quée en légende : le colérique porte du drap gris, le sanguin porte une « robe de haulte couleur », le flegmatique (notre porteur de chaperon) une robe verte, et le mélancolique « naturelement ayme robe de noire coleur », ce qui constitue une précieuse indication sur la symbolique des couleurs à l'époque.

Les vigilles de la mort du feu roy Charles septiesme, publié par Jean du Pré le 18 mai 1493, illustrent l'histoire de Jeanne d'Arc (fig. 44), dont la popularité était d'ailleurs très grande à la fin du XVe siècle ; on y voit la Pucelle ainsi qu'une suivante emmenées à Rouen par les Anglais. Jeanne d'Arc n'est pas représentée en armure, comme on la voit souvent dans d'autres incunables de l'époque, mais en « demoiselle » dont la silhouette et le costume, comme ceux de la jeune femme qui l'accompagne d'ailleurs, sont exactement semblables dans leur esprit à ceux de la dame ; Jeanne y tient même sa robe repliée sous le bras, dans ce geste si caractéristique de la dame dans les panneaux du goût et « À mon seul désir ». On retrouve la Pucelle couronnant le dauphin, ainsi que sa compagne, toujours en robe, sur une autre illustration du même livre (fig. 45) où elles sont tout aussi rectangulaires d'aspect[52].

De l'atelier du Petit Laurens proviennent deux autres illustrations tirées d'un autre ouvrage publié vers 1499, *La nef des folles*[53], dont l'importance dans la diffusion auprès du grand public de la théorie néoplatonicienne des cinq sens ne peut être surestimée. Ève est la « première folle » (fig. 46) et son petit corps nu est bien maigrichon en vérité pour une telle pécheresse ; il correspond cependant tout à fait au corps habillé du personnage de la scène suivante, la jeune folle symbole de la vue (fig. 47). Debout dans une nef, une jeune femme à la silhouette toujours aussi dépourvue de la moindre sensualité peigne ses longs cheveux tout en se regardant dans

52. André Blum, *Origines de la gravure en France*, t. II, Paris/Bruxelles, 1927, pl. 8-9.

53. Claudin, *op. cit.*, t. II, p. 129-130.

un miroir tout à fait semblable à celui du panneau de la vue (fig. 2) sur la tenture de *La dame à la licorne*[54].

Parmi tous les ateliers d'imprimeurs de la fin du XVe siècle, celui d'Antoine Vérard se distingue par la qualité et par la quantité de ses productions. Vérard n'imprimait pas seulement des textes et des images sur papier, mais il exécutait également, pour sa clientèle composée de membres de la cour royale ainsi que de riches bourgeois, des impressions sur vélin ornées de gravures sur bois coloriées à la main. L'examen de ces diverses productions révèle bien vite qu'Antoine Vérard utilisait les mêmes gravures pour les unes et pour les autres, celles-ci étant même réutilisées plusieurs fois tout au long d'un seul livre. Cette pratique démontre bien que les riches et les moins riches avaient accès aux mêmes images, que celles-ci n'étaient en rien modifiées selon le type de clientèle, sauf en ce qui concerne l'ajout de la couleur. Ces images étant toutes des images de mode, tant au niveau vestimentaire qu'au niveau esthétique, leur non-différenciation vient confirmer la théorie que la mode s'adressait bien, alors comme toujours, à tout le monde, et que son influence était ressentie par tous, quitte à ce que seul le plus petit nombre puisse immédiatement la traduire en signes vestimentaires manifestes.

Parmi les incunables de Vérard, une illustration provenant de la Bible des poëtes de *métamorphoze*, publié le 1er mars 1493, montre une femme à la silhouette aplatie et très allongée où les boutons disposés en rang sur le corsage accentuent l'effet de planche du buste (fig. 48). Ces mêmes figures, quoique coloriées, se retrouvent à l'identique dans l'un des livres les plus célèbres de Vérard, et sans doute le plus cher, celui de *La mer des ystoires* réalisé pour le roi Charles VIII vers 1495.

54. Nicole Reynaud attribue au Maître des *Très petites heures d'Anne de Bretagne* la plupart de ces illustrations car, selon elle, cet artiste aurait travaillé pour tous les grands imprimeurs parisiens, et son style aurait inspiré de nombreuses imitations ; Avril et Reynaud, *op. cit.*, p. 265-270. Nicole Reynaud reproduit une page d'un livre d'heures imprimé par Pigouchet en 1498, p. 269.

Plus caractéristique encore de cette image d'une femme quelque peu déshumanisée par l'absence de signes visibles de sa féminité que véhiculent les incunables, se trouve, toujours chez Vérard, une représentation du sacrement du mariage, dans l'ouvrage de Guillaume Tardif intitulé *Le livre de bien vivre et de bien mourir*, publié en 1492 et plusieurs fois réédité jusqu'en 1498[55]. Cet ouvrage moralisateur écrit par un rhétoriqueur, précepteur du roi Charles VIII et traducteur de Pétrarque, du Pogge et de Lorenzo Valla, connut une grande popularité. Illustré à pleine page, le sacrement du mariage met en scène le marié et la mariée dont les mains sont réunies par le prêtre qui officie (fig. 49). La jeune femme, dont l'expression n'est empreinte d'aucun sentiment de joie – elle fait même la grimace, mais cela est peut-être dû à la gravure, quoique son mari n'ait pas l'air beaucoup plus gai –, ne possède pas d'attributs féminins, à l'exception de sa longue chevelure qui pend, éparse, sur ses épaules. Sa morphologie, la coupe de sa robe au décolleté strictement carré (avec couture ou fente au milieu), la couronne de fleurs posée sur sa tête, tout cela lui donne une allure, pour utiliser un terme de mode, parfaitement semblable à celle de la dame à la licorne, même si elle n'en possède pas les riches vêtements. Il ne s'agit pas là d'une mariée encore impubère, puisque toutes les femmes représentées sur les gravures ont cet aspect juvénile, mais d'une femme d'âge adulte, quoique jeune sans doute, puisque la « demoiselle d'honneur » qui vient immédiatement derrière en est une copie conforme. Quant à Ève, qui figure dans une vignette en haut de la gravure où elle est montrée unie par Dieu en mariage à Adam dans un même geste que celui du prêtre, elle est tout aussi maigrelette et son corps se différencie à peine de celui d'Adam, d'autant que celui-ci porte également les cheveux longs.

En tout état de cause, le livre de Guillaume Tardif n'est pas destiné à vanter les joies du mariage, mais au contraire,

55. BNF, Res. D.852, fol. HH8vo.

comme le fait également un recueil anonyme connu sous le titre *Les quinze joyes de mariage*, à mettre en garde les chrétiens contre l'erreur universelle qui consiste pour eux à prendre leurs malheurs pour des joies, notamment dans le mariage, ce qui explique peut-être l'expression des mariés… Bien que résultant d'une longue tradition, la popularité de ce thème, dont témoignent les nombreuses impressions de ces deux livres à la fin du XVe siècle, constitue une autre indication, s'il en était besoin, de l'impopularité du mariage et de l'amour conjugal à cette époque. Erich Auerbach avait d'ailleurs souligné, à propos précisément des *Quinze joyes de mariage*, combien alors chez « un très grand nombre d'hommes vivant dans les pays au nord des Alpes la conscience de la ruine fatale de leur personne et de leurs œuvres exerce une action paralysante sur la constitution d'une pensée visant à l'organisation pratique de l'existence terrestre ; une activité tournée vers l'avenir de la vie d'ici-bas leur paraît sans valeur et sans dignité, un simple jeu des instincts et des passions[56]. »

Cette liste d'exemples de figures habillées qui présentent ces caractéristiques vestimentaires d'une « dépréciation de la vie terrestre en faveur d'une transfiguration potentielle » pourrait être très longue en vérité. Citons-en, pour mémoire, deux provenant encore de l'atelier Vérard. Il s'agit ici de vraies peintures et non pas de bois coloriés, mais le style des unes comme des autres s'apparente de près aux gravures en noir et blanc du même atelier. La première est celle qui décore le frontispice du *Trésor de l'âme*, de Robert de Saint-Martin, dédié à Anne de Bretagne et publié en 1499[57]. On y voit la reine Anne, à laquelle l'auteur présente son livre, entourée de ses suivantes. La reine possède ce long buste plat recouvert d'un surcot d'hermine, lequel est malencontreusement garni d'une rangée de ces boutons dont la mode faisait alors un retour en force ; ses suivantes portent toutes la même robe droite au décolleté carré légèrement remontant au

56. *Mimésis*, Paris, 1968 [1946], p. 257.
57. BNF, rés. vélins 350.

milieu, qui est manifestement du dernier cri et qui ressemble comme deux gouttes d'eau à celle de la dame à la licorne.

Enfin, l'une des belles dames du livre de Boccace traduit en français, *De la louenge et vertu des nobles et claires dames,* figure sur l'édition de Vérard parue en 1493 sous la forme d'une jeune personne aux longs cheveux blonds, dont le buste menu et gracile est revêtu d'un corsage à décolleté carré décidément très à la mode[58].

Pour démontrer que ce style n'est pas propre aux seuls illustrateurs d'incunables, dont on pense qu'ils sont encore peu nombreux à cette époque et dont on sait qu'ils se copient les uns les autres, voici, en dernier lieu, quelques représentations de femmes exécutées par un peintre enlumineur dont on ne connaît pas d'œuvre dans une autre forme d'expression. Il s'agit de Robinet Testard, dont le style très caractéristique a été décrit par François Avril comme possédant un « effet tapisserie obtenu par l'élimination presque complète de la troisième dimension[59]... » La première femme à l'allure angélique et à la silhouette rectangulaire est l'une des *Héroïdes* d'Ovide, traduit en 1496 par Octovien de Saint-Gelais[60] (fig. 50). Bien que toutes les héroïnes en question aient toutes un air d'enfant, ce sont en réalité des femmes mariées écrivant à leur bien-aimé mari dont le destin les a séparées. Les détails de leur tenue vestimentaire sont aussi proches de ceux de la dame à la licorne que leur silhouette physique, ce qui tend à prouver une nouvelle fois que ces critères de mode étaient bien perçus de façon semblable par tous les professionnels de la représentation.

La seconde image de Robinet Testard présente des similitudes frappantes avec la tapisserie de *La dame à la licorne* ; elle figure au manuscrit du *Livre des simples médecines*[61]. Elle repré-

58. BNF, rés. vélins 1223.

59. *Op. cit.*, p. 404.

60. Un autre folio présentant une jeune femme de semblable allure est reproduit dans Avril et Reynaud, *op. cit.*, cat. 231, p. 407.

61. BNF, ms. fr. 12322, fol. 188.

sente une jeune fille assise dans un pré, sur les genoux de laquelle une licorne pose sa tête (fig. 51) ; vêtue d'une simple robe rouge, elle ressemble cependant beaucoup à la dame dans le panneau de la vue (fig. 2), non seulement par sa physionomie et sa silhouette, mais aussi par sa position assise, par les plis de sa robe étalés sur le pré et, bien sûr, par la présence de la licorne[62]. La jeune femme à la licorne est évidemment un thème courant dans les représentations du XVe siècle en général, mais l'aspect gracile de la dame ne devient à la mode que dans les dernières années du siècle, de sorte qu'on la retrouve fréquemment par la suite, parfois dans les marges, littéralement, des manuscrits ou des incunables illustrés. L'une de ces figures, trouvée dans la marge des *Chroniques abrégée des rois de France*, était si petite qu'elle a dû être agrandie plusieurs fois pour permettre de constater que, même à cette échelle si réduite qu'il en est à peine visible, le personnage de la dame est très semblable dans son habillement et son apparence à celui de la dame de la tapisserie[63] (fig. 52).

Pour terminer cette liste, qui pourrait être très longue dans la mesure où l'on peut en trouver des exemples dans presque chaque manuscrit à peinture ou incunable à figures de l'époque, voici deux illustrations de silhouettes « à la licorne », c'est-à-dire rectangulaires, parues dans deux ouvrages célèbres. Il s'agit d'abord d'un manuscrit du commentaire d'Évrard de Conty sur les *Échecs amoureux*, les *Échecs moralisés*[64], où l'on voit une jeune femme strictement semblable à la dame à la licorne dans l'ensemble comme dans le détail de son habillement et de sa silhouette (fig. 53) ; puis d'un ouvrage anonyme intitulé *Les quatre dames*[65], où se présentent cinq

62. Ce qui conduit à se demander si Robinet Testard n'a pu eu connaissance de la tapisserie de la licorne, voire s'il n'a pas contribué au carton. La position de la licorne sur les genoux d'une belle dame est cependant traditionnelle dans l'iconographie de cette légende, au moins depuis le XIVe siècle.

63. BNF, ms. fr. 2596, fol. 5.

64. BNF, ms. fr. 143, fol. 9.

65. BN, ms. fr. 1507, fol. 26-27.

figures, dont deux à l'arrière-plan sont sans doute des hommes, ce que l'on ne peut détecter qu'au seul vu de leurs cheveux mi-longs, les trois femmes se distinguant de ces derniers uniquement grâce à leurs cheveux beaucoup plus longs et à l'échancrure en carré remontant de leur robe (fig. 54).

On pourrait multiplier les exemples, mais il en a sans doute été fourni en nombre suffisant pour démontrer que ce modèle de femmes et d'hommes, asexués, angélisés, était bien le type à la mode entre les années 1475 et 1500 environ, et qu'il était susceptible d'avoir été adopté par tous ou presque, à partir du moment où il était représenté sur des images accessibles à toutes les couches de la société. Bien que les graveurs se copiassent mutuellement et que la nature initialement sommaire de leur trait (avant les grands développements de la fin du siècle et du début du siècle suivant dans ce domaine) ne laissât pas place à une grande expressivité, force est tout de même de constater la grande similarité d'aspect entre toutes leurs images aussi bien qu'avec les autres formes d'images, notamment les peintures, de la même période. Il ne peut s'agir d'un hasard. Il s'agit bien d'un style, et d'un style qui, peut-être pour la première fois dans l'histoire de la mise en images d'une société, s'adresse de la même façon à tous ses membres ou presque, plutôt qu'à la seule élite financière, intellectuelle ou religieuse.

IX

PROPAGATION EN FRANCE DE LA MODE NÉOPLATONICIENNE

Il reste à se demander par quels vecteurs humains la mode vestimentaire correspondant aux concepts néoplatoniciens de l'amour et des relations amoureuses examinés ici a pu être propagée au cours de la période 1470-1500.

La première catégorie d'individus qui vient à l'esprit comme acteurs de cette diffusion des idées est évidemment celle des « intellectuels ». Or ceux-ci ont donné lieu à tant d'études si importantes qu'il a paru plus utile au contraire d'essayer d'en recenser d'autres, principalement recrutés dans le domaine de la vie active, susceptibles eux aussi d'avoir contribué à la diffusion des idées du néoplatonisme et par conséquent à la mode vestimentaire qui en était le porte-drapeau. L'étude de ce mouvement s'est naturellement porté du sud au nord, c'est-à-dire de l'Italie vers la France, pays où le terreau particulièrement fertile du pétrarquisme était déjà pénétré de l'esprit de cette mode. En Italie, le pétrarquisme, à travers ses prolongements organiques du *Dolce stil nuovo* dantesque puis de l'humanisme florissant de la seconde moitié du XVe siècle, avait été si bien intégré à l'expression poétique et à la réflexion philosophique qu'il avait fini par devenir une forme plutôt qu'un fond de pensée. En France, au contraire, à la fin du XVe siècle l'actualité et la pertinence de la pensée de Pétrarque, du moins dans ses aspects métaphysiques et théologiques, s'étaient trouvées revivifiées par l'apport des idées platoniciennes venues d'Italie et leur influence renforcée auprès du grand public grâce à la publication imprimée des œuvres du poète.

Pour l'heure donc, en France, un public averti, mais qui se recrute parmi presque toutes les couches de la société, est pénétré d'un pétrarquisme proche du néoplatonisme ; sans toujours être reconnu comme tel, ce courant de pensée paraît devoir se prêter sans résistance à une pénétration rapide d'une mode vestimentaire qui en reprendrait les enseignements sans doute les plus caractéristiques aux yeux du public, c'est-à-dire l'amour divin/platonique plutôt que l'amour profane, et ses corollaires, la chasteté, l'amitié entre hommes, le renoncement aux plaisirs terrestres en faveur d'une préparation à la rencontre du divin, ainsi que la croyance profonde en l'immortalité de l'âme. Ajoutons à cela une mélancolie morbide et ombrageuse qui transparaît aisément dans chacun des écrits de Pétrarque, et qui est elle-même une attitude de mode arborée par les humanistes florentins notamment, et l'on ne s'étonnera pas que la mode vestimentaire de la fin du XVe siècle ait été beaucoup plus sévère d'aspect que celle qui l'avait précédée.

Indépendamment des considérations proprement philosophiques sur lesquelles ce changement vestimentaire est fondé, quels ont donc été ces passeurs susceptibles de l'apporter dans leur bagage, celui-ci fût-il artistique, commercial, diplomatique ou littéraire ? Car si aucune mode ne peut se développer sans qu'elle ne constitue une réponse visible à un courant invisible mais profondément ressenti au sein de la société dans laquelle elle se situe, il suffit de quelques personnalités en vue pour la lancer d'abord, et pour la faire adopter ensuite. En cela, la fin du XVe siècle ne diffère nullement de la fin du XXe siècle.

Ces personnalités se recrutent parmi les praticiens de la vie active, plutôt que parmi ceux de la vie contemplative préconisée par les néoplatoniciens purs et durs. Mais les premiers étaient souvent les adeptes des idées des seconds, et c'est sans doute à cause des exigences de leurs responsabilités professionnelles ou administratives, qui les empêchaient de se consacrer uniquement à l'étude, que se répandit si rapidement le mode de pensée et la mode vestimentaire du néoplatonisme florentin. Tomaso Benci, par exemple, marchand et noble florentin établi à Bruges puis à Lyon, traduisit en toscan la version latine du *Pimandre* d'Hermès Trismégiste qu'avait donnée Marsile Ficin[1]. Tomaso était le neveu d'Amerigo Benci, qui avait offert en 1462 à Marsile Ficin un manuscrit grec des dialogues de Platon[2].

Étant entendu que la mode en question venait d'Italie, même si elle fut quelque peu modifiée à son arrivée par le goût français, les domaines dans lesquels exerçaient ces personnalités, majeures ou mineures, ayant contribué à la transposer, étaient ceux du monde des étudiants, des marchands et des diplomates, qu'il s'agisse de Français qui se seraient rendus en Italie ou d'Italiens qui seraient venus en France. Quant aux architectes et aux peintres, leurs créations, en deux ou trois dimensions, constituaient autant d'images susceptibles d'être apportées ou rapportées dans les bagages de ces propagateurs volontaires ou involontaires de l'esprit nouveau.

1. Les étudiants

Parmi les personnages mineurs qui ont pu exercer une influence majeure dans la diffusion des modes, étant donné leur tranche d'âge, se trouvent les étudiants français en Italie. Kristeller a souligné l'importance de ces échanges culturels

1. J. Festugière, *La philosophie de Marsile Ficin et son influence sur la littérature française au XVIe siècle*, Paris, 1941, p. 33.
2. *Ibid.*

dans l'extension rapide de la pensée humaniste à travers l'Europe[3]. Tout au long du XIVe et du XVe siècle, ces étudiants se rendirent en nombre à l'université de Pavie, où ils étudiaient le droit civil non enseigné à l'université de Paris, à l'université de Ferrare, à celle de Bologne, où ils y trouvaient des professeurs de grec, enfin à celle de Padoue qui possédait l'école de médecine la plus célèbre de l'Occident et qui, en outre, dispensait un enseignement du droit réputé. Selon Picot, dans ces universités, « un quart des étudiants pouvaient être français[4] ». D'autre part, alors que la quasi-totalité des étudiants en France, en Allemagne et en Angleterre étaient des clercs, la majorité des étudiants dans les universités italiennes se recrutaient parmi les laïcs, notamment à Padoue. Cette particularité contribua beaucoup à la diffusion de l'humanisme, comme le fait que l'enseignement du droit romain mais aussi de l'éloquence, sous forme de rhétorique, au sein de ces universités, était dispensé à l'aide de textes anciens pas toujours disponibles en France.

Beaucoup de ces étudiants français, à leur retour au pays, étaient destinés à occuper des fonctions importantes, comme magistrats dans les cours de justice du royaume ou comme membres des divers parlements, notamment celui de Paris. Ces positions les mettaient en contact avec les personnages les plus haut placés, leur permettant ainsi d'exercer une influence non négligeable sur la société qui les entourait, indépendamment de leur propre statut d'origine. Parmi les personnalités ayant étudié à Pavie se trouvaient Thomas Basin[5], évêque de Lisieux, conseiller du roi Charles VII et chroniqueur du règne, exilé par Louis XI ; Georges

3. Paul Oskar Kristeller, « European Diffusion of Italian Humanism », p. 69-88, in *Renaissance Thought and the Arts*, Princeton, 1990 (éd. or. 1964).

4. Émile Picot, « Les professeurs et les étudiants de langue française à l'université de Pavie au XVe et au XVIe siècle », Paris, 1916, extrait du *Bulletin philologique et historique*, Paris, 1915, p. 3-6 ; « Les Français à l'université de Ferrare au XVe et au XVIe siècle », Paris, 1902, extrait du *Journal des savants*, Paris, février-mars 1902, p. 4.

5. *Ibid.*, p. 23.

d'Amboise, neveu du célèbre cardinal homonyme et ministre de Louis XII, et cardinal lui-même[6] ; et surtout Symphorien Champier, docteur en médecine, auteur de la version française de la *Nef des folles*, adepte fervent du néoplatonisme et son propagateur militant en France[7].

Il semble logique de penser que la plupart des étudiants qui fréquentaient ces universités italiennes devaient avoir remarqué, admiré même, l'architecture et l'ornementation nouvelles des édifices princiers, publics ou ecclésiastiques qu'ils avaient pu y voir déjà érigés ou en cours de construction. Tous ces nouveaux monuments étaient conçus sur des modèles antiques et, s'ils ne leur ressemblaient pas forcément de très près, ils en avaient tous la sévérité des proportions mathématiques et le style de l'ornementation. Cela seul suffisait à les distinguer radicalement des structures d'aspect tout différent qui avaient constitué la norme au cours de l'époque précédente, celle du gothique international. Avant toute autre forme de diffusion des idées de l'Antiquité, celle de l'architecture fut sans doute la plus catégorique, de par son caractère à la fois imposant et accessible à tous.

Ces monuments étaient fort nombreux. À Pavie, le plus important d'entre eux était la célèbre Chartreuse, construite entre 1397 et 1473 sur les plans de Guiniforte Solari et Giovanni Solari et, pour la façade achevée en 1497, sur ceux de Giovanni Antonio Amadeo. Cette façade était décorée de médaillons à l'antique représentant des empereurs romains, exécutés entre 1473 et 1498 par les frères Antonio et Cristoforo Mantegazza[8]. Un autre sculpteur, Cristoforo Solario, auteur du monument funéraire de Ludovic et Béatrice d'Este (1497) situé dans l'église, était le frère et probablement le maître d'un autre artiste, le peintre Andrea Solario qui devait être appelé à Gaillon par le cardinal

6. *Ibid.*, p. 16.

7. *Ibid.*, p. 34.

8. Voir *Certosa di Pavia, Madonna delle Grazie*, texte rédigé par des moines cisterciens, Milan, s.d.

d'Amboise en 1507 pour y exécuter une série de fresques, aujourd'hui perdues, représentant des jeunes filles se livrant à diverses activités champêtres et vêtues « à la mode lombarde », selon la description qu'en fit l'envoyé de la cour des Gonzague en France, le comte de Pianella[9]. L'érection des bâtiments conventuels et de l'église avait été décidée par Gian-Galeazzo Visconti, duc de Milan, en 1393, son intention originale et ses donations étant suivies et confirmées par son successeur éventuel à la tête du duché, Francesco Sforza, futur allié du roi Louis XI et dont les ambassadeurs furent nombreux à la cour de France.

Quant à Ferrare, il s'y trouvait également de nombreuses constructions Renaissance, dont le clocher de la cathédrale, dessiné par Léon Battista Alberti. Mais, plus important pour la mode, les murs du palais Schifanoia, propriété du duc Borso d'Este, étaient décorés de fresques en 1469-1470 par Francesco Cossa (v. 1436-1478), Cosmè Tura (v. 1430-1495) et Ercole de' Roberti (v. 1450-1496) ; celles-ci représentent un cycle zodiacal, commandé par le duc, qui dépeint les planètes sous la forme de leur personnification antique. L'approche esthétique de ce programme décoratif s'inscrit déjà dans un programme parfaitement humaniste puisqu'elle s'appuie sur les dieux et les déesses de l'Antiquité païenne et comporte des scènes comme *La forge de Vulcain* ou encore *Les amours de Mars et de Vénus*[10].

Les mois de Mars, Avril et Mai, de la main de Cossa, présentent de beaux jeunes gens en train de s'amuser, de jouer de la musique, de flirter, tout cela au grand jour, dans un cadre verdoyant et peuplé d'animaux, composé avec une maîtrise totale de la science de la perspective alors nouvellement retrouvée. Bien entendu, tous ces jeunes hommes et toutes ces jeunes filles portent les vêtements à la dernière mode (fig. 55).

9. Roberto Weiss, « The Castle of Gaillon in 1509-1510 », in *Journal of the Warburg and Courtauld Institutes*, XVI, p. 1-12, Londres, 1953, p. 4.

10. Voir à ce sujet A. Warburg, « Art italien et astrologie internationale au Palazzo de Schifanoia à Ferrare », dans *op. cit.*, Paris, 1990, p. 197-220.

Ceux-ci se démarquent déjà beaucoup de la ligne du gothique international ; en effet, si les robes féminines ont encore la taille placée haut sous la poitrine tandis que les hommes sont habillés de courtes tuniques à plis ronds, serrées légèrement au-dessus de la taille et rembourrées sur le devant du thorax, la silhouette n'est plus du tout la même. Les jupes ne sont plus coupées en triangle évasé en traîne au dos ; elles sont coupées droites, ce qui oblige d'ailleurs à les ramasser en plis réguliers autour de la taille pour compenser la différence de largeur entre le haut et le bas de la robe, avec pour résultat de créer une impression de colonne cannelée, finalement assez proche de l'aspect d'une colonne architecturale. Les tuniques que portent les hommes sont semblables à celles des femmes dans leur conception : elles sont beaucoup moins serrées à la taille que celles des années 1430-1470, et elles ont été considérablement allongées de façon à couvrir les cuisses jusqu'aux genoux ; en outre, les plis ronds qui forment la partie inférieure montent maintenant jusqu'au milieu du buste, accentuant là aussi l'effet de colonne.

Les peintres de ces fresques se sont-ils inspirés d'un texte tiré des *Dix livres d'architecture* de Vitruve, ouvrage très répandu alors ? On peut en effet lire au livre IV que les colonnes de l'ordre dorique construites par les Athéniens le furent à partir de cette légendaire unité de mesure du pied de l'homme, correspondant à la sixième partie du corps, de sorte que cette proportion, idéale à la fois du point de vue de la force et de la grâce, fut appliquée par eux à la conception masculine des colonnes de leurs temples dédiés aux dieux Pan et Apollon[11].

Quant aux femmes, la tradition les associe aux colonnes de l'ordre ionique car, toujours selon Vitruve, lorsque les Athéniens décidèrent d'ériger un temple à Diane, ils utilisèrent la même proportion du pied, mais en réduisant le diamètre de la colonne pour lui donner plus de minceur ; puis

11. IV.1.5, IV.1.6, cité par George Hersey dans *The Lost Meaning of Classical Architecture, Speculations on Ornament from Vitruvius to Venturi,* Cambridge/ Londres, 1988, p. 57.

ils placèrent des volutes au haut de la colonne, comme des cheveux bouclés retombant gracieusement de chaque côté du visage ; enfin ils firent des cannelures qui tombèrent le long du corps de la colonne « comme les plis des robes de femmes[12] ».

Cet aspect colonne est également très caractéristique de la silhouette et des vêtements que portent les personnages peints par Piero della Francesca, notamment la sainte Madeleine de la cathédrale d'Arezzo, ainsi que la reine de Saba dans le cycle de fresques sur la *Légende de la sainte croix* que l'artiste exécuta vers 1460 dans le chœur de l'église Saint-François d'Arezzo. La coupe des vêtements de la reine et de ses suivantes est d'ailleurs exactement la même que celle des robes féminines et des pourpoints masculins figurant sur les fresques du palais Schifanoia : les plis ronds ramassant l'ampleur du tissu montent jusqu'au dessus de la ceinture, parfois même jusqu'au haut du buste, donnant effectivement à celui-ci la forme d'un fût de colonne. Piero della Francesca, dont on connaît l'intérêt pour les théories pythagoriciennes, les a manifestement appliquées ici à ses personnages.

Comme le rappelle Millard Meiss, Piero della Francesca, après avoir peint cette dernière fresque, écrivit un traité dans lequel « il fouillait l'idée platonicienne selon laquelle toute la complexité des apparences est réductible à cinq formes géométriques qui ont une perfection divine ». Dans ce traité comme dans sa peinture, Piero affirmait sa croyance en « un monde rationnel, qui recevait de la géométrie et du nombre sa forme et sa structure[13] ». Le nombre cinq est évidemment loin d'être indifférent puisqu'il correspond également aux cinq sens de la théorie néoplatonicienne.

Il n'est peut-être pas étonnant dans ces conditions que Francesco Cossa et Cosmè Tura, inspirés tous les deux par l'œuvre de Piero[14], aient adopté à leur tour précisément la

12. *Ibid.*, IV.1.7, p. 60.
13. *Grandes époques de la fresque*, Paris, 1970, p. 139.
14. Voir *Encyclopédie de l'art*, s.l., 1991, p. 243 et p. 1008.

même silhouette en colonne pour exprimer leur propre intérêt, sinon pour le néoplatonisme, du moins pour la conception du monde nouveau qui était le leur et dont les références étaient l'Antiquité.

Non seulement la silhouette des jeunes gens modernes de Ferrare apparaît donc déjà considérablement modifiée par rapport à ce qui a précédé, mais d'autres nouveautés vestimentaires sont également montrées sur cette fresque, comme l'on montre les dernières nouveautés de la saison dans un magazine de mode. Il s'agit d'abord des crevés, que l'on aperçoit sous l'avant-bras des manches des costumes masculins et féminins, qui font ici l'une de leurs premières apparitions avant de connaître la fortune que l'on sait au siècle suivant, ces crevés constituant d'ailleurs une sorte de fenêtre ouverte sur un monde jusqu'alors tabou, voire même non existant, celui des dessous. L'absence quasi totale de la moindre coiffe ou couverture sur les têtes des jeunes femmes, dont les cheveux sont uniformément de cette couleur blond lumineux dont parlait Alberti, est une autre nouveauté de taille qui a pour effet immédiat de reléguer définitivement le port du hennin, pourtant encore utilisé en France à cette époque, au rang d'accessoire folklorique... Certaines de ces jeunes filles sont même légèrement décoiffées, comme le recommandait Alberti. La déesse Vénus porte, quant à elle, ses longs cheveux blond doré épars sur les épaules, et sa tête est couronnée de roses, ce qui la fait ressembler aux images contemporaines de la Vierge Marie (fig. 56). Les garçons eux aussi ont des cheveux blonds, portés longs, qui encadrent leur visage de boucles soigneusement retournées au fer. Certains d'entre eux portent en guise de chapeau une sorte de béret à bord aplati en forme de galette, celui-là même que porte le duc d'Urbino, Frederic de Montefeltro, sur le célèbre portrait exécuté par Piero della Francesca en 1465 ; on est bien loin des hauts bonnets de feutre portés par les jeunes gens du gothique international. Enfin, plusieurs des jeunes filles portent des robes de couleur blanche, couleur nouvellement à la mode, dont la jupe est relevée à l'antique, pour former une sorte de basque maintenue autour du bas des hanches à la manière d'un chiton grec, mode qu'Andrea Mantegna avait été parmi les premiers à introduire sur les cartes de son célèbre jeu de tarot et qu'Andrea del Castagno avait utilisée lui aussi pour le vêtement de la sibylle de Cumes peinte vers 1448 sur le mur de la villa Carducci, près de Florence[15].

Ce n'est sans doute pas non plus un hasard si les tissus des vêtements de ces jeunes gens sont d'une couleur assez terne et dénués du moindre ornement ; l'on n'y voit pas la moindre broderie, frange ou découpure ; ce ne sont pas des damas ou de riches velours brochés d'or comme l'on pouvait en voir alors sur les autres fresques, les tableaux ou les tapisseries de l'époque, notamment en Île-de-France ou dans les pays bourguignons. Sans doute les couleurs originales de la fresque de Cossa sont-elles aujourd'hui passées et les robes et les jaques avaient-elles plus d'éclat ; il n'en reste pas moins que l'on perçoit nettement ici une volonté de sévérité dans l'apparence qui est aux antipodes de la mode du gothique international finissant et qui contraste vivement avec le badinage galant du sujet.

Bien que l'un des plus talentueux représentants de ce style du gothique international, le peintre flamand Roger van der Weyden, se soit trouvé à Ferrare dans les années 1450 et y ait travaillé, et bien que son influence se soit exercée sur Cosmè Tura comme sans doute sur Cossa, le cycle zodiacal du palais Schifanoia n'a pas grand-chose à voir avec les sujets bibliques du maître flamand, ni avec ses mises en scène, à la fois théâtrales et dolentes, des étapes de la passion du Christ, et encore moins avec son mysticisme religieux. Ce qui est peint là, sur les murs du grand salon du palais, est bien un hymne à l'amour profane, dont les prolongements, il faut bien le dire, n'ont ici rien de chastement platonique. Cet amour est néanmoins divinisé, bien que de manière païenne, par l'intermédiaire des principaux protagonistes, le dieu Mars et la déesse Vénus, celle-ci étant d'ailleurs quelque peu marialisée par

15. Meiss, *op. cit.*, p. 148, reproduit p. 149.

son vêtement blanc (fig. 56) et sa couronne de roses rouges et blanches de part et d'autre de laquelle volette une colombe blanche, que l'on serait tenté de confondre avec celle du Saint-Esprit.

Sans doute tous les étudiants de Ferrare n'avaient-ils pas accès quotidiennement au palais Schifanoia, pourtant celui-ci devait fonctionner comme un lieu de rencontre au moins occasionnel entre le prince et ses sujets, lors d'audiences publiques ou de réjouissances civiles, à l'instar de tous les autres palais des autorités régnantes de l'époque. D'autre part, les nombreuses œuvres d'art de Cossa, de Tura et de de'Ercoli présentes dans les églises de Ferrare, ainsi que les bâtiments de la ville proprement dits, érigés par des architectes, dont Alberti lui-même[16], tout pénétrés qu'ils étaient des nouveaux concepts architectoniques et esthétiques, ne pouvaient manquer d'impressionner des jeunes gens dont le séjour à Ferrare se prolongeait, dans la plupart des cas, sur plusieurs années. Enfin entre 1438 et 1445, un concile rival de celui de Bâle avait siégé dans Ferrare, ainsi que dans Florence, et avait eu de nombreuses conséquences au niveau de la pensée religieuse et philosophique des habitants de la ville et singulièrement au niveau de l'enseignement dispensé à l'université, dans le sens d'un humanisme qui ne disait pas encore son nom. C'est d'ailleurs à partir de l'ouverture du concile que les étudiants français commencèrent à se rendre en grand nombre à l'université de la ville[17].

À Padoue, où les fresques de Giotto décorant la chapelle des Scrovegni parurent sans doute quelque peu archaïques aux yeux des étudiants étrangers de la fin du XVe siècle, l'on pouvait voir en revanche l'une des toutes premières et des plus puissantes manifestations picturales de l'humanisme – au sens plus strictement technique que philosophique –, c'est-à-dire les fresques de Mantegna représentant des scènes de la

16. On doit à Alberti le clocher de la cathédrale, conçu vers 1412. Voir Georges Pillement, *L'Italie inconnue*, « Ferrare », Paris, 1962, p. 273-280.
17. Picot, *op. cit.*, 1902, p. 4.

vie des saints Jacques et Christophe ainsi que l'assomption de la Vierge, que le peintre venait de terminer en 1457, pour la chapelle Overati de l'église des Eremitani, et dont il ne reste aujourd'hui que des fragments. Dans la fresque représentant le martyre de Saint Jacques, exécutée en 1454[18], Mantegna fait appel à la nouvelle science de la perspective avec des résultats spectaculaires : le soldat appuyé contre une barrière en bois sur le devant de la scène prend littéralement la place du spectateur, ce qui a pour effet d'abolir l'espace et le temps.

Quant aux personnages de la fresque, des hommes d'armes pour la plupart, ils sont habillés d'armures pseudo-romaines ; l'un d'entre eux est jambes nues, par exemple, alors que l'officier à cheval, lui, porte des jambières et des genouillères de métal avec des solerets moyenâgeux, articulés et pointus, et un plastron de cuirasse à la romaine sur une chemise de fine toile blanche à manches courtes et plissées ! Cet attirail dut sembler bien étrange aux jeunes étudiants français. Enfin la scène se déroule sur fond de paysage architectural avec aux premier et second plans des ruines romaines ornées de grotesques, de statues et de colonnes[19]. Rien de comparable ne pouvait être vu alors ni en France ni en Flandre.

Si bien que, rentrés à Paris ou dans leurs provinces d'origine, les étudiants français de Ferrare et de Padoue ne pouvaient manquer d'y rapporter ce qu'ils avaient vu, lu et entendu là-bas, et s'efforcer de l'imiter, contribuant ainsi à la diffusion rapide et surtout relativement non déformée de la pensée humaniste et des modes qui l'accompagnaient.

2. Les marchands

L'autre groupe d'acteurs de première importance dans la diffusion des idées et des modes est celui des marchands. Le nombre de marchands italiens commerçant en France à la fin

18. Meiss, *op. cit.*, p. 158.
19. Reproduit dans Meiss, *op. cit.*, p. 159.

du XVe siècle était considérable. Ces négociants détenaient pratiquement le monopole des étoffes de grand prix, que celles-ci aient été de laine ou de soie, les textiles de toutes sortes constituant alors la denrée commerciale la plus importante de toutes[20]. En tant que tels ces marchands, souvent d'origine patricienne, étaient les fournisseurs attitrés des membres de la cour de France comme de celle de Bourgogne, ainsi que des dignitaires de l'Église. Les plus importants d'entre eux, par exemple ceux qui représentaient la maison des Médicis – à la fois banque et négoce –, exerçaient également des activités financières auprès des mêmes clients. C'est dire combien ils étaient introduits dans les cercles les plus rapprochés du pouvoir, qu'il soit civil ou religieux.

Tommaso Portinari et Francesco Sassetti sont les représentants les plus célèbres de cette catégorie de la société florentine, le premier étant en poste à Bruges mais se trouvant souvent en France pour affaires, notamment à la cour de Bourgogne auprès de Charles le Téméraire, le second chargé de la branche lyonnaise de la banque, tous deux pour la famille des Médicis. Mais alors que Portinari est aujourd'hui connu principalement pour le triptyque qu'il devait commander au peintre flamand Hugo van der Goes et envoyer à Florence en 1483, Sassetti est un personnage d'une importance capitale. Ce dernier ne servait pas les seuls intérêts financiers de la banque Médicis. Il était à la tête d'une famille distinguée et puissante ; il servait de conseiller plus que d'employé à Laurent de Médicis, et c'était un lettré humaniste entièrement pénétré des idées néoplatoniciennes selon Marsile Ficin qui avaient cours à Florence.

20. La fortune de nombre de familles italiennes en général et florentines en particulier était due à l'industrie textile. Les armes des Médicis représentent des ballots de laine empilés, symbole de leurs fructueuses entreprises dans le domaine de la draperie lainière, auxquelles ils ajoutèrent, au cours du XVe siècle justement, la production et surtout la vente des soieries et des velours. Quant aux Rucellai, autre grande famille florentine rivale des Médicis, c'est de la teinture rouge, obtenue à partir d'une plante dont ils avaient le monopole, qu'ils tirèrent leur nom même et, pendant longtemps, le principal de leurs revenus.

Avant d'en venir au rôle joué par ces deux hommes, il n'est peut-être pas inutile de donner ici un aperçu de l'importance de la communauté des marchands florentins établis en France, notamment à Lyon, ville négociante et intellectuelle à la fois, où devait s'implanter dès les premiers jours une industrie de l'imprimerie parmi les plus florissantes de France et qui contribua beaucoup à la diffusion de la pensée humaniste venue d'Italie. Les noms de toutes les grandes familles de Florence en font partie[21]. Il s'agit des Spinelli, qui travaillaient pour les Médicis, de Roberto Albizzi, de Giovanni Altoviti, de Luigi et de Carlo Antinori, marchands merciers, de Zanobi Bartoli, de plusieurs membres de la famille Del Bene, établis à Lyon depuis le XIIIe siècle, des Buondelmonti, de plusieurs membres de la famille Capponi, banquiers, ambassadeurs auprès du roi Charles VIII, dont l'un des fils, Agostino, fit partie de l'Académie « degli Orti Oricellari », c'est-à-dire celle qui fut remise sur pied après la mort de Ficin et de Savonarole, de Filippo Frescobaldi, de Tommaso Guadagni, marchand immensément riche et amateur d'art, enfin des Pazzi, qui avaient établi un comptoir à Lyon dès 1466. On voit quel rôle fécond pouvait jouer la présence en France de tous ces hommes d'affaires riches et puissants, impliqués de près ou de loin dans toutes les décisions commerciales et politiques de leur cité, et gravitant tous autour de la personne du néoplatonicien le plus puissant de Florence, sinon le plus illustre, c'est-à-dire Laurent de Médicis.

Alors que Sassetti devait contribuer le plus largement de tous, peut-être, à la diffusion du néoplatonisme, la position de Tommaso Portinari permettait néanmoins à ce dernier de se trouver en contact lui aussi avec des personnages qui étaient déjà réceptifs, en raison de leurs goûts personnels ou de leur éducation, à la mode de l'antique. Charles le Téméraire est l'un de ces personnages. Le dernier chef de la maison de Bourgogne était « plus proche des héros de l'Antiquité que

21. Ce recensement a été fait par le comte de Charpier-Fougerolles dans son ouvrage, *Les Florentins à Lyon*, Lyon, 1894.

des soutiens de la foi chrétienne[22] ». Loin de reprendre à son compte le vieil idéal de chevalerie et d'amour courtois que son père, Philippe le Bon, s'était appliqué à remettre à l'honneur à la cour, Charles s'identifiait, semble-t-il, aux héros de l'Antiquité : Alexandre, Hannibal, et surtout Cyrus, roi des Perses. Il connaissait les hauts faits de Jules César, de Pompée et d'autres empereurs et généraux grecs et romains, et se plaisait à les évoquer[23]. Il avait d'ailleurs à son service une troupe de mercenaires italiens. Dans la traduction en français de l'histoire de Cyrus, à partir de la version latine de Xénophon, que fit pour lui l'humaniste portugais Vasque de Lucène alors à son service, sous le titre *Traité des faiz et haultes prouesses de Cyrus*, le duc Charles trouvait un exemple qui lui convenait parfaitement : celui d'un empereur conquérant. De plus, cette histoire d'un monarque ancien et étranger n'avait pas que des qualités exotiques ; « elle présentait aussi une image du prince issue de l'expérience antique [qui] invitait [le duc] à prendre une conscience nouvelle de la chose publique. Par le truchement d'une histoire perse et l'intermédiaire de la traduction latine, c'est la voix de Socrate que là, il entendait[24]. »

Bien que l'imposante bibliothèque de son père, Philippe le Bon, ne comportât pas de manuscrits en langue grecque ni d'écrits de Platon, la liste des livres dont Charles avait hérité comprenait la plupart des grands auteurs classiques comme Cicéron, Salluste, Tite-Live, Senèque, Macrobe, Ovide, Juvénal et Valère Maxime, ainsi qu'Aristote et Flavius Josèphe dans des traductions françaises[25]. De sorte que ce souverain, que l'on a l'habitude de situer fermement dans le temps et dans l'espace culturel du Moyen Âge, finissant certes, mais encore loin de la Renaissance, du moins en France, apparaît comme beaucoup plus proche de celle-ci dans ses lectures et dans son

22. Danielle Gallet-Guerne, *Vasque de Lucène et la Cyropédie à la cour de Bourgogne (1470)*, Genève, 1974, p. 39.

23. *Ibid.*

24. *Ibid.*, p. 41.

25. *Ibid.*, p. xi.

environnement esthétique qu'on a tendance à le penser généralement. C'est d'ailleurs à partir de son règne que la mode manifeste les premiers changements fondamentaux qui vont introduire la silhouette rectangulaire par opposition à la silhouette triangulaire.

Quant à Tommaso Portinari lui-même, il n'était pas, à l'évidence, un simple fournisseur de tissus pour le duc puisqu'en 1473 il était désigné, comme Vasque de Lucène, le conseiller de Charles le Téméraire, pour assister à la rencontre entre l'empereur Frédéric III et le duc qui eut lieu cette année-là. Pour cet événement, Portinari, diplomate occasionnel mais marchand permanent, avait livré des draps d'or, d'argent et de laine ainsi que plusieurs aunes de satin cramoisi[26], sans doute pour habiller les participants et leurs suites, et tendre de riches tissus les murs de la pièce où se tint la rencontre, comme le voulait la coutume.

Alors que la position philosophique de Sassetti est connue, celle de Portinari ne l'est pas avec certitude. Il est possible que, ayant passé de longues années en Flandre, il se soit peu soucié de néoplatonisme. Mais il est certain qu'il tenait à donner de lui et de sa famille une image que l'on pourrait qualifier de moderne, cela lui étant utile à la fois là où il exerçait son négoce, c'est-à-dire à Bruges, à Bruxelles ou à Dijon, mais aussi là, à Florence, sa patrie, où il devait retourner comme le faisaient généralement tous ses compatriotes, après avoir servi à l'étranger leurs princes et employeurs, les Médicis, pendant un temps plus ou moins long. C'est pourquoi il choisit un artiste flamand de grande renommée, Hugo van der Goes, pour exécuter son portrait et celui de sa famille, de part et d'autre d'une nativité. Ce célèbre triptyque (Pl. XI), aujourd'hui aux Offices, était destiné à la chapelle de la famille Portinari au couvent de Sant'Egidio, à Florence. Mais il est permis de se demander si, une fois le tableau arrivé à Florence en 1483, au lieu de susciter l'admiration, voire l'envie, des concitoyens de Portinari, il ne sembla pas au contraire passa-

26. *Ibid.*, p. 18.

blement démodé par comparaison avec la production artistique locale. Démodé, il l'était certainement du point de vue vestimentaire. En effet, le long hennin que porte la femme de Tommaso Portinari, Maria, son décolleté en forme de V, sa large ceinture haut placée sous le buste, tout cela n'a plus rien à voir avec ce que portent alors les élégantes Florentines, ni d'ailleurs les autres femmes de la péninsule, ni même celles de l'hexagone.

Le rôle que joua donc Portinari dans le domaine de la mode – ce n'était sans doute pas son intention – fut plutôt celui d'un antiquaire que celui d'un précurseur : à travers le tableau de van der Goes, il montrait aux Florentins exactement ce qui s'était fait dix ans auparavant dans un milieu, celui de la cour de Bourgogne, qui venait de sombrer avec la mort de Charles le Téméraire en 1477. Rien n'est plus fatal à la mode que la disparition de ses icônes ; en 1483, à Florence comme à Paris, et sans doute à Dijon, à Bruxelles et ailleurs, les hommes et les femmes allaient abandonner les habits d'une cour naufragée pour endosser ceux qui les rapprocheraient le plus possible de l'idée, approximative et déformée certes, qu'ils se faisaient de la mode antique, la seule capable de projeter, du moins le croyaient-ils, l'image de la nouvelle beauté ainsi que celle des nouveaux princes civils ou ecclésiastiques au pouvoir.

En ce qui concerne l'influence de Francesco Sassetti, il est difficile de la surestimer. Il s'agit d'un homme qui fréquente non seulement Laurent de Médicis – et le conseille –, mais aussi le roi de France Louis XI d'abord, puis les rois Charles VII et Charles VIII. C'est également un intellectuel doublé d'un homme de goût, qui commande à l'un des peintres les plus en vogue de son temps, Domenico Ghirlandaio, les fresques de la chapelle familiale destinée à abriter son tombeau et celui de sa femme dans l'église de Santa Trinita à Florence. Selon André Chastel, « cet ouvrage, à la fois étrange et magnifique, donne du moins une idée du goût d'un grand marchand florentin à cette date ; il est aussi remarquable en son genre et riche d'intentions "humanistes" que la villa de Poggio [a Caiano] dans l'ordre de l'architecture[27]. »

Les fresques, peintes entre 1475 et 1479, représentent des épisodes de la vie de saint François, ainsi que des sibylles[28]. Dans l'une des fresques intitulée *Confirmation de la règle franciscaine,* Ghirlandaio a eu recours à un procédé tout à fait inhabituel : celui de montrer six personnages (les cinq sens et le libre arbitre ?) en train de monter un escalier invisible, de sorte que l'on ne voit que le buste du premier, celui qui se trouve en haut, puis que les épaules des suivants, puis que leur tête puis qu'une partie du cou de celui qui vient en dernier. Ces personnages ne sont rien moins que des membres importants de l'élite florentine puisqu'il s'agit du poète et humaniste Ange Politien et de ses élèves Piero, Giovanni et Giulio de Medicis, de Matteo Franco, autre humaniste-précepteur, et de Luigi Pulci (fig. 57).

Debout au-dessus d'eux sur le sol se trouvent Antonio Pucci, Laurent de Médicis lui-même avec, à son côté, Francesco Sassetti et le plus jeune fils de ce dernier (fig. 58). L'intérêt de ce dispositif visuel est évidemment politique, et il souligne assez l'importance de Sassetti au sein de l'élite florentine. Mais il est aussi intéressant à d'autres titres dont, curieusement, les historiens de l'art n'ont jamais, semble-t-il, fait la remarque. D'abord par son utilisation audacieuse de la science de la perspective, car Ghirlandaio, voulant donner une profondeur accrue à son tableau, y arrive manifestement en utilisant cette profondeur virtuelle qu'est l'escalier, dont seul un bout de marche est visible. En second lieu, parce que l'escalier fonctionne comme symbole de cette ascension de la vie active vers la vie contemplative dont les néoplatoniciens – Ange Politien parmi eux – avaient fait le chemin à suivre pour atteindre au divin, quoique ce divin ait pu être ici la simple paix de l'âme après la mort. Ainsi Domenico

27. *Art et humanisme au temps de Laurent le Magnifique,* Paris, 3e éd., 1989 (éd. or. 1959), p. 165.

28. Emma Micheletti, *Domenico Ghirlandaio,* Florence, 1992.

Ghirlandaio, peintre généralement tenu pour un mondain, dans le sens où il est resté célèbre pour sa représentation fidèle des modes du temps, se révèle ici au contraire si bien pénétré de l'esprit du néoplatonisme ambiant qu'il en donne à ses clients, à travers la montée de l'escalier par ses personnages, une vision littérale d'autant plus parlante qu'il y inclut les membres les plus éminents de cette académie philosophie nouvelle[29].

Les fresques de la chapelle Sassetti ne sont d'ailleurs pas les seules de Ghirlandaio où figure ce procédé, puisqu'il est utilisé par le peintre à Santa Maria Novella, dans celles qui décorent la chapelle familiale des Tornabuoni, famille de banquiers et de marchands, parents par alliance des Médicis, située plus haut encore que les Sassetti dans l'échelle sociale de Florence. Ces fresques, peintes par Ghirlandaio à partir de 1485, représentent des scènes de la vie de la Vierge et de saint Jean-Baptiste, et elles constituent son œuvre la plus célèbre. Dans le panneau où figure l'apparition de l'ange à Zacharie, Ghirlandaio a placé trois personnages se tenant debout dans une sorte de trou, que l'on devine être un escalier, de sorte que l'on ne voit que leur buste. Il y a là deux très jeunes gens aux longs cheveux, blonds comme il se doit, encadrant un homme d'âge mur et qui porte l'un de ces amples vêtements sans forme, sorte de cape à manches, que revêtaient les hommes de bien et les « philosophes » florentins ; il pourrait donc s'agir d'un précepteur de ces deux adolescents ou encore d'un membre de la famille simplement plus âgé et par conséquent plus sage. En tout état de cause, nous nous trouvons là devant une deuxième manifestation de la même idée néoplatonicienne, c'est-à-dire celle de la jeunesse guidée vers l'ascension spirituelle par un homme d'expérience, en même temps qu'une utilisation du même procédé de perspective, encore plus maîtrisé sur le plan technique. Que le néoplatonisme ait fait partie des préoccupations, réelles ou de simple

29. Nous préparons un ouvrage sur le néoplatonisme apparent de Ghirlandaio.

circonstance, des Tornabuoni, est bien mis en évidence dans cette même fresque à travers les portraits, eux aussi situés à mi-corps dans un trou qui fait pendant à celui où se trouvent les trois premiers personnages, des plus importants penseurs de la cité, c'est-à-dire Marsile Ficin lui-même, Cristoforo Landino, Demetrio Greco et Ange Politien, qui figurait déjà sur les fresques de la chapelle Sassetti (fig. 59).

Outre ce portrait de Politien, on peut également noter les similitudes dans la composition de ces deux ensembles de fresques, ou du moins dans celles où sont représentés les commanditaires respectifs ; ce qui donne à penser que le peintre Ghirlandaio, alors au sommet de sa gloire mondaine, pouvait se permettre – peut-être le lui demandait-on d'ailleurs – de faire la même chose pour les Tornabuoni que ce qu'il avait fait dix ans auparavant pour les Sassetti, le snobisme cherchant d'abord à intégrer les modes, qu'elles soient philosophiques ou vestimentaires, pourvu que les signes en soient reconnus de tous. Bien entendu ces fresques, une fois achevées, pouvaient être, devaient être pourrait-on dire, vues de tous les paroissiens se rendant à l'église, sinon de toute la population de la ville, comme des visiteurs qui arrivaient alors en nombre à Florence.

Mais c'est encore une autre fresque de la même série qui paraît également présenter un aspect typiquement néoplatonicien. En effet, dans *Le festin d'Hérode*, le personnage de Salomé, dansant devant le roi et ses hôtes, est figuré selon les nouveaux critères de la beauté platonicienne, à la fois au niveau des vêtements qu'il porte et au niveau de la silhouette morphologique qu'il présente (fig. 60). La robe de couleur bleutée de Salomé est retenue aux hanches de façon à former une basque bouffante à l'antique. Mais le corps de la danseuse comme l'expression même de son visage sont tout entiers masculins : le torse est totalement dénué de la moindre indication de la féminité, pourtant célèbre, de Salomé ; les épaules sont très larges, les tendons du cou sont tirés par l'effort, la bouche aux lèvres minces est close, et la ligne de la mâchoire semble tendue comme si le personnage serrait les dents. L'impression d'ensemble que donne la figure de Salomé n'est pas même celle d'un ange, car elle n'est pas empreinte d'une sublime douceur ; elle n'est pas non plus androgyne, dans le sens où l'ambiguïté quant à son véritable sexe n'est pas véritablement évoquée puisque, si l'on s'en tenait au seul aspect physique, l'on croirait se trouver devant une représentation d'un homme déguisé en femme. Il ne semble pas improbable qu'un jeune garçon ait posé pour ce personnage, que l'on a ensuite habillé, voire affublé, de vêtements féminins.

Par contraste, deux figures masculines de la fresque de la même série, représentant le baptême du Christ, celle du Christ lui-même et celle du néophyte (fig. 61), sont composées selon le même canon rectangulaire de la beauté que la figure de Salomé, mais avec, au contraire de cette dernière, une carnalité qui les apparente à des corps féminins. Le ventre du Christ est replet comme celui d'une femme nouvellement enceinte, et sa poitrine large est plate mais charnue comme celle d'une femme d'âge mûr ; ses cheveux sont longs et déliés et, n'était sa barbe en pointe, ses mains délicatement jointes au bout des doigts et son visage doux aux yeux baissés auraient quelque chose de sulpicien avant la lettre. Quant au néophyte qui se tient les bras croisés, attendant son tour d'être baptisé, sa hanche grassouillette soulignée d'un pli et ses omoplates saillantes sont celles d'une femme, comme le sont ses fesses bien remplies mais légèrement tombantes. À l'inverse de Salomé, on croirait voir ici une femme ayant posé comme modèle pour la partie supérieure du corps, auquel on aurait rajouté des jambes masculines par l'épaisseur de leur cheville mais sans la moindre trace de musculature. Le visage du néophyte, encadré de cheveux coiffés au fer en rouleau bas sur la nuque, est imberbe, ce qui paraît incongru par rapport à l'aspect de son corps, qui est celui d'une personne d'âge mûr. Malgré ces traits morphologiques féminins, ces deux silhouettes s'inscrivent bien dans un rectangle et non pas dans un triangle.

Le frère de Domenico Ghirlandaio, Davide, devait participer à la réalisation de ces fresques, comme le précise le contrat signé entre les deux frères et le commanditaire, Giovanni Tornabuoni, le 1er septembre 1485[30]. C'est le même Davide qui devait composer et exécuter une mosaïque représentant l'Annonciation, sur commande de l'église Saint-Merri à Paris ; celle-ci se trouve aujourd'hui exposée dans la chapelle du Musée national de la Renaissance, au château d'Écouen. Elle fut installée en grande pompe à Saint-Merri par le président du Parlement de Paris en 1496[31].

Au cours de ces mêmes années 1480-1490, un autre frère et collaborateur de Domenico, Benedetto Ghirlandaio, était appelé à la cour des Bourbons à Aigueperse, où se trouvait alors Anne de Beaujeu, et y passait, semble-t-il, plusieurs années[32]. Il y exécuta pour Gilbert de Bourbon, comte de Montpensier, une Nativité qui se trouve encore aujourd'hui exposée dans l'église Notre-Dame d'Aigueperse, et que l'on date d'entre 1483 et 1496[33]. L'attention portée à la mode vestimentaire de ses personnages de la part de Ghirlandaio a été soulignée par Vasari[34]. Son frère ayant été son collègue, il semble logique de penser qu'il avait abordé ce sujet avec ses

30. Micheletti, *op. cit.*, p. 38.

31. Herman Egger, *Codex Escurialensis, Ein Skizzenbuch aus der Werkstatt Domenico Ghirlandaio's*, Soest, 1975 (Vienne, 1905-1906), p. 134. Étant donné l'importance de cette cérémonie, on est fondé à se demander si ne s'y trouvait pas un personnage officiel comme le commanditaire de la tapisserie de *La dame à la licorne*, Jean IV Le Viste, alors président de la Cour des aides et qui avait été conseiller au parlement, les costumes de la dame à la licorne montrant une incontestable influence italienne dans les détails, indépendamment même de leur silhouette rectangulaire d'inspiration néoplatonicienne.

32. Géza de Francovich, « La Nativité d'Aigueperse, signée de Benedetto Ghirlandaio », dans *Daedalo*, s.l., 1925-1926, p. 708-739. En assez mauvais état, ce tableau n'a pu être photographié par nous.

33. Voir la notice sur ce tableau dans *Sparsae, revue de l'Association culturelle Aigueperse et ses environs*, décembre 1994, p. 5-6.

34. Vasari indique que les personnages des fresques de Ghirlandaio, notamment celles de l'église de la Sainte-Trinité à Florence, et celles de la chapelle Sassetti en particulier, montrent les dames habillées à la dernière mode, et que Ghirlandaio fut le premier peintre à savoir imiter parfaitement les couleurs des galons et franges dorés que l'on portait à cette époque ; Giorgio Vasari, *The Lives of the Artists*, nouvelle traduction de Julia Conaway Bondanella et Peter Bondanella, Oxford-New York, 1991, p. 212-213.

nobles clientes de la cour de Bourbon, au nombre desquelles il y avait déjà un membre de la famille des Gonzague, la femme de Gilbert de Bourbon-Montpensier, que ce dernier avait épousée en 1481 ; le saint Sébastien de Mantegna, aujourd'hui au Louvre, avait été amené de Mantoue par la jeune femme à cette occasion, peut-être comme faisant partie de sa dot. Pour ce qui est de la Nativité de Benedetto, elle ne comporte pas moins de seize jeunes enfants aux très longs cheveux, sans doute des petits garçons, habillés de souples tuniques droites légèrement bouffantes au-dessus de la taille et auxquels il ne manque plus que des ailes pour être des anges. Les deux plus grands, agenouillés devant la Vierge, portent d'ailleurs des halos au-dessus de leur tête sans toutefois porter des ailes. On a l'impression de se trouver là devant un ensemble d'adolescents, membres d'une de ces confréries florentines que devait bien connaître Benedetto Ghirlandaio, et que l'on utilisait dans les processions ou dans les représentations de mystères, comme des figurants angéliques, les mêmes, en quelque sorte, que ceux qui figurent aux fresques de Domenico, le plus célèbre des trois frères. La représentation d'une enfance angélique est si conforme à l'esprit du néoplatonisme de l'époque qu'il ne peut s'agir d'une coïncidence. On ne sait pas si Benedetto était néoplatonicien comme nombre de ses collègues artistes, mais, au vu de cette œuvre, l'on peut supposer sans trop de risque qu'il était conscient, comme l'était à l'évidence son frère, de ce courant d'idées et de ses répercussions artistiques. Avec cette Nativité et le saint Sébastien de Mantegna, la petite mais importante cour d'Aigueperse, très italianisante au demeurant, fait figure d'avant-poste artistique d'un néoplatonisme à la mode ficinienne, qui ne dit peut-être pas encore son nom mais qui se manifeste là de façon éclatante et publique.

Plutôt que Giovanni Tornabuoni qui partageait son temps entre Florence et Rome, c'est bien Francesco Sassetti qui est susceptible d'avoir fait connaître et recommandé les Ghirlandaio à la famille du mari de la régente de France et fille de Louis XI, Anne de Beaujeu, puisque ce fut lui qui s'occupait des affaires françaises de la banque Médicis. On sait par exemple que Sassetti prêtait de l'argent aux rois de France, pour le compte de la banque. Pour couvrir les frais occasionnés par la venue de Charles VIII à Vienne en 1490, notamment, Francesco Sassetti avança la somme considérable de 1 650 écus d'or, plus 33 autres pour payer la transaction elle-même, cet argent étant à son tour prêté à divers marchands déjà clients de la banque pour faire les achats nécessaires à la cérémonie d'entrée du roi dans la ville[35].

À Florence, où il était membre du cercle le plus rapproché du pouvoir, Francesco Sassetti ne pouvait manquer de rencontrer Marsile Ficin. Le marchand était assez intime avec le philosophe pour que ce dernier lui écrive une lettre dans laquelle il fait compliment à Sassetti de sa villa nouvellement construite (entre 1475 et 1480) à Montughi, aux environs de Florence[36]. L'architecture de cette villa était, semble-t-il, le résultat d'un concept strictement néoplatonicien, c'est-à-dire que ses proportions harmonieuses s'efforçaient d'être le reflet sensible des lois harmoniques qui régissent l'univers. Sassetti y avait fait ériger deux chapelles jumelles, ce qui, selon Ficin, « multipliait par deux la solennité religieuse » de l'endroit[37]. Il ne reste malheureusement rien de cette villa ni de ses chapelles, mais on a pu suggérer que ces dernières étaient peut-être analogues à celles du palais d'Urbino, construites exactement à la même époque et consacrées l'une aux muses, et l'autre au Saint-Esprit[38].

Ainsi Francesco Sassetti est-il un exemple à la fois caractéristique et exceptionnel de ce mouvement de culture qu'on appelle l'humanisme et qui devait s'affirmer, selon la formule d'Eugenio Garin, « avant tout hors de l'"école",

35. Bernard Guenée et Françoise Lehoux, *Les entrées royales françaises de 1328 à 1515*, Paris, 1968, p. 216.

36. Chastel, *op. cit.*, p. 171.

37. *Ibid.*

38. *Ibid.*

chez des hommes d'action, des politiciens, des nobles, des chanceliers de républiques, jusque chez des condottieri et des marchands[39]... »

Cet homme, que Warburg qualifiait de « marchand et humaniste, catholique dévot et érudit païen, humble pilier d'église et donateur munificent[40] », ne pouvait manquer d'exercer une influence de premier plan sur les hommes et les femmes qu'il venait à côtoyer au cours de ses voyages d'affaires. Il se trouve que la maison de famille des Le Viste, à Lyon, où ils étaient marchands drapiers, était située à proximité de celle occupée par la branche lyonnaise de la banque Médicis, celle donc où se rendait Francesco Sassetti pour ses affaires ; le commanditaire de *La dame à la licorne* ne pouvait pas ne pas connaître ce voisin de sa famille, si bien introduit dans les milieux de la cour où Jacques Le Viste avait lui-même ses entrées.

Outre Francesco, un autre membre de la famille Sassetti, Cosimo, gérant lui aussi des intérêts de la banque Médicis à Florence, avait des rapports suivis avec des membres haut placés de la cour de France. Au cours de l'année 1489 par exemple, le Bourguignon Guillaume de Rochefort, chancelier du roi Louis XI et ancien ambassadeur de Charles le Téméraire en Italie, demandait à Cosimo Sassetti de lui procurer des manuscrits anciens, requête à laquelle Cosimo satisfaisait par l'envoi d'un manuscrit provenant de l'humaniste Bartholomeus Fontius et contenant la description de monuments anciens ainsi que la copie des inscriptions portées sur ceux-ci[41].

Cosimo Sassetti servit également d'intermédiaire dans une autre affaire de cadeau diplomatique médicéen à la cour de France, celle de la girafe. En 1487, l'envoyé du sultan Bajazet II,

39. *Moyen Âge et Renaissance*, Paris, 1969 (éd. or. 1954), p. 9.

40. Cité par Friedrich Saxl dans « The Classical Inscription in Renaissance Art and Politics », in *Journal of the Warburg and Courtauld Institutes*, vol. IV, nos 1-2, Londres, 1940-1941, p. 19-46, p. 21.

41. *Ibid.*, p. 37.

dont le frère Zizim[42] était retenu prisonnier en France, se rendit à Florence pour demander les bons offices de Laurent de Médicis en tant qu'intermédiaire auprès de Louis XI en vue de la libération du prince Zizim ; en guise de remerciement anticipé, l'envoyé turc[43] amenait avec lui une girafe ; Laurent de Médicis promit alors l'animal à Anne de Beaujeu, devenue régente de France. La girafe n'étant pas encore arrivée au mois d'avril 1489, la régente écrivit une lettre pressante à Laurent : « Cest la beste du monde que jay plus grant desir de veoir. » Hélas ! la bête était morte en chemin. C'est encore à Cosimo Sassetti qu'il incomba de trouver un remède à cette petite tragédie diplomatique. Il s'y employa en proposant de substituer à la girafe l'un des flacons d'essence rare qu'avait également envoyé le sultan à la cour des Médicis. Ce qui fut fait, à la satisfaction apparente des époux Beaujeu[44]. C'est dire l'importance des relations de la famille Sassetti avec les membres les plus influents de la société française de l'époque.

Il est possible de se faire une idée finalement assez précise des vêtements que portaient Francesco Sassetti et les membres de sa famille à partir, justement, des fresques de la chapelle de l'église de Santa Trinita à Florence[45] (fig. 62). Pour ce qui est des costumes d'homme, celui de Francesco paraît bien typique de la mode florentine de son temps, puisque tous les personnages adultes et masculins de la fresque, les laïcs s'entend, sont habillés peu ou prou de la même façon : un manteau en drap écarlate – c'est-à-dire de la meilleure qualité – rouge ou bleu, aux épaules larges mais basses, tombant droit jusqu'aux pieds et dont les manches très larges sont égale-

42. Rappelons que c'est précisément la captivité de ce prince en France qui donna lieu à la légende selon laquelle la tenture de *La dame à la licorne* aurait été commandée par Zizim (ou Djim) ; voir à ce sujet Erlande-Brandenburg, *op. cit.*, p. 13.

43. Saxl, *op. cit.*, p. 38.

44. *Ibid.*

45. Voir également le portrait de Sassetti et de son plus jeune fils, Teodoro, par le même Ghirlandaio, aujourd'hui conservé au Metropolitan Museum de New York dans la collection Jules Bache.

ment très longues. Certains hommes, ici Laurent de Médicis par exemple, portent une tunique, dont la coupe générale est cependant la même que celle du manteau ; en effet, elle couvre le corps complètement, de la naissance du cou aux chevilles, sans aucune ceinture pour marquer la taille. Les manches du vêtement de dessous apparaissent alors, et elles sont étroites et serrées, avec des crevés d'aisance aux poignets. La silhouette générale de ces deux variantes s'inscrit donc dans un rectangle parfait, une sorte de boîte en vérité, dans laquelle le porteur semble paradoxalement enfermé malgré l'ampleur d'aisance de la coupe. Quant au signifié immédiat d'une telle apparence, il ne peut être perçu que comme celui d'un « moine laïc » ou d'un clerc, puisque les deux seuls éléments qui différencient ce vêtement d'un vêtement monastique – dont plusieurs sont représentés sur la fresque de la Confirmation de l'ordre franciscain – sont la capuche et la ceinture que portent les moines, encore que pour cette dernière elle soit cachée par un repli de l'habit monacal. Les manches larges, où l'on peut enfiler les mains comme dans un manchon, dans une attitude traditionnellement associée à la vie monastique, sont exactement les mêmes pour les laïcs et pour les ecclésiastiques qui figurent sur les fresques. Cela est également vrai des portraits de Giovanni Tornabuoni, exécutés par le même Ghirlandaio dans la chapelle de Santa Maria Novella. Giovanni y porte le même genre d'ample manteau que Sassetti, à ceci près que la coupe est celle d'une cape dont les pans relevés forment des sortes d'immenses manches. Les lettrés, dont Ficin, qui figurent sur les fresques de la famille Tornabuoni sont eux aussi habillés de la même façon : un grand rectangle de tissu – fait de plusieurs morceaux coupés en forme et assemblés – est placé sur leurs épaules et les couvre de la tête aux pieds. La similitude vestimentaire entre Tornabuoni et Sassetti est encore plus grande dans leur représentation respective en prière, à la fois comme donateurs et comme occupants de leur tombeau : tous les deux sont représentés les mains jointes, enveloppés d'un vêtement si ample qu'il paraît être une chape, mais qui ne diffère pas sensiblement, pour ce départ dans la sphère contemplative de l'âme immortelle qu'est la mort, de celui qu'ils portaient dans la vie active, telle que l'a présentée Ghirlandaio (fig. 62, 63).

Nera Corsi et Francesca Pitti, mariées respectivement à Sassetti et à Tornabuoni, portent exactement le même vêtement et présentent donc la même silhouette : seul le bout de leurs doigts apparaît sous les longues manches de leur robe au décolleté carré qui donne à leur poitrine l'aspect légèrement bombé des cuirasses métalliques des soldats et des capitaines de l'époque. Elles portent sur la tête un voile blanc qui retombe sur leurs épaules (fig. 64, 65). Les quatre portraits sont datés à dix ans d'intervalle, ceux de la famille Sassetti en 1480, ceux de la famille Tornabuoni en 1490, mais ils sont si semblables dans le vêtement qu'on les croirait exactement contemporains. Le contraste entre la couleur sombre des deux robes bleu foncé et le blanc cru du voile de tête que portent Nera et Francesca fait irrésistiblement penser à un habit de nonne plutôt qu'à celui de deux des femmes les plus riches de la Florence du XVe siècle. Il y a parfaite correspondance entre les maris et leurs femmes à ce niveau du signifié vestimentaire, l'un étant monacal et l'autre conventuel. Rien ne pouvait s'accorder autant avec les nouvelles doctrines néoplatoniciennes de chasteté et de recherche de l'amour divin. Rien ne pouvait faire plus contraste avec la tradition précédente, qui était de représenter, dans leurs plus beaux atours et parés de leurs bijoux et des insignes de leur rang, les donateurs d'une œuvre destinée à une église ou bien les « morts virtuels » d'un tombeau exécuté avant la mort réelle de ses riches ou nobles occupants.

Par comparaison, la femme de Tommaso Portinari avait été représentée sur l'un des volets du triptyque d'Hugo van der Goes vers 1475-1477, soit quelques années auparavant seulement, portant une robe sombre, certes, mais agrémentée d'un somptueux collier ouvragé, ainsi qu'un hennin très pointu garni d'un voile diaphane ; autrement dit, il s'agissait d'un ensemble mode mais dont le signifié est à l'opposé de celui des époux Sassetti en ce qu'il impliquait la vie active et patricienne de Maria et non pas la vie contemplative.

Sassetti et sa femme ne sont sans doute pas les seuls responsables de l'adoption de cette mode austère qui devait rapidement se propager d'Italie en France et un peu partout en Europe à partir justement de la fin des années 1470. Ils sont en revanche les représentants particulièrement typiques de cette nouvelle classe de bourgeois cosmopolites et lettrés, intéressés par les problèmes philosophiques soulevés par les intellectuels de leur temps, et amenés, par leurs relations et leur travail, à entrer en contact avec toute la bonne société européenne de leur époque : la façon dont ils étaient habillés ne pouvait laisser cette société indifférente, dans la mesure où elle lui fournissait le moyen le plus simple de se parer de l'habit de la nouvelle philosophie. L'habit ne fait pas le moine, dit-on, mais, à la fin du XVe siècle, il fait bien le néoplatonicien.

3. Les diplomates

Avec les étudiants et les marchands – et les peintres auxquels ceux-ci confient le soin de les représenter –, les diplomates constituent l'autre catégorie de la société du XVe siècle finissant susceptible d'avoir contribué, directement ou indirectement, à la propagation du néoplatonisme florentin en France, au niveau philosophique comme au niveau vestimentaire. Quasiment tous les ambassadeurs auprès de la cour de France de la seule ville de Florence étaient des membres plus ou moins actifs de l'académie de Marsile Ficin, ainsi que des écrivains classicisants. Dans ces conditions, le vêtement qu'ils portaient devait refléter leur statut officiel de diplomates mais aussi leur statut de lettrés, condition qui était en train de devenir plus importante à leurs yeux ainsi qu'à ceux de la société, que celle de simple serviteur d'un prince ou d'un État.

La liste suivante[46], montre bien la qualité de ces hommes, dont la présence en France, parfois brève et unique, parfois longue et répétée, dut faire impression sur les esprits de l'époque, parce qu'ils apportaient avec eux des idées nouvelles non seulement sur la vie politique mais aussi sur la vie spirituelle. En dialoguant avec eux, il devenait évident que l'analyse d'une situation aux implications historiques ou religieuses ne pouvait plus se faire sans recourir à ces nouvelles références qu'étaient la connaissance de l'Antiquité et de sa pensée, et la croyance en la perfectibilité de l'homme.

Les plus connus de ces ambassadeurs florentins sont peut-être les deux membres de la famille Acciaiuoli, Donato et Angelo. Donato était versé dans les littératures grecque et latine ; il était l'auteur de commentaires sur la morale et sur la politique d'Aristote, le traducteur des vies d'Alcibiade et de Démosthène, de Plutarque, etc. Bien que plus aristotélicien que néoplatonicien, Donato était l'ami et le correspondant des plus célèbres humanistes de son temps, comme Francesco Filelfo, Leonardo Bruni et bien entendu Marsile Ficin. En 1456, Donato et ses amis réussissaient à faire nommer le savant byzantin Argyropoulos à l'université de Florence, où son enseignement de la pensée grecque marque le début officiel du néoplatonisme comme une sorte de doctrine sinon de l'État florentin, du moins de l'élite florentine[47]. Donato fut nommé ambassadeur à la cour de France en 1473, mais déjà en 1461, à l'occasion de l'avènement de Louis XI, Donato dédia à ce souverain son histoire de Charlemagne, portrait d'un prince idéal pratiquant, dans l'exercice de son office, les règles de l'éthique aristotélicienne, auxquelles souscrivait Donato[48]. Il mourut alors qu'il se trouvait en chemin pour la

46. Cette liste a été établie à partir du livre d'André Desjardins, *Négociations diplomatiques de la France avec la Toscane, Documents inédits*, 5 vol., Paris, 1859-1886.

47. Eugenio Garin, « Donato Acciajuoli, citoyen de Florence », p. 167-217, dans *Moyen Âge et Renaissance*, Paris, 1969, p. 183.

48. *Ibid.*, p. 204.

France une fois encore pour le compte de Florence, lors de l'affaire des Pazzi, en 1478. L'éloge funèbre de Donato fut rédigé par Roberto Landino et prononcé par le plus célèbre poète de l'académie néoplatonicienne de Marsile Ficin, Ange Politien lui-même[49]. Quant à son cousin, Angelo Acciaiuoli, compromis dans la conjuration des Pazzi en 1478, il avait été ambassadeur en France en 1451.

Filippo Valori était membre des « huit de pratique » (Otto di pratica), le ministère des affaires étrangères de Florence en quelque sorte, d'où ses relations diplomatiques avec la cour de France. Selon Desjardins, il était admis dans l'intimité de Laurent de Médicis, d'Ange Politien et de Marsile Ficin, et prit une part active à la publication des travaux de l'école platonicienne ; en 1483 il fut l'un des réformateurs de l'université de Pise. Le roi Matthias Corvin l'avait appelé en Hongrie où il enseigna la philosophie de Platon pendant plusieurs années[50].

Nicolo Michelozzi, ambassadeur à Naples et en France, était le fils du sculpteur et architecte Michelozzo di Bartolomeo, collaborateur de Donatello et constructeur, entre autres, du palais Medici-Riccardi et de la villa de Cosme Ier à Careggi, c'est-à-dire sur les lieux mêmes de l'académie néoplatonicienne. Il n'est pas étonnant dès lors que Nicolo soit devenu l'élève de Marsile Ficin auquel, toujours selon Desjardins, « il était uni par les liens de la plus tendre amitié ; il devint… un des écrivains les plus élégants de l'Italie[51] ».

Bernardo Rucellai, membre d'une des familles les plus puissantes et les plus riches de tout Florence, fut nommé ambassadeur auprès de Charles VIII en 1495. Il avait épousé la propre sœur de Laurent de Médicis, Naniuna. Après la mort de Laurent et l'éviction des Médicis, il tenta de reconstituer l'académie néoplatonicienne sous le nom d'Academia degli Orti

49. Desjardins, *op. cit.*, vol. I, p. 102.
50. *Ibid.*, p. 425.
51. *Ibid.*, p. 422.

Oricellari. Érasme le considérait comme « l'homme qui avait le mieux reproduit le style et la manière de Salluste[52] ».

Pierfilippo Pandolfini, notable important et membre de l'académie ficinienne, reçut le roi Charles VIII dans sa résidence de Signa, près de Florence, en 1495. Angelo Manetti, membre lui aussi de l'académie, « fut l'un des plus savants hommes de son temps[53] ». Il possédait parfaitement le latin, le grec et l'hébreu, et il a laissé de nombreuses traductions d'œuvres grecques et quelques traductions d'auteurs hébreux. Les autorités florentines le chargèrent d'une mission à la cour de Louis XI en 1476.

Gentile Becchi, évêque d'Arezzo, représenta Florence à l'avènement de Charles VIII en 1483 et fut chargé d'une seconde mission auprès de ce dernier en 1493. Proche de Laurent, dont il fut l'un des maîtres, il entretenait avec Marsile Ficin une vaste correspondance connue et admirée des lettrés[54].

Francesco Gaddi, membre fondateur de l'académie, fut lui aussi envoyé à la cour de France en 1480. Il y gagna les bonnes grâces de Louis XI qui le nomma conseiller et maître des requêtes[55]. Rappelons que Louis XI, alors qu'il n'était encore que le dauphin de France, avait appris à lire et à parler l'italien[56].

Mais parmi tous ces envoyés qui se succédèrent à la cour ou qui eurent l'occasion de rencontrer Louis XI ou Charles VIII, il en est deux qui brillent par leur importance intellectuelle ou politique et qui, tous deux, connaissaient les travaux de Ficin et de son académie. Il s'agit de Lorenzo di Pierfrancesco de' Medici et de Giovanni Cavalcanti. Le premier n'est autre que le neveu de Laurent le Magnifique, le jeune homme auquel était destiné le tableau de Botticelli, *La naissance de*

52. *Ibid.*, p. 608.
53. *Ibid.*, p. 103.
54. *Ibid.*, p. 104.
55. *Ibid.*
56. Paul Murray Kendall, *Louis XI*, Paris, 1974, p. 489.

Vénus, où la déesse représente la Vénus céleste, chère à Marsile Ficin, symbole de « l'esprit angélique tourné vers Dieu[57] ».

Le second est l'élève préféré de Marsile Ficin, celui-là même auquel Ficin dédicaçait son traité sur l'amour, et celui-là aussi avec lequel, selon l'expression d'André Chastel, le philosophe entretenait ce « commerce amoureux, passionné, attentif et sans aucune équivoque honteuse[58] », comme il convient à un maître et à son disciple. Giovanni Cavalcanti était membre de cette même famille patricienne dont le poète Guido Cavalcanti (v. 1255-1300), ami de Dante, fut l'un des plus illustres et des plus influents représentants du *Dolce stil nuovo.*

Lorenzo di Pierfrancesco de' Medici fut nommé ambassadeur en France à l'avènement de Charles VIII en 1483 puis, après une série d'intrigues politiques et d'aventures amoureuses qui le firent exiler à Castello, il se réfugia à Milan auprès de Ludovic le More d'où il fut à nouveau envoyé en France[59]. Quant à Cavalcanti, les autorités de Florence l'envoyèrent à la rencontre de Charles VIII en 1493[60], sans doute dans la suite de Savonarole.

On peut penser que tous ces riches marchands, humanistes de surcroît pour la plupart, tous ces patriciens florentins, hommes de lettres et diplomates, se sont présentés à leurs clients pour les uns, à leurs confrères ou alliés pour les autres, portant l'habit de l'idéal florentin par excellence, c'est-à-dire celui de l'humaniste néoplatonicien.

4. Pic de la Mirandole

Il est encore un autre homme célèbre qui entre, lui, dans la catégorie traditionnelle des passeurs d'idées, ces penseurs que j'avais indiqué vouloir écarter dans la mesure où ils ont

57. Raymond Marcel, *Marsile Ficin, De amore,* Paris, 1978, p. 60.
58. *Art et humanisme à Florence,* Paris, 1982, p. 293.
59. Desjardins, *op. cit.*, p. 199.
60. *Ibid.*, p. 599.

fait l'objet de très nombreux ouvrages érudits. Il s'agit de Pic de la Mirandole, qu'il était néanmoins impératif de mentionner, encore que brièvement, parce qu'il est particulièrement représentatif non seulement de l'esprit, mais aussi de la lettre de la mode de son temps. Le cas de Pic de la Mirandole dans la propagation de la mode néoplatonicienne est particulier en effet. Ce n'est pas dans son seul rôle d'humaniste, par ailleurs éminemment important, que nous le voyons exercer une influence sur la nouvelle approche de la mise en scène de soi apportée par le néoplatonisme. Pic est un personnage à la mode dans tous les sens du terme, non seulement par la réputation de sa pensée mais aussi par l'éclat de sa personne. Sa formation d'humaniste est d'ailleurs impeccable au regard des critères des néoplatoniciens puisqu'il avait appris le grec et l'hébreu, l'arabe et le chaldaïque[61]. Dès 1479, il se fit remarquer à Ferrare, dans les séances solennelles de l'université, par des discussions publiques[62], auxquelles assistèrent certainement les étudiants français qui se trouvaient dans la ville. Ami de Marsile Ficin, poète pétrarquisant à ses heures avant de devenir l'auteur d'une œuvre d'une « indéniable originalité[63] », Pic de la Mirandole était également un personnage en vue un peu partout en Italie avant de le devenir en France. Selon Dorez et Thuasne, que ce fût à Ferrare, à Padoue ou à Pavie, trois villes où il étudia et fit connaître publiquement ses idées, « … la beauté de Pic de la Mirandole, autant que sa richesse et la noblesse de son origine, autant que la ténacité de sa mémoire et la supériorité de son intelligence, l'avait désigné à l'admiration publique. Pour une partie au moins de ses condisciples et de ses maîtres, l'amour de l'Antiquité aidant, c'était un nouvel Apollon, un dieu visible comme ceux des temps héroïques[64]. » Comme tous ses contemporains néo-

61. Léon Dorez et Louis Thuasne, *Pic de la Mirandole en France (1485-1488)*, Genève, 1976 (éd. or. 1897), p. 7, p. 24.

62. *Ibid.*, p. 7.

63. *Ibid.*, p. 105.

64. *Ibid.*, p. 8.

platoniciens, Pic pratiquait le culte de l'amitié à l'antique ; il était lié avec Girolamo Benivieni, membre de l'académie ficinienne et, à la mort de celui-ci, survenue en 1542, une pierre tombale commune leur fut élevée dans le cloître de Saint Marc, portant une inscription à leur amitié indéfectible que la mort ne pouvait briser[65].

C'est précédé de cette réputation que Pic fit un premier séjour en France, entre juillet 1485 et mars 1486[66], au cours duquel il devait rencontrer Robert Gaguin, alors doyen de la faculté. C'est d'ailleurs avec la mission française à Rome, dont était chargée Gaguin, que Pic de la Mirandole revint en Italie et, à Florence, introduisit Gaguin dans le cénacle ficinien et auprès de Laurent de Médicis[67]. En 1487, après la condamnation par la curie romaine de son ouvrage *Conclusiones philosophicae, cabalisticae et theologicae,* Pic de la Mirandole se réfugia en France, où il devait être arrêté et incarcéré de façon assez rocambolesque. Cette affaire faisait grand bruit dans les cercles proches de la cour de France. L'un des membres de l'entourage de la régente Anne de Beaujeu plaida activement en faveur d'une libération de Pic. Il s'agit du comte Gilbert de Montpensier dont la femme était une Gonzague, originaire, comme Pic lui-même, de Ferrare[68]. Le retentissement considérable, notamment à Paris, de cette aventure, dont le héros était un jeune homme – Pic était alors âgé de 23 ans – beau, riche, savant, à l'avant-garde de la pensée la plus révolutionnaire de l'époque, fait sans conteste de Pic de la Mirandole l'un des personnages les plus romantiques de la fin du XVe siècle. On ne sait pas ce que portait Pic, mais l'hypothèse selon laquelle il aurait été vêtu des habits de l'humaniste militant semble pouvoir être proposée sans trop de risques.

65. « Ne disjunctus post mortem locus ossa separet quorum animos in vita conjunxit amor », cité par André Chastel, dans *Art et humanisme*..., p. 293, note 4.

66. Dorez et Thuasne, *op. cit.*, p. 28.

67. *Ibid.*, p. 46.

68. *Ibid.*, p. 95.

Comme peut être proposé son corollaire : l'influence de Pic de la Mirandole sur les esprits a dû également s'exercer sur les prolongements vestimentaires de cette nouvelle façon de penser, et cela dans le sens d'une austérité tout intellectuelle/spirituelle que ce néoplatonicien et partisan de Savonarole ne pouvait qu'arborer lui-même et qui a été précédemment décrite.

CONCLUSION

À la question initiale de savoir s'il y avait un lien entre un mode de pensée, le néoplatonisme ficinien et une mode vestimentaire, il a été répondu par l'affirmative. En effet, la compréhension de la phénoménologie du vêtement porté se révèle impossible à atteindre par le biais du corps morphologique puisque c'est bien le corps social[1] qui en détermine les formes fondamentales, parfois proches celles-ci, ou au contraire fort éloignées de leur support humain.

Le changement radical du vêtement tant masculin que féminin entre la période du gothique international et la période du néoplatonisme ficinien a été décrit en détail. Cette différence incontestable a servi de support au postulat selon lequel si changement il y a, l'on doit pouvoir en trouver les raisons, directes ou indirectes ; celles-ci peuvent venir s'ajouter à un faisceau d'autres causes, parfois subalternes parfois dominantes, mais qui n'invalident pas pour autant la relation de la ou des causes examinées ici avec leur effet. La raison de l'esprit, par opposition à la raison du cœur, est apparue

1. Merleau-Ponty, *op. cit.*, p. 403 : « En ce qui concerne le corps, et même le corps d'autrui, il nous faut apprendre à le distinguer du corps objectif tel que le décrivent les livres de physiologie. Ce n'est pas ce corps-là qui peut être habité par une conscience. Il nous faut ressaisir sur les corps visibles les comportements qui s'y dessinent, qui y font leur apparition, mais qui n'y sont pas réellement contenus. »

comme celle par laquelle ce changement de mode de se voir et d'être vu était arrivé. Le raisonnement abstrait, c'est-à-dire le discours philosophique et l'image allégorique, avait remplacé, auprès des membres de la société de ce temps-là, le raisonnement affectif, c'est-à-dire l'expérience de la tradition et l'image symbolique, comme principes moteurs de l'action collective. Avec, pour résultat, l'adoption d'un vêtement qui devait refléter cette nouvelle approche de la vie. Puisque l'analyse de l'amour platonique que faisait cette nouvelle philosophie était immédiatement applicable à tout un chacun dans la mesure où les rapports d'amour et de chair nous concernent tous, c'est cet aspect précis de la pensée néoplatonicienne qui eut le plus de retentissement auprès du grand public. Cette mise en scène vestimentaire d'une quête amoureuse fondamentalement antiérotique fut donc la raison de ce changement d'habit, d'autant plus important qu'il reflétait non pas nécessairement une compréhension intellectuelle du néoplatonisme, car tous les membres de la société n'avaient pas les moyens de cette compréhension, mais une compréhension organique, et par là plus motivante encore, de cette approche. Cette compréhension devenait en outre considérablement plus facile au commun des mortels, grâce d'abord aux incunables, mais aussi aux œuvres d'art visibles par tous, notamment dans les églises, et aux nouvelles structures architecturales, visibles elles aussi de l'extérieur mais plus encore vécues de l'intérieur par leurs habitants.

Quant à la philosophie néoplatonicienne elle-même, elle mettait l'accent sur la possibilité d'atteindre à la connaissance du divin dès notre passage sur terre par le biais de l'ascèse, processus spécifiquement décrit comme l'utilisation, à bon escient, des cinq sens et de la raison, y compris de l'un des plus importants composants de cette dernière, le libre arbitre. En faisant de la figure de l'ange un modèle qu'il était possible d'approcher, sinon auquel se conformer, notamment par le vêtement, le néoplatonisme ficinien donnait le mode d'emploi d'une vie lumineuse et pure, exaltante sur terre et immortelle aux cieux. L'exercice de la chair n'y était plus condamné comme un simple péché contre l'Église, c'est-à-dire comme une expression, fût-elle dévoyée, de notre humanité : il était relégué au rang infiniment plus méprisable, parce qu'impardonnable, de l'animalité. L'amour, au contraire, était élevé au degré sublime de l'amitié à l'antique, c'est-à-dire entre hommes de bien. Cette analyse de l'amour ne savait que faire des femmes, leur fonction de chair, la maternité en particulier, n'étant plus considérée comme porteuse d'une immortalité virtuelle à travers la reproduction. La matérialité du sexe féminin tendit alors à s'estomper, philosophiquement parlant, et leur représentation à perdre en conséquence sa spécificité. Puisque la noble amitié ne pouvait se concevoir qu'entre hommes, mais qu'il fallait que ces hommes soient des « anges », sexuellement parlant, il s'ensuivit que les hommes devaient ressembler à des anges, soit à des hommes légèrement féminisés, et les femmes à ces nouveaux hommes-là, soit à des femmes légèrement masculinisées. Ce processus, auquel on serait tenté d'accoler l'épithète de déshumanisant, dans le sens d'une essentialité divinisante, a paru mener inéluctablement vers une conclusion qui porte en elle l'hypothèse d'une égalité fondamentale entre les deux sexes, et qui est la suivante : il n'y a pas, il ne peut y avoir, de différence majeure entre les hommes et les femmes dans la façon dont ils et elles recherchent le divin à travers la mise en scène vestimentaire de leur personne. Car si le vêtement représente bien les aspirations spirituelles profondes d'une société à un moment donné, il s'ensuit que l'espèce humaine tout entière doit s'y conformer de la même manière et en même temps, sous peine de mettre entre ses membres une distance qui deviendrait vite infranchissable ou d'engendrer des conflits insurmontables et qui mettraient la survie de l'espèce en péril. Par conséquent l'homme et la femme sont soumis, l'un comme l'autre, à l'exigence de transformer morphologiquement, par le biais du vêtement, leurs corps diversifiés en une forme géométrique unifiée, qui est la transcription physique et symbolique de la philosophie, c'est-à-dire de l'esthétique de vie, à laquelle leur société adhère à un moment donné. Lorsque change cette philosophie comme code de conduite, pour quelque raison que ce soit, le vêtement change avec elle pour en refléter correctement les préceptes fondamentaux du rapport des hommes au divin.

Ajoutons à cela que la doctrine néoplatonicienne de l'amour ne pouvait guère être appliquée, donc rendue manifeste par le vêtement, que pour un temps limité puisqu'elle effaçait, au niveau du corps vêtu, toute suggestion des apanages sexuels des hommes comme des femmes alors qu'ils sont justement les éléments indispensables à la réunion féconde des deux sexes. On constate donc, dès le début du XVIe siècle, un retournement de tendance qui, tout en se réclamant du néoplatonisme, comme le fait par exemple Baldassare Castiglione dans son *Courtisan*, transforme cette doctrine en un jeu de rhétorique et de manières amoureuses où les femmes retrouvent un rôle « traditionnel » d'amantes et de mères mais augmenté, pourrait-on dire, dans ce cas précis du moins, du rôle de femmes de tête. La mode vestimentaire que l'on voit se dessiner à partir des années 1500-1510 pour les hommes comme pour les femmes se conforme donc à ce nouveau changement elle aussi, venant ainsi confirmer l'hypothèse de départ. André Chastel l'avait souligné qui disait : « En quelques années, au début du Cinquecento, le canon de la beauté féminine se transforme : au lieu de la nymphe flexible de Botticelli, de la silhouette douce de Pérugin, apparaissent des figures rayonnantes d'une carnation chaleureuse. L'idéal… n'est plus celui de l'adolescente et de la vierge, mais d'une femme épanouie[2]. » Il aurait pu ajouter que les courtisans eux aussi allaient devoir se dépouiller de leurs tuniques monacales d'intellectuels néoplatoniciens et endosser des habits de séducteur s'ils voulaient être séduits.

Une gravure d'Albrecht Dürer, datée de 1502 ou 1503[3], montrant un jeune soldat portant le drapeau de l'empereur

2. *Op. cit.*, p. 297.

3. Charles Talbot, notes de Gaillard F. Ravenel et Jay A. Levenson, *Dürer in America, His graphic work*, catalogue d'exposition, Washington, D.C., 1971, cat. 22, p. 126, pl. 22.

Maximilien d'Autriche (fig. 66), présente à nos yeux une silhouette d'homme déjà toute transformée avec sa taille serrée par une ceinture, ses larges manches aux multiples rubans torsadés et surtout ses chausses collantes et sa braguette amovible qui préfigure, par sa proéminence, le retour d'une virilité affichée, sinon suivie d'effet, que les rembourrages caractéristiques de cette partie du costume masculin au XVIe siècle viendront exhiber sans ambiguïté.

La méthode appliquée à la période du néoplatonisme ficinien des années 1470-1500 devrait pouvoir être utilisée avec profit pour analyser d'autres périodes marquantes de l'histoire des modes vestimentaires, particulièrement celles au cours desquelles des changements de silhouette majeurs sont apparus de façon quasi soudaine, comme dans les années 1920 par exemple. On y verrait sans doute que, comme au XVe siècle, les changements de silhouette fondamentaux sont adoptés aussi rapidement et de la même manière par les hommes que par les femmes puisqu'ils correspondent à un changement tout aussi radical dans la manière de se penser qu'adoptent alors tous les membres, masculins ou féminins, d'une société donnée. Ces signes vestimentaires sont effet d'une cause philosophique nouvelle ou renouvelée et non résultat du seul désir de changement. Ce désir est éprouvé par tout un chacun, mais, au niveau du vêtement, il se manifeste à travers les accessoires, éléments toujours mineurs parce que toujours dissemblables. Le changement de silhouette, dont l'adoption est toujours obligée lorsqu'il se produit, est seul capable d'exprimer à la fois l'appartenance à une société et de présenter au regard du sujet, comme au regard des autres, le « vivant parfait » que préconisaient les anciens.

BIBLIOGRAPHIE

Cette étude portant sur plusieurs domaines, une bibliographie complète n'était guère envisageable. On trouvera ci-dessous une liste des ouvrages les plus fréquemment consultés, sinon les plus importants, d'autres références bibliographiques étant indiquées dans les notes. Par ailleurs, la liste des manuscrits et des incunables qui suit ne constitue qu'une indication des recherches entreprises dans ce domaine, la quantité de manuscrits illustrés et surtout d'incunables à figures se rapportant au sujet étant considérable.

1. Manuscrits français de la BNF

53, 54. *La fleur des hystoires*, « de Jehan Marsel », XVe.

127. *Des cas des nobles hommes et femmes*, « de Jehan Boccace », traduction de Laurent de Premierfait, fin XVe.

128. *Le premier livre des cas et ruyne des nobles hommes et femmes malheureux*, « de Jehan Boccace de Certald », traduction de Laurent de Premierfait, début XVIe.

129. *Le livre des cent nouvelles*, de Jehan Bocace de Certald, traduction de Laurent de Premierfait, fin XVe.

130, 131. *Le livre des cas des nobles hommes*, « de Jehan de Boccace », traduction de Laurent de Premierfait, fin XVe.

143. *Des eschez amoureux et des eschez d'amours*, début XVIe.

145. *Chants royaux en l'honneur de la Vierge au Puy d'Amiens*, XVIe.
223. *Le livre des triumphes de Françoys Petrarche*, avec le commentaire de Bernardo Illicinio, XVe.
224, 225. *Les remedes de l'une et l'autre fortune*, « de maistre Françoys Petrarche », XVIe.
230. *Des cas des nobles hommes et femmes*, traduction de Laurent de Premierfait, fin XVe.
231, 233, 234, 235, 236, 237. *Des cas des nobles hommes et femmes*, « de Jehan de Boccace », traduction de Laurent de Premierfait, fin XVe-début XVIe.
594. *Les triumphes du poethe messire françoys Petrarche*, XVIe.
607. *Livre de la cité des dames*, « de Christine de Pisan », XVe.
871, 872. *Les métamorphoses d'Ovide*, traduites et allégorisées par [Philippe de Vitry], XVe.
873, 874, 875. *Les espitres d'Ovide, translatées du latin en françois… par Octovien de Saint Geles*, début XVIe.
881. Ovide, *De la vielle, translaté de latin en françois par maistre Jehan le Fevre…*, et *Le livre de l'art d'amours d'Ovidius*, XVe.
109, 1099, 1100, 1101. *Livre de Boece de consolation de phylosophie*, traduction de « Jehan de Meun », XVe.
1165. *Histoire de la constance et pacience merveilleuse d'une femme nommée Grisillidis, laquelle translata de lombart en latin un tres vaillant homme appelez Françoys Petrarch…*, XVe.
1505. *Le livre du chevalier de la Tour*, et *Le roman de Griselidis, marquise de Saluces*, XVe.
1507. *Les quatre dames nommez le joyeulx de espoir* [par Alain Chartier], XVIe.
1686. *L'engoisseuse et dure passion que noste Dieu souffrit*, gravée par I[srael van] M[eckenen], avec texte par Antoine Vérard, XVIe.
1687. *Le verger d'honneur* [par André] « de la Vigne », XVe.
1991. *De l'excellence et immortalité de l'ame, extraict non seulement du Timée de Platon, mais aussi de plusieurs aultres…philosophes, par maistre Amaury Bouchard*, XVIe.
2596-1. *Les croniques ou gestes advenues au royaulme de France du temps de… Charles, roy de France, VIe de ce nom*, [par Jean Juvénal des Ursins] ;

2596-2. *Les croniques et gestes advenues au royaulme de France du temps de Charles, tres crestien roy de France, VIIe de ce nom,* [par Jean Chartier], XVe.
2692, 2693. *Traittié de la forme et devis comme on fait les tournois,* par « René d'Anjou », XVe.
12247. *Traité des vertus, de leur excellence et comment on peut les acquérir,* dédié à Louise de Savoie, XVIe.
12330. *Rustican du cultivement et labeur champestre,* de « Pierre de' Crescenzi », XVe.
12423. *Les six triumphes messire François Petrarque, translatez du tusca en rime et langaige gallicque,* par Simon Bourgouyn, XVIe.
12424. *Second volume des triumphes messire François Petrarque...,* XVIe.
12459. Boèce, *Consolation de la philosophie,* et Pétrarque, *Le livre de Criselidis,* fin XVe.
19121. *Ovide moralisé,* par Chrétien Legouais, XVe.
20020. *Les six triumphes de Petrarque, translatez de tuscan en françoys,* XVIe.
22541. *Les triomphes de Petrarque,* avec commentaires de Bernardo Glicino traduits en français, XVe.
22971. *Le secret de l'histoire naturelle contenant les merveilles et choses mémorables du monde,* XVe.
24399. *Le livre du cœur d'amour epris par le roi René d'Anjou,* XVe.
24434. *Histoire de Griselidis,* XVe.
24461. *Receuil de dessins ou cartons avec devises, destinés à servir de modèles pour tapisserie ou peinture sur verre y compris les " six triumphes de Petrarque »,* début XVIe.
25397. *Les héroïdes d'Ovide,* traduction d'Octavien de Saint Gelais, 1496.

2. Manuscrits latins de la BNF

859. *Missale Parisiense,* XVe.
1171. *Horae ad usum Romanum,* Heures dites d'Henri IV, fin XVe-début XVIe.

1173. *Horae ad usum Parisensem,* Heures de Charles d'Angoulême, fin XVe.
1421. *Horae ad usum Carnotensem,* XVe.
9473. *Heures,* XVe.
9474. *Heures* d'Anne de Bretagne, XVe.

3. Incunables

Historia Griseldis (Pétrarque), Cologne, Ulrich Zell, 1470, 1472, 1473 ; Strasbourg, Heinrich Knoblochtzer, 1482.
De Virus Illustribus (loibri degli homini famosi), Pojano (?), 1476.
Speculum Humanae Salvationis, Lyon, 1478.
L'abuzé en court, Lyon, v. 1480.
Opuscula, (Filippo de Barbieri), Rome, v. 1482.
Des Cas et Ruyne des nobles hommes et femmes, translaté du latin par Laurel de Premierfait, (Boccace), Paris, 1483.
La destruction de Troyes, (Jacques Millet), Mathieu Huss, Lyon, 1485.
La Cité de Dieu, (saint Augustin), 1486.
Missel de Verdun, Jean du Pré, Paris, 1486.
Heures à l'usage de Paris, Simon Vostre, Paris, 1487, 1491.
Heures à l'usage de Rome, Simon Vostre, Paris, 1487, 1490, 1496, 1498, 1502.
Lancelot du lac, Jean le Bourgeois, Rouen, 1488.
La Mer des Hystoires, Pierre le Rouge pour Vincent Commyn (exemplaire de Charles VIII), 2 vol., Paris, 1488-1489.
Le Grand testament Villon et le petit, (François Villon), Pierre Lever, Paris, 1489.
La Belle dame sans merci et la belle dame qui eut mercy, (Alain Chartier), Jean du Pré, Paris, 1489.
La Légende dorée, (Jacques de Voragine), Jean du Pré, Paris, 1489.
Comodiae, (Térence), Jean Trechsel, Lyon, 1493.
Les Vigilles de la mort du feu Roy Charles septième, Jean du Pré, Paris, 1493.
Le livre de Valère Maxime translaté du latin en françoys par Simon de Hesden et Nicolas de Gronesse, Paris, v. 1496.

Chirurgia, (H. Brunschwig), J. Gruningen, Strasbourg, 1497.
L'Entrée du Roy Louis XII dans sa bonne ville de Paris, Pierre le Caron, Paris, 1498.
Epistoles, Michel le Noir, Paris, 1499.
Heures à l'usage de Machon, (Mâcon), Paris, v. 1502.
Heures à l'usage de Rome, Gilles Hardouin, Paris, 1514.
Les Triomphes, (Pétrarque), Barthélemy Vérard, Paris, 1514.
Les 21 épîtres d'Ovide translatées du latin en françois par révérend père en Dieu Monseigneur d'Angoulême, s.l., s.d.
Le livre des métamorphoses moralisées, Lyon, 1519.

4. Incunables d'Antoine Vérard, Paris

Le décaméron, (Boccace), 1485.
Les cent nouvelles nouvelles, 1486.
Le roman de la rose, 1490, 1496, 1511.
Les paraboles de maistre Alain en françois, 1492.
Le Livre de Jehann Bocasse de la louenge et vertu des nobles dames, 1493.
Le miroir des pécheurs et des pécheresses, v. 1495.
L'Art de bien vivre et de bien mourir, (Guillaume Tardiff), 1496.
La destruction de Troyes, (Jacques Millet), 1498.
La Bible des poètes, Métamorphoses, (Ovide), v. 1498.
Le verger d'honneur, 1500.
Les regnans traversant les perilleuses voyes des folles fiancées du monde, v. 1500.
Le passe temps de tout homme et de toute femme, 1503.
Le séjour d'honneur, 1503.
Le livre des eschez moralisés, 1504.
L'esperette du jeune prince, 1508.
La chasse et le départ d'amours, 1509.

5. Imprimés

Actes du premier congrès international d'histoire du costume, Venise, 1952, Bruxelles, 1962.

Alberti (Leone Battista), *Opere volgari di Leone Battista Alberti*, avec notes et commentaires d'Anicio Bonucci, 5 vol., Florence, 1843-1847 ;

– *De la Statue et de la peinture traités par Léon Battista Alberti, traduits du latin en français par Claudius Popelin, d'après le texte traduit en italien et « corrigé en partie » par Cosimo Bartoli*, [Venise, 1568], Paris, 1868 ;

– *De Pictura*, [1435], traduction de Jean-Louis Schefer, Paris, 1992.

Allen (John B.), *Plato's third eye, Studies in Marsilio Ficino's metaphysics and its sources*, Aldenshot, 1995.

Angot (J.M.), *Le Parnasse érotique du XVe siècle*, Genève [1908], 1978.

Auerbach (Erich), *Mimésis, la représentation de la réalité dans la littérature occidentale*, Paris, [1946], 1968.

Avril (François) et Reynaud (Nicole), *Les manuscrits à peintures en France, 1440-1520*, Paris, 1993.

Barthes (Roland), *Système de la mode*, Paris, 1967 ;

– *Critique et vérité*, Paris, 1966.

Baudrillard (Jean), *De la séduction*, Paris, 1980.

Baxendall (Michael), *L'œil du quattrocento*, Paris, 1985 ;

– *Les humanistes à la découverte de la composition en peinture*, Paris, 1989.

Bialostocki (Jan), *L'art du XVe siècle des Parler à Dürer*, Paris, 1993.

Bloom (Allan), *L'amour et l'amitié*, Paris, 1993.

Blum (André), *Les origines de la gravure en France, Les estampes sur bois et sur métal, Les incunables xylographiques*, Paris/Bruxelles, 1927.

Bonet-Maury (Gaston Charles-Auguste), *Les précurseurs de la Réforme dans les pays latins du XIIIe au XVe siècle*, Genève, [1904], 1969.

Bonneau (Alcide), *L'Hermaphrodite de Panormita* (XVe s.), traduit pour la première fois avec le texte latin et un choix de notes de Forberg, Paris, 1892.

Boswell (John), *Christianisme, tolérance sociale et homosexualité. Les homosexuels en Europe occidentale des débuts de l'ère chrétienne au XIVe siècle*, Paris, 1985.

Bourdieu (Pierre), *Questions de sociologie*, Paris, 1980.

Boureau (Alain), *Les usages de l'imprimé XVe-XIXe*, Paris, 1987 ;

– *La légende dorée, le système narratif de Jacques de Voragine*, Paris, 1984.

Braudel (Fernand), *Civilisation matérielle, économie et capitalisme, XVe-XVIe siècles*, 3 vol., Paris, 1979.

Brucker (Gene), *Giovanni et Lusanna. Amour et mariage à Florence pendant la Renaissance*, Avant-propos de Christiane Klapisch-Zuber, Aix-en-Provence, 1991.

Brun (Jean), *Le néoplatonisme*, Paris, 1988.

Brundage (James Arthur), *Law, Sex and Christian Society in Medieval Europe*, Chicago, 1987.

Brunet (Gustave), *La France littéraire au XVe siècle*, Genève, [1865], 1967.

Bruyne (Edgar de) *Études d'esthétique médiévale*, préface de Maurice de Gandillac, postface de Michel Lemoine, Paris, [1948], 1998.

Buhler (C.), *The 15th Century Edition of Petrarch's Historya Griselidis*, Chicago, 1945.

Carducci (Giovanni), *Le Stanze, l'Orfeo e le Rime di messer Angelo Ambrogini Poliziano*, Florence, 1863.

Cassirer (Ernst), *Individu et cosmos dans la Renaissance*, Paris, [1927], 1983.

Castelnuovo (Enrico), *Portrait et société dans la peinture italienne*, Paris, 1993.

Catalogue des incunables de la Bibliothèque nationale, ouvrage collectif, Paris, 1981-1993.

Cattin (Giulio), *Il Primo Savonarola, Poesie e Prediche Autografe dal Codice Borromeo*, Florence, 1973.

Chastel (André), *Marsile Ficin et l'art*, Genève, 1975 ;

– *Fables, formes, figures I*, Paris, 1978 ;

– *Art et humanisme à Florence*, Paris, 1982 ;

– *Art et humanisme au temps de Laurent le Magnifique*, 3e éd., Paris, 1989.

Cicéron, *L'amitié*, traduit par François Combes, introduction et notes de François Prost, Paris, 1998 ;
– *Le bonheur (IVe et Ve Tusculanes)*, traduit du latin et présenté par Chantal Labre, Paris, 1996.
Claudin (A.), *Histoire de l'imprimerie en France au* XVe *et au* XVIe *siècles*, 4 vol., Paris, 1900-1914. Le dernier volume a été publié par Paul Lacombe, sous la direction de Léopold Delisle.
Colonna (Francesco), *Le songe de Poliphile ou Hypnérotomachie*, traduit par Claude Popelin, Genève, [1883], 1994 ;
– *Hypnerotomacchia Polifili*, Venise, 1499.
Colas (René), *Bibliographie générale du costume et de la mode*, Paris, 1933.
Conteurs italiens de la Renaissance, préface par Gian Carlo Mazzacurati, édition établie sous la direction d'Anne Motte-Gillet, Paris, 1993.
Courboin (F.), *Histoire illustrée de la gravure en France. I. Des origines à 1660*, Paris, 1923.
Cushing (Helen Grant), ed., *From Nudity to Raiment, A Bibliography of Costume*, compiled by Hilaire and Meyer Hiler, New York, 1939.
Dante, *Vita Nova*, traduction nouvelle par André Pizard avec introduction, notes et appendices, Paris, 1953.
Davis (Natalie Z.), *Society and Culture in Early Modern France*, Stanford, 1975.
Desjardins (Marcel), *Les livres d'heures imprimés en France aux* XVe *et* XVIe *siècles. Essai d'iconographie*, 4 vol., Paris, 1940-1947.
Dorez (Léon) et Thuasne (Louis), *Pic de la Mirandole en France*, Genève, [1897], 1976.
Duby (Georges), *Mâle Moyen Âge, de l'amour et autres essais*, Paris, 1988.
Dukas (Jules), *Recherches sur l'histoire littéraire au* XVe *siècle*, Paris, 1876.
Eliade (Mircea), *Aspects du mythe*, Paris, 1963.
Elias (Norbert), *La dynamique de l'Occident*, Paris, 1969.
Erlande-Brandenburg (Alain), *La dame à la licorne*, Paris, 1978.
Evans (Joan), *Dress in Medieval France*, Oxford, 1952.

Favier (Jean), *Dictionnaire de la France médiévale*, Paris, 1993.

Festugière (Jean), *La philosophie de Marsile Ficin et son influence sur la littérature française au XVIe siècle*, Paris, 1941.

Field (Arthur), *The Origins of the Platonic Academy of Florence*, Princeton, 1988.

Filelfo (Francesco), *Sonetti e Canzone del Petrarcha*, Venise, 1479.

Flacelière (R.), *L'amour en Grèce*, Paris, 1971.

Flandrin (Jean-Louis), *Le sexe et l'Occident. Évolution des attitudes et des comportements*, Paris, 1981.

Flügel (J.C.), *Le rêveur nu. De la parure vestimentaire*, Paris, [1930], 1980.

Foucault (Michel), *Histoire de la sexualité*, 3 vol., Paris, 1984.

Garin (Eugenio), *Pic de la Mirandole*, Florence, 1942 ;

– *Humanisme et ésotérisme*, Padoue, 1960 ;

– *La cultura filosofica del Rinascimento italiano, ricerche e documenti*, Florence, 1961 ;

– *Moyen Âge et Renaissance*, Paris, 1969.

Garnier (F.), *Le langage de l'image au Moyen Âge, signification et symbolique*, vol. I., Paris, 1982.

Ghyka (Matila C.), *Le nombre d'or. Rites et rythmes pyhtagoriciens dans le développement de la civilisation occidentale*, 2 vol., Paris, 1931.

Gombrich (E.H.), *L'art et l'illusion, psychologie de la représentation picturale*, Paris, [1960], 1987 ;

– *Symbolic Images : Studies in the Art of the Renaissance*, 2 vol., Chicago, 1972.

Goodich (Michael), *The Unmentionable Vice, Homosexuality in the Late Medieval Period*, Santa Barbara/Oxford, 1979.

Gourevitch (Aron I.), *Categories of Medieval Culture*, Londres, 1985.

Grendler (Paul F.), *Books and Schools in the Italian Renaissance*, Aldershot/Brookfield, 1995.

Hadot (Pierre), *Qu'est-ce que la philosophie antique ?*, Paris, 1995 ;

– *Plotin ou la simplicité du regard*, Paris, 1997.

Hawkins (James), *Plato in the Italian Renaissance*, New York, 1990.

Hentsch (Alice), *De la littérature didactique du Moyen Âge s'adressant spécialement aux femmes*, Cahors, 1903.

Hersey (George L.), *Pythagorean Palaces : Magic and Architecture in the Italian Renaissance*, Ithaca, 1976 ;

– *The Lost Meaning of Classical Architecture, Speculations on Ornament from Vitruvius to Venturi*, Cambridge/Londres, 1988.

Hindman (Sandra), ed., *Printing the Written Word, The Social History of Books circa 1450-1520*, Ithaca/Londres, 1991.

Huizinga (J.), *L'automne du Moyen Âge*, Paris, 1980.

Huppert (George), *Public Schools in Renaissance France*, Chicago, 1984.

Husserl (Edmund), *Idées directrices pour une phénoménologie*, traduit de l'allemand par Paul Ricœur, Paris, 1950.

Ithurriaque (Jean), *Les idées de Platon sur la condition de la femme au regard des traditions antiques*, Paris, 1931.

Jones-Davies (M.T.), éd., *Le mariage au temps de la Renaissance*, Société internationale de recherches interdisciplinaires sur la Renaissance, vol. XVIII, Paris, 1993.

Jourdan (Jean-Pierre), « Le sixième sens et la théologie de l'amour (essai sur l'iconographie des tapisseries à sujets amoureux à la fin du Moyen Âge » dans *Journal des savants*, janvier-juin 1996, p. 137-153.

Joubert (Fabienne), *La tapisserie médiévale au musée de Cluny*, Paris, 1987.

Kay (Sarah) et Rubin (Miri), eds., *Framing Medieval Bodies*, Manchester/New York, 1994.

Klapisch-Zuber (Christiane), ed., *Histoire des femmes en Occident*, vol. I, *Le Moyen Âge*, Paris, 1991.

– *Women, Family and Ritual in Renaissance Italy*, Chicago, 1985.

Klibansky (Raymond), Panosfky (Erwin) et Saxl (Fritz), *Saturne et la mélancolie. Études historiques et philosophiques : nature, religion, médecine et art*, Paris, 1989.

Kristeller (Paul Oskar), *The Philosophy of Marsilio Ficino*, New York, 1943 ;

– *Renaissance Concepts of Man and Other Essays*, New York/Londres, 1972 ;

– *The Letters of Marsilio Ficino*, New York, 1985 ;

– *Marsilio Ficino and his Work after 500 years,* Florence, 1987 ;
– *Renaissance Thought and the Arts,* Princeton, [1964], 1990.

Kroeber (A.L.), *The Nature of Culture,* Chicago, 1952.

Kunze (Horst), *Geschichte der Buchillustration in Deutschland. Das 15. Jahrhundert,* 2 vol., Leipzig, 1975.

Labalme (Patricia H.), *Beyond their Sex, Learned Women of the European Past,* New York/Londres, 1982.

La Bible moralisée (B.N. fr.167), reproduit par le comte Alexandre de la Borde, 4 vol., Paris, 1911-1921.

Lacan (Jacques), *Écrits II,* Paris, 1971.

Laneyrie-Dagen (Nadeije), *L'invention du corps, la représentation de l'homme du Moyen Âge à la fin du XIXe siècle,* Paris, 1997.

Langlois (Charles Victor), *La vie en France au Moyen Âge, d'après quelques moralistes du temps,* Paris, 1908.

Langlois (Ernest), *Nouvelles françaises inédites du XVe siècle,* Genève, [1933], 1975.

La représentation du corps dans la culture italienne, Actes du colloque de l'université de Provence, 1981, 1982, 1983, Centre d'études italiennes d'Aix-en-Provence, Aix-en-Provence, 1982-1983.

Le corps à la Renaissance, Actes du XXXe colloque de Tours, juillet 1987, publiés sous la direction de Jean Céard, Marie-Madeleine Fontaine et Jean-Claude Margolin, Paris, 1990.

Le Goff (Jacques), *Pour un autre Moyen Âge. Temps, travail et culture en Occident,* 18 essais, Paris, 1977.

Lemoisne (P.A.), *Les xylographies des XIVe et XVe siècles,* 2 vol., Paris-Bruxelles, 1930.

Le sentiment de la mort au Moyen Âge, 5e colloque, 1-2 avril 1978, Actes publiés sous la direction de Claude Sotto, Montréal, 1979.

Lever (Maurice), *Les bûchers de Savonarole, histoire des « infâmes »,* Paris, 1996.

Levi (A.H.T.), *Humanism in France at the End of the Middle Ages and in the Early Renaissance,* New York, 1970.

Levi d'Ancona (M.), *The Iconography of the Immaculate Conception in the Middle Ages and Early Renaissance,* New York, 1957.

Levi-Pisetsky (Rosa), *Storia del costume in Italia,* 3 vol., Milan, 1964.

Lewis (C.S.), *The Allegory of Love. A Study in Medieval Tradition,* Oxford, 1936.

Lipovetsky (Gilles), *L'empire de l'éphémère. La mode et son destin dans les sociétés modernes,* Paris, 1987 ;

– *La troisième femme, permanence et révolution du féminin,* Paris, 1997.

Lot-Borodine (Myrrha), *De l'amour profane à l'amour sacré. Études de psychologie sentimentale au Moyen Âge,* Paris, 1961.

Maillard, Elisa, *Les cahiers du nombre d'or,* t. IV, *Botticelli,* Paris, 1965.

Mâle (Émile), *L'art religieux de la fin du Moyen Âge en France,* Paris, 1908.

Marcel (Raymond), *Marsile Ficin, commentaires sur le* Banquet *de Platon,* texte du manuscrit autographe présenté et traduit par Raymond Marcel, Paris, 1978 ;

– *Marsile Ficin, théologie platonicienne de l'immortalité des âmes,* t. I, Paris, 1964 ; t. II, Paris, 1970.

Marsile Ficin, les platonismes à la Renaissance, ouvrage dirigé par Pierre Magnard dans la collection *Philologie et Mercure,* Paris, 2001.

Marsile Ficin ou les mystères platoniciens, vol. II., actes du XLIIe colloque international d'études humanistes, Centre d'études supérieures de la Renaissance, Tours, 7-10 juillet 1999, organisé par Stéphane Toussaint. *Les Cahiers de l'humanisme,* Paris, 2002.

Martin (André), *Le livre illustré en France au* XVe *siècle,* s.l.n.d.

Martin (Henri-Jean) et Chartier (Roger), *Le livre conquérant : du Moyen Âge au milieu du* XVIIe *siècle,* Paris, 1982.

McFarlane (J.), *Antoine Vérard,* Londres, 1900.

Meier (M.H.E.) et Pogey-Castries (L.R. de), *Histoire de l'amour grec dans l'Antiquité,* Paris, 1980.

Merleau-Ponty (Maurice), *Phénoménologie de la perception,* Paris, 1945 ;

– *Signes,* Paris, 1960.

Michel (Paul-Henry), *Un idéal humain au* XVe *siècle, la pensée de L.B. Alberti (1404-1472),* Genève, [1930], 1971.

Micheletti (Emma), *Domenico Ghirlandaio*, Florence, 1992.

Monfrin (M.J.), « Le goût des lettres antiques à la cour de Bourgogne au XVe siècle », dans *Bulletin de la société nationale des antiquaires de France*, s.l., 1967, p. 193-209 ;

– « Étapes et formes de l'influence des lettres italiennes en France au début de la Renaissance », dans *Atti del quinto congresso internazionale di bibliofili*, Venise, 1970 ;

– « La connaissance de l'Antiquité et le problème de l'humanisme en langue vulgaire dans la France du XVe siècle », dans *Mediaevalia lovaniensia. Series I Studia I*, Louvain/La Hague, 1972, p. 131-170.

Monnier (Philippe), *Introduction au quattrocento*, Paris, [1901], 1995.

Monticelli (Roberta de), *L'ascèse philosophique, phénoménologie et platonisme*, Genève, 1997.

Nelson (Ida), *La sottie sans souci. Essai d'interprétation homosexuelle*, préface de Daniel Poirion, Genève, 1977.

Nelson (J.C.), *Renaissance Theory of Love*, New York, 1958.

Newton (Stella Mary), *Renaissance Theater Costume and the Sense of the Historic Past*, New York, 1975 ;

– *Fashion in the Age of the Black Prince*, Woodbridge/Totowa, 1981.

Nordenfalk (C.), « Les cinq sens dans l'art du Moyen Âge », dans *Revue de l'art*, 36, 1976, p. 25-28.

O'Meara (John J., r.p.), ed., *Neoplatonism and Christian Thought*, Albany, 1982.

Ovide, *Les métamorphoses*, traduction, introduction et notes par Joseph Chamonard, Paris, 1966 ;

– *L'art d'aimer*, texte établi et traduit par Henri Bornecque, s.l., [1924, 1930], 1998.

Onfray (Michel), *Féeries anatomiques, généalogies du corps faustien*, Paris, 2003.

Page (Christopher), *Descending Images : Reflections on Music and Culture in Medieval France*, Oxford, 1993.

Pagel (Walter), *Religion and Neoplatonism in Renaissance Medicine*, Londres, [1935], 1989.

Panofsky (Erwin), *Studies in Iconology ; Humanistic Themes in the Art of the Renaissance*, New York, 1939 ;

– *La perspective comme forme symbolique*, Paris, 1975 ;
– *La Renaissance et ses avant-courriers dans l'art occidental*, Paris, 1976 ;
– *Idea, Contribution à l'histoire du concept de l'ancienne théorie de l'art*, Paris, 1983.

Pastoureau (Michel), *Figures et couleurs, études sur la symbolique et la sensibilité médiévales*, Cahiers du Léopard d'or, Paris, 1986.

Patocka (Jan), *L'art et le temps*, Paris, 1990.

Pellechet (M.) et Polain (M.L.), *Catalogue général des incunables des bibliothèques publiques de France*, Nendeln, 1970.

Pellegrin (E.), *Manuscrits de Pétrarque dans les bibliothèques de France*, Padoue, 1966.

Petrarca (Francesco), *Opera*, Bâle, 1554 ;
– *Canzoniere, Le chansonnier*, édition bilingue, introduction, traduction, biographie, bibliographie, glossaire et index de Pierre Blanc, Paris, 1988 ;
– *Aux amis, lettres familières, livres I et II, 1330-1351*, traduction, présentation et notes de François Garraud, Grenoble, 1998.

Piponnier (Françoise), *Costume et vie sociale, la cour d'Anjou, XIVe-XVe siècles*, Paris, 1970 ;
– et Mane (Perrine), *Se vêtir au Moyen Âge*, Paris, 1995.

Platon, *The Collected Dialogues including the Letters*, sous la direction d'Edith Hamilton et Huntington Cairns, Princeton, 1961 ;
– *Timée/Critias*, traduction inédite, introduction et notes de Luc Brisson, Paris, 1992 ;
– *Symposium*, nouvelle traduction par Robin Waterfield, Oxford/New York, 1994.

Plotin, *Du beau, Ennéades I, 6 et V, 8*, préface, traduction et commentaire de Paul Mathias, Paris, 1991.

Poirier (Guy), *L'homosexualité dans l'imaginaire de la Renaissance*, Paris, 1996.

Poirion (Daniel), *Précis de littérature française du Moyen Âge*, Paris, 1982.

Poliziano (Angelo), *Stanze per la Giostra*, édité par Bruno Maier, Novara, 1969.

Pouchelle (Marie-Christine), *Corps et chirurgie à l'apogée du Moyen Âge. Savoir et imaginaire du corps chez Henri de Mondeville chirurgien de Philippe le Bel*, Paris, 1983.

Prigent (Christiane), éd., *Art et société en France au* XV*e siècle*, Paris, 1999.

Renaudet (Augustin), *Pré-Réforme et humanisme à Paris durant les guerres d'Italie (1494-1517)*, [Paris, 1922], Genève, 1981 ;

– *Humanisme, histoire et politique*, Genève, 1958.

Renouvier (Jules M.B.), *Des gravures sur bois dans les livres d'Antoine Vérard, maître libraire, imprimeur, enlumineur et tailleur sur bois*, Paris/Lyon, 1859 ;

– *Des gravures sur bois dans les livres de Simon Vostre*, Paris, 1862.

Resta (Gianvito), *Antoni Panhormitae Liber rerum gestarum Ferdinando Regis*, Palerme, 1968.

Rico (Francisco), *Le rêve de l'humanisme, de Pétrarque à Érasme*, Paris, 2002.

Ridolfi (Roberto), *La stampa in Firenze nel secolo* XV, Florence, 1958.

Rocke (Michael J.), « Il controllo dell'omosessualità a Firenze nel XV secolo : gli 'ufficiali di notte' », dans *Quaderni Storici*, 66, décembre 1987, p. 701-723.

Rodocanachi (E.), *La Réforme en Italie*, Paris, 1920.

Rondot (Natalis), *Les gravures sur bois et les imprimeurs à Lyon au* XV*e siècle*, Lyon/Paris, 1896.

Ruggiero (Guido), *The Boundaries of Eros, Sex Crime and Sexuality in Renaissance Venice*, Oxford, 1985.

Roy (Bruno), ed., *Érotisme au Moyen Âge*, 3e colloque de l'Institut d'études médiévales, 3-4 avril 1976, Montréal, 1977 ;

– *Une culture de l'équivoque*, Montréal/Paris, 1992.

Saffrey (Henry D., r.p.), *Recherches sur la tradition néoplatonicienne au Moyen Âge et à la Renaissance*, Paris, 1987 ;

– *Recherches sur le néoplatonisme après Plotin*, Paris, 1990.

Sander (M.), *Le livre à figures italien*, 6 vol., New York, 1941.

Santoro (M.), *Storia del libro italiano, libro e società dal quattrocentio al novecento*, Milan, 1994.

Savonarola (Girolamo), *Prediche sopra Ezechiele*, édité par Roberto Ridolfi, 2 vol., Rome, 1955 ;

– *Lettere,* édité par Roberto Ridolfi, Vincenzo Romano et Armando F. Verde, Rome, 1984 ;
– *Prediche sopra Giobbe,* vol. I., édité par Roberto Ridolfi, Rome, 1987 ;
– *Scritti Filosofici,* édité par Giancarlo Carfagnini et Eugenio Garin, Rome, 1988 ;
– *Sermons, écrits politiques et pièces du procès,* textes traduits de l'italien, présentés et annotés par Jean-Louis Fournel et Jean-Claude Zancarini, Paris, 1993.

Schreiber (W.L.), *Catalogue des incunables à figures imprimées en Allemagne, en Suisse, en Autriche et en Scandinavie,* 5 vol., Leipzig, 1910-1911.

Schutte (A.J.), *Printed Italian vernacular Books, 1465-1550, A Finding List,* Genève, 1983.

Schwob (Marcel), *Le Parnasse satyrique du* XV*e siècle,* Genève, [1905], 1969.

Scott (M.), *History of Dress : Late Gothic Europe, 1400-1500,* Londres, 1980.

Seznek (Jean), *La survivance des dieux antiques. Essai sur le rôle de la tradition mythologique dans l'humanisme et dans l'art de la Renaissance,* Paris, 1980.

Sergent (Bernard), *L'homosexualité initiatique dans l'Europe ancienne,* Paris, 1986.

Simioni (A.), *Lorenzo de' Medici, Opere,* 2 vol., Bari, 1912-1914.

Solmi (Edmondo), *La Festa del Paradiso de Leonardo da Vinci e Bernardino Bellincione, 13 Genniao 1490,* extrait d'*Archivio Storico Lombardo,* fasc. I, Milan, 1904.

Souchal (Geneviève), « Messeigneurs Les Viste et la dame à la licorne », dans *Bibliothèque de l'École des chartes,* t. 141 : 2, juillet-décembre 1983, Paris, 1984, p. 209-268.

Spencer (E.P.), *Leon Battista Alberti : On Painting,* New Haven/Londres, 1956-1959.

Splendeurs de la cour de Bourgogne, récits et chroniques, édition établie sous la direction de Danielle Régnier-Bohler, Paris, 1995.

Sterling (Charles), *La peinture française. Les primitifs,* Paris, 1938.

Suleiman (Susan Rubin), ed., *The Female Body in Western Culture*, Cambridge, 1986.

Suojane (Ulla), ed., *Clothing and its Social, Psychological, Cultural and Environmental Aspects. Proceedings of a Symposium of Textiles, Clothing and Craft Design*, Helsinki, May 18-20, 1995, Helsinki, 1996.

Thomas (P.), *Michel-Ange poète, étude sur l'expression de l'amour platonique dans la poésie italienne du Moyen Âge et de la Renaissance*, Paris, 1892.

Tisser (André), *Farces françaises de la fin du Moyen Âge*, transcription en français moderne, Paris, 1999.

Todorov (Tzvetan), *Théories du symbole*, Paris, 1985.

Tracconaglia (C.), *Contributo allo Studio dell'Italianismo in Francia*, vol. IV ; *Feminismo e Platonismo in un libro raro del 1503 : La nef des dames di Symphorien Champier*, Lodi, 1922.

Trexler (Richard C.), *Public Life in Renaissance Florence*, New York, 1980 ;

– « La prostitution florentine au XVe siècle », dans *Annales, Économies, Sociétés, Civilisations*, 36e année, 6, nov-déc. 1981, p. 995.

Trinkaus (Charles Edward Jr.), *Adversity's Noblemen. The Italian Humanists on Happiness*, New York, 1940.

Ueltschi (Karin), *La didactique de la chair. Approches et enjeux d'un discours en français au Moyen Âge*, Genève, 1993.

Ulysse (Georges), *Théâtre et société au Cinquecento (Les rapports sociaux dans la comédie italienne de la fin du XVe siècle au premier tiers du XVIe)*, 2 vol., Aix-en-Provence, 1984.

Vaivre (Jean-Baptiste de), « Messire Jehan le Viste, chevalier, seigneur d'Arcy, et sa tenture au lion et à la licorne », dans *Bulletin monumental*, 142, 1984, p. 397-434.

Vasari (Giorgio), *The lives of the Artists*, nouvelle traduction de Julia Conaway Bondanella et Peter Bondanella, Oxford/New-York, 1989.

Vernant (Jean-Pierre), *L'individu, la mort, l'amour, soi-même et l'autre en Grèce ancienne*, Paris, 1989.

Vêtement et sociétés. Actes des journées de rencontre des 2 et 3 mars 1979, édité par M. de Fontanes et Y. Delaporte pour la

Société des amis du Musée de l'homme, laboratoire d'ethnologie, Paris, 1981.

Vêtement et sociétés 2. Actes du colloque national CNRS. Vers une anthropologie du vêtement, Musée de l'homme (9-11 mars 1983), publiés sous la direction d'Y. Delaporte dans *L'ethnographie,* t. LXXX, numéro spécial 92-93-94, Paris, 1984.

Voragine (Jacques de), *La légende dorée,* traduction et notice par G.B., Paris, 1942.

Wadsworth (James B.), *Symphorien Champier, Le Livre de Vraye Amour, A text with Introduction and Notes,* La Haye, 1962.

Walker (Caroline), *Jeûnes et festins sacrés : les femmes et la nourriture dans la spiritualité médiévale,* Paris, 1993.

Warburg (Aby), *Essais florentins,* s.l., Klinsieck, 1990.

Warner (Marina), *Alone of all her Sex, The Myth and Cult of the Virgin Mary,* Londres, 1976.

Weisbach (Werner), *Basle Book Illustration,* 8 vol., Strasbourg, 1896.

Weissman (R.F.E.), *Ritual Brotherhood in Renaissance Florence,* New York, 1982.

Wetherbee (Winthrop), *Platonism and Poetry in the Twelth Century, The Literary Influence of the School of Chartres,* Princeton, 1972.

Wirth (Jean), *La jeune fille et la mort,* Paris, 1979 ;

– *L'image médiévale : naissance et développements,* VIe-XVe *siècles,* Paris, 1989.

Wittkower (Rudolph) et Wittkower (Margot), *Born under Saturn, The Character and Conduct of Artists : A Documented History from Antiquity to the French Revolution,* New York/Londres, 1969.

Xenophon, *Banquet-Apologue de Socrate,* texte établi et présenté par François Ollier, Paris, 1961.

LISTE DES ILLUSTRATIONS

Figures hors-texte :

Fig. 1. D'après Jean Fouquet, *La Vierge à l'enfant*, v. 1450. Musée royal des beaux-arts, Anvers.

Fig. 2. D'après la tenture de *La dame à la licorne*, v. 1495, détail du panneau de la vue, Musée national du Moyen Âge et des thermes de Cluny.

Fig. 3. *Idem*, détail du panneau de l'ouïe.

Fig. 4. *Idem.*, détail du panneau du goût.

Fig. 5. *Idem.*, détail du panneau de l'odorat.

Fig. 6. *Idem.*, détail du panneau du toucher.

Fig. 7. *Idem.*, détail du panneau « À mon seul désir ».

Fig. 8. D'après Sandro Botticelli, *La naissance de Vénus*, Musée des Offices, Florence.

Fig. 9. D'après la *Bible d'Etienne Harding*, 1109, « Le martyre des sept frères », fol. 191, Bibliothèque municipale, Dijon. Détail du roi et du bourreau.

Fig. 10. *Idem.*, fol. 165 vo, détail de la famille des martyrs.

Fig. 11. D'après la *Tapisserie de la Reine Mathilde*, v. 1070-1080, Palais épiscopal, Bayeux. Détail d'un serviteur marchant dans l'eau ; d'après *Chefs-d'œuvre de l'art*, Paris, 1969.

Fig. 12. *Idem.* Détail d'un soldat portant cotte de mailles.

Fig. 13. Église saint Nicolas de Tavant, fresque de la crypte, v. 1125. Détail de deux hommes dansant, peut-être Caïn et Abel ; d'après *Les Fresques de Tavant*, Paris, 1956.

Fig. 14. D'après une mosaïque de l'Église Saint Apollinaire Nouveau, Ravenne, IVe siècle. Détail d'un roi mâge sur la paroi droite.

Fig. 15. D'après une mosaïque du Baptistère de Saint Marc, Venise, XIIe siècle. Détail de Salomé.

Fig. 16. D'après *Les Très Riches Heures du Duc de Berry*, XVe siècle, Musée Condé, Chantilly. Détail du mois d'Août, le fauconnier.

Fig. 17. D'après Roger van der Weyden, *Portrait de femme*, v. 1460, National Gallery, Washington.

Fig. 18. D'après Jean Fouquet, *Portrait de Charles VII*, v. 1450, Musée du Louvre, Paris.

Fig. 19. Le maître du *Champion des Dames*, 1440-1442, fol. 334 vo, Bibliothèque de Grenoble. Détail du personnage de Malebouche. D'après *La Gazette des Beaux-Arts*, septembre 1937.

Fig. 20. *Idem*. Détail du Champion et des dames.

Fig. 21. D'après Roger van der Weyden, *Déposition*, v. 1460, Musée royaux des beaux-arts, Bruxelles. Détail de la Vierge et du Christ.

Fig. 22. D'après le *Livre du roi Florimont*, 1418, fol. 92 vo, BNF, Paris. Détail du tailleur et de son mannequin de bois.

Fig. 23. D'après un dessin de tapisserie de la collection Gaignières, XVIIe, BNF, Paris. Détail de la Dame à la licorne.

Fig. 24. *L'Histoire de la belle Mélusine*, incunable de Bernhard Richel, 1475-1478. Détail de Mélusine et de son mari ; d'après un fac-simile, Paris, 1918, collection particulière, Paris.

Fig. 25. *Idem.*, détail du mari de Mélusine et trois paysans au travail.

Fig. 26. *Speculum Humanae Salvationis*, incunable de Bernhard Richel, 1476. Détail de la Samaritaine au puits ; d'après fac-simile, Paris, 1918, collection particulière, Paris.

Fig. 27. Robes 1927, d'après *Modes et Travaux féminins*, Paris, Septembre 1927, collection particulière, Paris.

Fig. 28. Robes « New Look », Printemps 1949, d'après Elle, Paris, Mars 1949, collection particulière, Paris.

Fig. 29. D'après Sandro Botticelli, *La calomnie d'Apelle*, v. 1485, Musée des Offices, Florence. Détail de la vérité nue.

Fig. 30. D'après Le Pérugin, *Apollon et Marsyas*, v. 1480-1490, Musée du Louvre, Paris. Détail, Apollon.

Fig. 31. D'après un anonyme, buste de Laurent de Médicis, terre cuite, fin XVIe, National Gallery, Washington, D.C.

Fig. 32 *Regulae*, incunable florentin, fin XVe. Étudiants et leur maître ; d'après un fac-simile, collection particulière, Paris.

Fig. 33. D'après Evrard de Conty, *Livre des echecs amoureux moralisés*, manuscrit illustré par Robinet testard, 1496-1498, fol. 198 vo, BNF, Paris. Détail du personnage de Déduit et d'Evrard de Conty.

Fig. 34. D'après un anonyme, *Portrait du roi Charles VIII*, v. 1490, Musée Condé, Chantilly.

Fig. 35. D'après Hugo van der Goes, *Tryptique des Portinari*, 1473-1475, Musée des Offices, Florence. Détail de Maria Portinari et de sa fille.

Fig. 36. D'après un maître de Moulins, *portrait de Marguerite d'Autriche*, v. 1495, Metropolitan Museum of Art, New York.

Fig. 37. D'après le velours « à la grenade », v. 1490, collection particulière, Paris. Détail du motif de grenade.

Fig. 38. *La Légende dorée*, incunable d'Antoine Vérard, v. 1490. Détail de Sainte Catherine ; d'après *La Légende dorée*, traduction et notice par G. B., Paris, 1942.

Fig. 39. D'après un maître bruxellois, *Joseph et la femme de Putiphar*, v. 1495, Gemäldegalerie, Berlin. Détail de la suivante.

Fig. 40. *La Légende dorée*, incunable d'Antoine Vérard, v. 1490. Détail de Saint Macaire ; d'après *La Légende dorée*, traduction et notice par G. B., Paris, 1942.

Fig. 41. D'après les *Heures à l'usage de Rome*, incunable de Simon Vostre, 1498, BNF, Paris. Détail de Bethsabée au bain.

Fig. 42. *Danse macabre des femmes*, incunable de l'atelier de Philippe Pigouchet, 1488-1500, D'après A. Claudin, *Histoire de l'Imprimerie en France au XVe et au XVIe siècles*, Paris, 1900-1914, vol. II, p. 49.

Fig. 43. *Kalendrier des bergers*, incunable de Guy Marchant, 2 mai 1491. D'après A. Claudin, *op. cit.*, vol. II, p. 363. Détail des tempéraments.

Fig. 44. *Les Vigilles de la mort du feu Roy Charles Septiesme*, incunable de Jean du Pré, 18 mai 1493. Détail de Jeanne d'Arc emmenée en prison par les Anglais. D'après A. Claudin, *op.cit.*, vol. I, p. 279.

Fig. 45. *Idem*. Détail de Jeanne d'arc couronnant le roi. D'après André Blum, *Les origines de la gravure en France, Les estampes sur bois et sur métal, les incunables xylographiques*, Paris/Bruxelles, 1928, vol. II, pl. 9.

Fig. 46. *La Nef des Folles*, incunable du Petit Laurens, v. 1499. D'après A.Claudin, *op.cit.*, vol. II, p. 130. Ève dans la nef, détail.

Fig. 47. *Idem.*, La Vue/vanité, détail.

Fig. 48 *Bible des poëtes de metamorphoze*, incunable d'Antoine Vérard, 1493, BNF, Paris. D'après un fac-simile, collection particulière.

Fig. 49. D'après *Le Livre de bien vivre et de bien mourir*, incunable de Guillaume Tardif, 1492, BNF, Paris. Détail du mariage.

Fig. 50. D'après Ovide, *Les Héroïdes*, illustré par Robinet Testard, 1496, ms.fr.25397, BNF, Paris.

Fig. 51. D'après *La jeune fille et la licorne, Livre des simples médecines*, illustré par Robinet Testard, v. 1495, BNF, Paris.

Fig. 52. D'après les *Chroniques abrégées des rois de France*, incunable, v. 1490, BNF, Paris, Détail d'une dame à la licorne dans la marge (agrandie).

Fig. 53. D'après *Les echecs moralisés,* manuscrit fin XVe, BNF, Paris. Détail d'une jeune femme.

Fig. 54. D'après *Les quatre Dames nommez le joyeulx de espoir,* [Alain Chartier], fin XVe-début XVIe, ms. fr. 1507, BNF, Paris. Détail montrant trois jeunes femmes et deux jeunes hommes (au fond, à gauche).

Fig. 55. D'après Francesco Cossa, *Les amours de Mars et de Vénus,* fresque, 1469-1470, Palais Schifanoia, Ferrare. Détail des jeunes gens.

Fig. 56. *Idem.*, détail de Mars et Vénus.

Fig. 57. D'après Domenico Ghirlandaio, *Confirmation de la règle franciscaine,* fresque, 1475-1479, église Santa Trinita, chapelle Sassetti, Florence. Détail montrant, de gauche à droite, Luigi Pulci, Matteo Franco, Giulio, Giovanni et Piero de' Medici, Ange Politien, montant un escalier.

Fig. 58. *Idem.*, détail montrant, de gauche à droite, Antonio Pucci, Laurent de Médicis, Francesco Sassetti et son fils.

Fig. 59. D'après Domenico Ghirlandaio, *Vie de saint Jean-Baptiste,* fresque, v. 1486, église santa Maria Novella, chapelle Tornabuoni, Florence. Détail montrant, de gauche à droite, Marsile Ficin, Cristoforo Landino, Ange Politien et Demetrio Greco, debouts dans un escalier.

Fig. 60. D'après Domenico Ghirlandaio, *Vie de Saint Jean-Baptiste, Le Festin d'Hérode,* fresque, v. 1486, église Santa Maria Novella, chapelle Tornabuoni, Florence. Détail de Salomé dansant.

Fig. 61. *Idem., Le Baptême du Christ.* Détail du Christ et d'un néophyte.

Fig. 62. D'après Domenico Ghirlandaio, *portrait de Francesco Sassetti* en prières, fresque, 1475-1479, église Santa Trinita, chapelle Sassetti, Florence. Détail.

Fig. 63. D'après Domenico Ghirlandaio, *portrait de Giovanni Tornabuoni* en prières, fresque, v. 1486, église Santa maria Novella, chapelle Tornabuoni, Florence. Détail.

Fig. 64. D'après Domenico Ghirlandaio, *portrait de Nera Corsi*, épouse de Francesco Sassetti, fresque, 1475-1479, église Santa Trinita, chapelle Sassetti, Florence. Détail.

Fig. 65. D'après Domenico Ghirlandaio, *portrait de Francesca Pitti*, épouse de Giovanni Tornabuoni, fresque, v. 1486, église Santa Maria Novella, chapelle Tornabuoni, Florence. Détail.

Fig. 66. Albrecht Dürer, *porte-drapeau de l'empereur Maximilien*, gravure, v. 1502-1503. D'après copie ancienne, collection particulière, Paris.

Figures dans le texte :

P. 126. D'après un anonyme, *Vierge à L'Enfant*, xylographie, v. 1490, extrait de *The Illustrated Bartsch, German Single Leaf Woodcut before 1500*, New York, 1992, pl. 164 ; Basel Historisches Museum.

P. 131. Schéma de silhouette triangulaire en trois dimensions.

P. 131. Schéma de silhouette rectangulaire en trois dimensions.

P. 133. Robes 1927, d'après un journal de mode.

P. 133. Robe à crinoline, 1862, d'après un journal de mode.

P. 133. Robe de Jacques Fath, printemps-été 1955, d'après un journal de mode.

P. 164. Publicité pour « ceintures », 1927, d'après un journal de mode.

P. 164. Robe à la Française, v. 1715, d'après Antoine Watteau.

P. 195 Décomposition en triangles du tableau de J. Fouquet, *La Vierge à l'Enfant.*

P. 195. Détail des coutures de la robe de la Vierge.

Figures 1-12, 14-18, 21-23, 29-31, 33-37, 39, 41, 49-65, pages 6 et 126 : dessins au trait de l'auteur. © Anne Kraatz, 2005.

INDEX DES NOMS PROPRES

Acciaiuoli, Angelo, 112, 292, 293.
Acciaiuoli, Donato, 292, 293.
Acciaiuoli, Raffaele, 112.
Alberti, Léon Batiste, 42, 134, 176, 178-182, 184-188, 250, 268, 271, 273.
Albert le Grand, 49, 54, 96.
Albizzi, Roberto, 276.
Alcibiade, 292.
Alexandre le Grand, 128, 277.
Alexandre VI, pape, 126.
Aliate, Alexandre, 59.
Altovisti, Giovanni, 276.
Amadeo, Giovanni Antonio, 267.
Amboise, George d', cardinal, 268.
Amboise, George d', 267.
Ambroise, saint, 95.
Andrelini, Fausto, 107.
Anne de Bretagne, 224, 259.
Antinori, Carlo, 276.
Antinori, Luigi, 276.
Argyropoulos, Johannes, 57, 292.
Ariston, 128.
Aristote, 49, 50, 52, 57, 91, 95, 173, 186, 277, 292.
Arras, Jean d', 208.
Augustin, saint, 49, 55, 72, 85, 171, 172.

Balbi, Girolamo, 106, 107.
Bade, Josse, 90, 91, 92.
Bajazet II, 287.
Bardi, Alessandra de', 112.
Baroncelli, Maria, 229-231.
Barthes, Roland, 14, 22, 27, 140, 154-156,186.
Bartoli, Zanobi, 276.
Bartolomeo, Michelozzo di, 293.
Basin, Thomas, 266.
Beaujeu, Anne de (Anne de France), 58, 77, 85, 89, 90, 92, 93, 94, 95, 96, 97, 122, 284, 285, 288, 297.
Beccadelli, Antonio (dit Le Palermitain), 116.
Becci, Gentile, 294.
Benci, Amerigo, 265.
Benci, Tomaso, 265.
Benivieni, Girolamo, 297.
Bernard, saint, 95.
Bernardin de Sienne, saint, 110, 117, 119, 120, 122.

Béroalde , Philippe, l'aîné, 91.
Bessarion, cardinal, 54, 121.
Blois, Charles de, 252.
Boccace, 49, 57, 73, 75-80, 260.
Boèce, 49, 57, 58, 95, 96, 97.
Boileau, Etienne, 132.
Bonaventure, saint, 49, 54.
Botticelli, Sandro, 43, 84, 87, 215, 217, 294, 302.
Boulay, Benoît, 135.
Bourbon, Charles de, 94.
Bourbon, Pierre de, 89, 90.
Bourbon, Suzanne de, 77, 94.
Bourbon-Montpensier, Gilbert de (et famille), 122, 284, 285, 297.
Brant, Sébastien, 90.
Brunelleschi, Filippo, 176.
Bruni, Leonardo, 292.
Buondelmonti (famille), 276.

Caesiris, Petrus, 57.
Capponi, Agostino, 276.
Castiglione, Baldassare, 61, 302.
Catherine d'Alexandrie, sainte, 249, 252.
Caton, 92, 95.
Cavalcanti, Giovanni, 294, 295.
Cavalcanti, Guido, 295.
Champier, Symphorien, 84, 85, 86, 87, 89, 227, 267.
Charlemagne, 81, 82, 292.
Charles V, 68.
Charles VII, 195, 202, 209, 222, 236, 266.
Charles VIII, 79, 95, 115, 222, 257, 276, 286, 294, 295.
Charles le Téméraire, 127, 200, 229, 276, 277-279, 287.
Chastel, André, 28, 279,295, 302.
Chrétien de Troyes, 44.
Cicéron, 49, 53, 60, 61, 82, 277.
Clerc, Jacques du, 199, 200.
Colonna, Francesco, 228.
Colonna, Giovanni, 81.
Conty, Evrard de, 221, 261.
Corsi, Nera, 290.
Cossa, Francesco, 268, 270, 273.
Cyrus, 277.

Dante, 44, 65, 220, 295.
Daudin, Jean, 68.
Dei, Benedetto, 247.
Del Bene, (famille), 276.
Della Robbia, Luca, 176.
Démosthène, 292.
Dior, Christian, 211.
Diotime, 39.
Donatello, 99, 176, 216, 217.
Drouyn, Jean, 90.
Dürer, Albrecht, 127, 181, 302.

Erasme, 294.
Esope, 49, 57.
Este, Béatrice d', 267.
Este, Borso d', 268.
Este, Ludovic d', 267.
Eugène IV, pape, 118.
Eyck, Barthélémy d', 198.

Farget, Pierre, 55.
Fichet, Guillaume, 53.
Ficin, Marsile, 24, 30, 37-48, 53, 60, 61, 83, 85, 86, 89, 91, 96, 99, 109, 125, 175, 181, 182, 265 218, 226, 227, 275, 276, 282, 286, 289, 291, 292-296.
Filarete (Antonio di Pietro Averlino, dit le), 118.
Filastre, Guillaume, 240.
Filelfo, Francesco, 64, 107, 292.
Flavius Josèphe, 59, 86, 277.
Flügel, J.C., 156-158, 203.
Fouquet, Jean, 194-196, 202, 242.

Frederic III, 278.
Frescobaldi, Filippo, 276.
Friburger, Michaël, 54, 59, 93.

Gaguin, Robert, 91, 297.
Gaignières, Roger de, 207.
Garsault, François-A. de, 135, 136.
Gerson, Jean, 49, 55, 56, 115.
Gering, Ulrich, 54, 59, 93.
Geyler de Keysersberg, Jean, 115.
Ghiberti, Lorenzo, 176.
Ghirlandaio, Benedetto, 122, 284, 285.
Ghirlandaio, Davide, 283.
Ghirlandaio, Domenico, 73,122, 279-281, 283-285, 289, 290.
Giorgio Marini, Francesco di, 177.
Giotto, 273.
Goethe, Johann Wolfgang von, 242.
Gonesse, Nicolas de, 59.
Gonzague (famille), 297.
Greco, Demetrio, 282.
Grégoire, saint, 92.
Grisélidis, marquise de Saluces, 75-79,82.
Guadagni, Tommaso, 276.
Guarino, Baptiste, 90.

Hannibal, 277.
Hegel, Georg Wilhelm Friedrich, 154.
Hesdin, Simon de, 59.
Heylin, Jean, 53, 54.
Homère, 88.
Horace, 92.

Illicino (Glicino), Bernardo, 64.
Isabelle de Portugal, 127.
Isidore de Séville, 171.

Jean Chrysostome, saint, 95.
Jérome, saint, 85.
Jules César, 277.
Juvénal, 70, 92, 277.

Kerver, Thielman, 90.
Kranz, Martin, 54, 59, 93.
Kroeber, A. L., 155, 157, 158, 161, 164, 165.

Lacan, Jacques, 193.
Lactance, 86, 92.
Landino, Cristoforo, 282.
Le Franc, Martin, 85, 204.
Lemaire de Belges, Jean, 225.
Léonard de Vinci, 174, 176, 180-182.
Le Pérugin, 302.
Le Roy, Guillaume, 97.
Le Viste, Jean (et famille), 90, 223.
Le Viste, Jacques, 287.
Louis XI, 94, 95, 190, 223, 245, 266, 268, 285, 287, 288, 292, 294.
Louis XII, 219, 267.
Louis XVI, 160, 166.
Lucrèce, 216.
Luther, Martin, 125.
Lyonnard, Dr. (Giovanni da Udine), 49, 58, 92, 93, 95.

Macaire, saint, 249, 250.
Macrobe, 277.
Maître de Moulins, 223, 232-234.
Manetti, Angelo, 294.
Mansion, Colard, 57.
Mantegazza, Antonio, 267.
Mantegazza, Cristoforo, 267.
Mantegna, Andrea, 272-274, 285.
Manuce, Alde, 228, 255.
Marchant, Guy, 255.

Marche, Olivier de la, 74, 199, 234, 235, 243.
Marguerite d'Autriche, 225, 233, 235.
Marmion, Simon, 240, 241.
Marneff, Jean de, 57, 90.
Marneff, Guillaume de, 57, 90.
Matthias Corvin, 293.
Matthieu, saint, 91.
Maximilien d'Autriche, 303.
Médicis, Cosme de, 116, 188.
Médicis, Giovanni de, 280.
Médicis, Giulio de, 280.
Médicis, Laurent de, 47, 94, 105, 125, 188, 218, 219, 275, 276, 279, 288, 289, 293, 294, 297.
Médicis, Lorenzo di Pierfrancesco de, 294.
Médicis, Pierre de, 115.
Médicis, Piero de, 280.
Mehmet II, 239.
Memling, Hans, 126, 244.
Mérimée, Prosper, 224.
Meun, Jean de, 97, 192.
Michelozzi, Nicolo, 293.
Montefeltre, Frederic de, 126, 271.
Montpensier, Gabrielle de la Tour, comtesse de, 230, 235.
Mugler, Thierry, 155.

Napoléon I, 160.
Napoléon III, 163.
Nelli, Pietro, 51.
Nicolas V, pape, 118.
Novimagio, Reynaldo de (Ronald de Nuremberg), 64.

Orléans, Philippe d', 164.
Origène, 128.
Ortuin, Gaspard, 208.
Ovide, 49, 55, 88, 91, 95, 96, 118, 260, 277.

Pacioli, Luca, 180, 215.
Pandolfini, Pierfilippo, 294.
Panofsky, Erwin, 167, 174.
Paul, saint, 95.
Pazzi (famille), 184, 276, 293.
Pellegrini, Bianca, 80.
Perréal, Jean, 225.
Petit Laurens, le, 256.
Pétrarque, 44, 49, 51,54-57, 63-73, 76-84, 89, 96, 171, 172, 258, 264.
Philibert le Beau, 225.
Philippe le Bel, 135.
Philippe le Bon, 200, 204, 205, 240, 277.
Philippe VI, 135.
Pianella, comte de, 268.
Pie II, pape (Enea Silvio Piccolomini), 49, 55.
Piero della Francesca, 125, 270, 271.
Pic de la Mirandole, Jean, 49, 59, 295-297.
Philippe Pigouchet, 255.
Pigouchet, Simon, 248, 250.
Piguet, Robert, 211.
Pitti, Francesca, 290.
Pizan, Christine de, 85.
Platon, 23, 40, 44, 46, 50, 63-67,84, 86, 87, 89, 95, 97, 99, 115, 116, 128, 162, 166, 168-170, 175, 181, 182, 186, 188, 216, 265, 293.
Pline, 86.
Plotin, 21, 22.
Plutarque, 91, 292.
Pogge, le, 49, 58, 258.
Politien, Ange, 49, 58, 91, 280, 282, 293.
Pompée, 277.
Portinari, Tommaso (et famille), 229, 232, 233, 275, 278-290.

Pré, Jean du, 256.
Presles, Raoul de, 55.
Pucci, Antonio, 280.
Pythagore, 128, 175.

Quarton, Enguerrand, 124, 242.

Raphaël, (Raffaelo Sanzio dit), 220.
Reynbuch, Théodore de, 64.
Richel, Bernhard, 208, 209.
Robertet, Jean, 89, 90.
Roberti, Ercole de', 268, 273.
Rochefort, Guillaume de, 287.
Rolewinck, 49, 55.
Rossi, Pier Maria, 79.
Rubens, Pierre Paul, 216.
Rucellai, Bernardo, 293.
Rupe, Alanus de, 126.

Salluste, 277, 294.
Saint-Gelais, Octovien de, 260.
Saint-Martin, Robert de, 259.
Saluces, Gautier, marquis de, 74, 76.
Sand, (Aurore Dupin, dite George), 224.
Sassetti, Francesco (et famille), 73, 275,279, 280-282, 285-291.
Sassetti, Cosimo, 287.
Savonarole, Jérome, 46, 49, 63, 73, 83, 103-105, 115, 119, 120, 122, 125, 201, 276, 295, 297.
Schenck, Pierre, 208.
Schongauer, Martin, 125.
Sénèque, 91, 277.
Sforza, Francesco, 268.
Sixte IV, pape, 118.
Socrate, 39, 41, 82, 95, 116, 173, 192.
Solari, Guiniforte, 267.
Solario, Andrea, 267.
Solario, Cristoforo, 267.
Sorel, Agnès, 195.
Spinelli (famille), 276.
Steinsbacher, A., 208.

Tardif, Guillaume, 258.
Tarquin, 71.
Térence, 49, 58, 70, 92, 96, 97, 98.
Testard, Robinet, 221, 260.
Thérèse d'Avila, sainte, 104.
Thomas d'Aquin, saint, 54, 95.
Tite-live, 96, 277.
Tornabuoni, Giovanni (et famille), 73, 281, 282, 284, 285, 289, 290.
Trébizonde, Georges de, 57, 121.
Tura, Cosmè, 268, 270, 272, 273.

Valère Maxime, 49, 59, 277.
Valla, Lorenzo, 49, 58, 258.
Van der Goes, Hugo, 229, 275, 2778, 290.
Van de Weyden, Roger, 205, 272.
Vasari, Giorgio, 284.
Vasque de Lucène, 277, 278.
Vérard, Antoine, 249, 257, 258-260.
Villon, François, 107.
Virgile, 71, 91.
Visconti, Gian-Galeazzo, 268.
Vitruve, 174-176, 181, 269.
Voragine, Jacques de, 54, 248.
Vostre, Simon, 248, 250.

Watteau, Antoine, 164.

Xénophon, 277.

Zamonensis, Rodericus, 59.

Figure 1

Figure 2

Figure 3

Figure 4

Figure 5

Figure 6

Figure 7

Figure 8

Figure 9

Figure 10

Figure 11

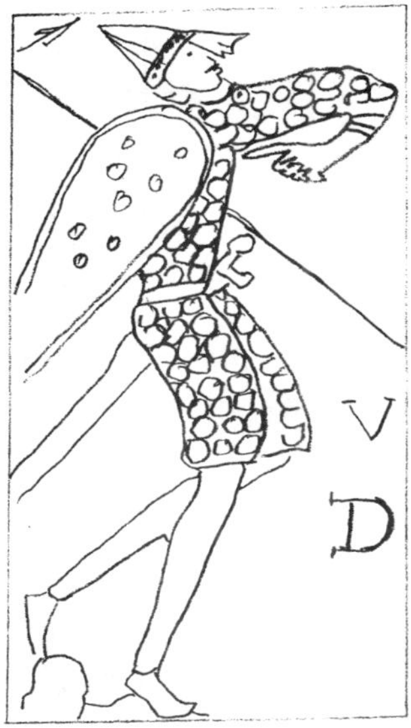

Figure 12

Figure 13

Figure 14

Figure 15

Figure 17

Figure 16

Figure 19

Figure 18

Figure 20

Figure 21

Figure 22

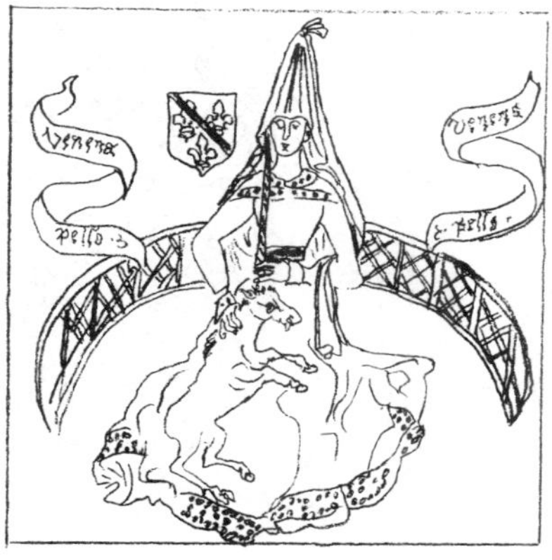

Figure 23

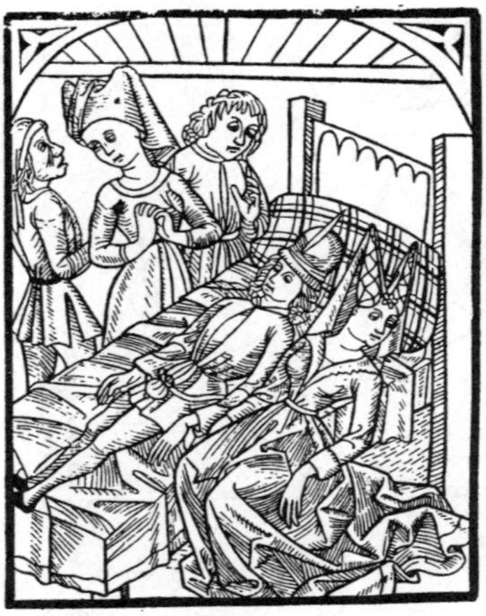

Figure 24

Figure 25

Figure 26

Figure 27

EN TAILLE
EN TAILLEUR
EN MANTEAU
Shantung naturel, poches et larges plis asymétriques. Dior.
Prince de Galles marron, poches décalées. Piguet.
Manteau demi-droit, largement croisé, col châle. Balenciaga.
Toile grège, très cintrée à la taille, large col-cape. Schiaparelli.
Veste Prince-de-Galles jupe unie en biais. Schiaparelli.
Velours de laine citron, redingote devant, ample derrière. Schiaparelli.

Figure 28

Figure 29

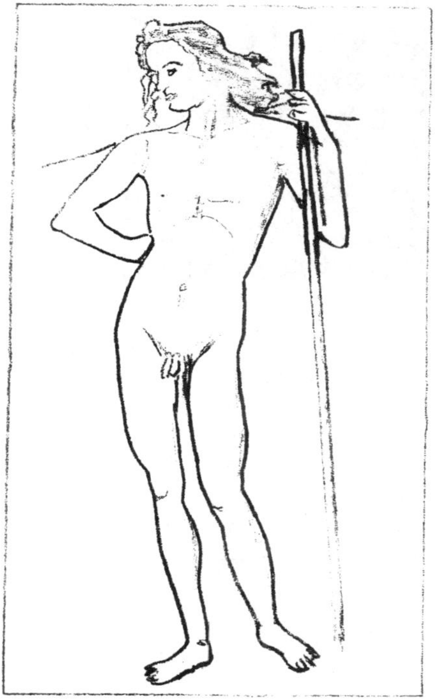

Figure 30

Figure 31

Figure 32

Figure 33

Figure 34

Figure 35

Figure 36

Figure 37

Figure 38

Figure 40

Figure 39

Figure 41

Figure 42

Figure 43

Figure 44

Figure 45

Figure 46

Figure 48

Figure 47

Figure 49

Figure 50

Figure 52

Figure 51

Figure 53

Figure 54

Figure 55

Figure 58

Figure 56

Figure 57

Figure 59

Figure 60

Figure 61

Figure 62

Figure 63

Figure 64

Figure 65

Figure 66

TABLE DES MATIÈRES

Remerciements 11

Introduction. Le corps social et la mode 13

I. L'amour « platonique » et les néoplatoniciens 37

II. L'esprit de la mode néoplatonicienne :
climat et influences 49
1. Le climat littéraire et artistique 50
2. L'influence du pétrarquisme 61

III. Les expressions de la sexualité
et leurs effets sur la mode néoplatonicienne 99
1. Androgynie et angélisme 99
2. La mode de l'homosexualité 102
3. L'enfant comme exemple de chasteté
et comme silhouette de mode 119
4. L'évolution du culte marial 123

IV. Formes géométriques et formes symboliques dans la
construction du vêtement 129
1. Technicité mathématique de la construction d'un vêtement.. 130
2. Aperçu historique du métier de tailleur 132

V. La mode et la silhouette 139
1. Définir la mode 139
2. Définir la silhouette 153

VI. La construction géométrique de la silhouette, 1470-1500 171

VI. La démonologie vestimentaire des années 1450-1475, ou la silhouette triangulaire 189

VII. Le néoplatonisme vestimentaire ou la silhouette rectangulaire, 1475-1500........ 213
1. La dame à la licorne 213
2. Les incunables 248

VIII. Propagation en France de la mode néoplatonicienne 263
1. Les étudiants 265
2. Les marchands........ 274
3. Les diplomates........ 291
4. Pic de la Mirandole 295

Conclusion 299

Bibliographie 305
1. Manuscrits français de la BNF 305
2. Manuscrits latins de la BNF 307
3. Incunables 308
4. Incunables d'Antoine Vérard, Paris........ 309
5. Imprimés 310

Liste des illustrations........ 323

Index des noms propres 329

Illustrations 335

Cet ouvrage,
le vingt-deuxième
de la collection « L'Âne d'or »
publié aux Éditions Les Belles Lettres
a été achevé d'imprimer
en décembre 2004
dans les ateliers
de Normandie Roto Impression s. a. s.,
61250 Lonrai.

N° d'éditeur : 6242
N°d'imprimeur : 043377
Dépôt légal : janvier 2005
Imprimé en France